财经应用写作

（第 3 版）

主　编　韦志国
副主编　宋少净　岂爱妮
参　编　赵会珍　梁贝妮

北京理工大学出版社
BEIJING INSTITUTE OF TECHNOLOGY PRESS

内 容 简 介

本教材简要而清晰地介绍了财经应用写作的基础理论知识和常用文体。每个学习板块按照"任务引入"→"相关知识"→"任务实施"→"实训练习"的逻辑顺序展开，力求将课堂讲授和书面知识还原为工作情景及其实施过程，从而更加有效地引导学习者掌握写作相关技能。全书根据高等学校学生就业现状优化内容，将财经写作基础知识设计为若干任务，每个文体明确写作任务的内涵与要求，突出写作思维逻辑与客观事务逻辑的关系。

本书配套开发了"一图看懂"式写作知识活页、写作短视频、优秀论文辑录、规范标准合集等学习资源，可扫描二维码或登录网址观看。

本教材可满足高等院校经管类专业授课需求，同时也可作为在职人员参考用书。

版权专有　侵权必究

图书在版编目（CIP）数据

财经应用写作／韦志国主编. —3 版. —北京：北京理工大学出版社，2019.10
ISBN 978-7-5682-7811-9

Ⅰ.①财… Ⅱ.①韦… Ⅲ.①经济-应用文-写作-高等学校-教材 Ⅳ.①F

中国版本图书馆 CIP 数据核字（2019）第 241974 号

出版发行／	北京理工大学出版社有限责任公司
社　　址／	北京市海淀区中关村南大街 5 号
邮　　编／	100081
电　　话／	（010）68914775（总编室）
	（010）82562903（教材售后服务热线）
	（010）68948351（其他图书服务热线）
网　　址／	http://www.bitpress.com.cn
经　　销／	全国各地新华书店
印　　刷／	三河市天利华印刷装订有限公司
开　　本／	787 毫米×1092 毫米　1/16
印　　张／	18
字　　数／	425 千字
版　　次／	2019 年 10 月第 3 版　2019 年 10 月第 1 次印刷
定　　价／	78.00 元

责任编辑／徐春英
文案编辑／徐春英
责任校对／周瑞红
责任印制／施胜娟

图书出现印装质量问题，请拨打售后服务热线，本社负责调换

第3版前言

财经应用写作课程是高等院校经管专业的基础课程。财经应用文是财经工作中处理公务、沟通信息、解决问题、科学管理不可缺少的重要工具，本门课程能够培养学生财经写作的基本技能，帮助提高处理相关业务工作的能力，具有较强的实践特色。

目前，财经应用写作课程教学中普遍存在着"三难"，即教材难看、内容难讲、学生难学。一些财经应用写作教材内容陈旧，论述枯燥，缺乏实际的鲜活案例，难以引起学生阅读与研究的兴趣；课程内容同时涉及财经业务知识和写作规范，教师往往出身于人文类专业，受知识结构所限而对财经业务知识感到生疏，在授课中难以准确地传递相关信息；学生在校期间难以接触到财经实务工作，缺乏感性认识，理解掌握财经写作的相关知识存在较大困难。

为了解决这三方面的难题，一部财经应用写作教材应当符合如下条件：首先，能够从较为真实的工作情景出发，以工作需要带动财经写作训练，面向当前财经工作中普遍存在的事务设计写作任务，以此增强学生的学习动力；其次，面向现代财经业务工作领域，选取具有时代感的工作任务、知识体系和案例，反映出财经写作领域的新趋势，以此增强课程的吸引力；最后，尽可能还原财经写作的现实过程，在课堂教学之外带动学生自学。

本教材简要而清晰地介绍了财经应用写作的基础理论知识和常用文体。每个学习板块按照"任务引入"→"相关知识"→"任务实施"→"实训练习"的逻辑顺序展开，力求将课堂讲授和书面知识还原为工作情景及其实施过程，从而更加有效地引导学习者掌握写作相关技能。学生通过完成各个写作"任务"和"项目"，展开对各类文体的写作训练，从而掌握财经应用写作的规律和方法，熟悉常用文体的结构模式，把握行文规范，培养常用文体写作的能力。

本书具有以下特点：

1. 内容体现时代特色，符合写作规律

根据高等学校学生就业现状优化全书内容。全书的任务大多来自企业管理和经营的实际需要，范文和病文也全部来自企业行文，带有极强的"现场感"和"临场感"；取消了工作中使用频率很低的文体，如命令、议案以及专业性极强的各种法律文书。

强化写作思维训练，突出写作思维逻辑与客观事务逻辑的关系。本书在写作指导部分，针对具体的工作任务内容，结合事务内在规律，指出文体写作的思路，意在强化对学生的思维训练，从根本上提高学生语言能力、写作能力和事务处理能力。

2. 任务驱动，体例创新

将财经写作基础知识设计为若干任务。针对财经写作的主题、材料、语言和结构等基础知识设计若干单项任务，使抽象的理论知识获得现实性的支撑，也使学生充分理解这些知识的运用情景。

写作任务的内涵与要求明确。本书区分了业务工作与写作要求二者之间的差异，从工要求与文体规范这两个维度准确定义一个写作任务，从四方面明确写作任务的内涵与要求：动机与背景明确、业务工作要求明确、文体作用明确、文体写作要求明确。

3. 活页式教学，活学活用

独创"一图看懂"式写作知识活页，创新应用图解、图形、图案、图示等多种表现手法，将枯燥的写作知识以直观形象的方式呈现出来，便于学生对知识点的理解和实际工作中的运用。活页内容根据教学需要不断更新，利用二维码方式呈现更新内容。

4. 数字学习资源丰富新颖

本书配套开发了多种形式新颖的数字资源，主要包括："一图看懂"式写作知识活页、写作短视频、优秀论文辑录、规范标准合集、写作知识新媒体文案、课程标准、课件、试题库等。各类数字学习资源均可通过扫描二维码、登录网站等方式获取。后续将继续设计开发更加丰富新颖的学习资源，并及时通过公众号、网站等多种途径发布。

本书由韦志国担任主编，宋少净、岂爱妮任副主编。韦志国负责设计编写大纲、统稿并编写模块一、模块三的项目三、项目五；宋少净撰写模块二的项目三，模块三的前导知识、项目一、项目四；岂爱妮编写模块二的前导知识、项目一；赵会珍编写模块二的项目二；梁贝妮编写模块三的项目二。全部数字资源由韦志国、宋少净设计制作。

编　者

目 录

模块一 财经应用写作基础知识 ... 1

前导知识 ... 1
一、财经应用文的含义与特点 ... 1
二、财经应用文的类型 ... 2
三、财经应用写作的基本要求 ... 3
四、财经应用写作的过程 ... 3
五、培养财经应用写作能力的途径 ... 4
活页:"一图看懂写作技法" ... 7

项目一 财经应用写作的内容 ... 10
任务一 正确表达主题 ... 10
任务二 合理运用材料 ... 16
活页:"一图看懂写作技法" ... 23

项目二 财经应用写作的形式 ... 26
任务一 规范语言表达 ... 26
任务二 优化篇章结构 ... 36
活页:"一图看懂写作技法" ... 44

模块二 财经通用文书写作 ... 49

前导知识 ... 49
一、财经通用文书的概念、功能 ... 49
二、财经通用文书的类型 ... 49
三、财经管理文书的格式 ... 50
活页:"一图看懂写作技法" ... 55

项目一 财经管理文书写作 ... 57
任务一 撰写通知 ... 57
任务二 撰写通报 ... 62
任务三 撰写报告 ... 67
任务四 撰写请示 ... 72

任务五　撰写函 ······ 76
　　活页："一图看懂写作技法" ······ **81**

项目二　财经事务文书写作 ······ 84
　　任务一　撰写计划 ······ 84
　　任务二　撰写总结 ······ 91
　　任务三　撰写规章制度 ······ 97
　　活页："一图看懂写作技法" ······ **107**

项目三　财经会务文书写作 ······ 108
　　任务一　撰写会议通知 ······ 108
　　任务二　撰写讲话稿 ······ 113
　　任务三　撰写纪要 ······ 118
　　活页："一图看懂写作技法" ······ **123**

模块三　财经专业文书写作 ······ 125

前导知识 ······ 125
　　一、财经专业文书的概念、功能 ······ 125
　　二、财经专业文书的类型 ······ 125
　　三、财经专业文书的写作要求 ······ 126
　　活页："一图看懂写作技法" ······ **127**

项目一　财经调研决策文书 ······ 128
　　任务一　撰写调查问卷 ······ 128
　　任务二　撰写市场调研报告 ······ 135
　　任务三　撰写可行性研究报告 ······ 145
　　活页："一图看懂写作技法" ······ **156**

项目二　招投标文书 ······ 159
　　任务一　撰写招标公告 ······ 159
　　任务二　撰写招标书 ······ 165
　　任务三　撰写投标函 ······ 175
　　任务四　撰写投标书 ······ 180
　　活页："一图看懂写作技法" ······ **189**

项目三　财经协约文书 ······ 192
　　任务一　撰写商务信函 ······ 192
　　任务二　撰写意向书 ······ 197
　　任务三　撰写协议书 ······ 202
　　任务四　撰写合同 ······ 207
　　活页："一图看懂写作技法" ······ **219**

项目四　财经信息传播文书 ······ 221
　　任务一　撰写启事 ······ 221
　　任务二　撰写简报 ······ 225

任务三　撰写消息 ··· 231
　　活页："一图看懂写作技法" ·· **241**
项目五　营销文书 ··· 243
　　任务一　撰写营销策划书 ··· 243
　　任务二　撰写招商说明书 ··· 256
　　任务三　撰写广告文案 ·· 264
　　活页："一图看懂写作技法" ·· **272**
参考文献 ·· 274

模块一

财经应用写作基础知识

前导知识

一、财经应用文的含义与特点

财经应用写作的主要文体是财经应用文，而财经应用文又是应用文的一种特殊类型，因此有必要首先了解应用文。

应用文是各类企事业单位、机关团体和个人在工作、学习和日常生活等社会活动中，用以处理各种公私事务、传递交流信息、解决实际问题所使用的具有直接实用价值、格式规范、语言简约的多种文体的统称。

应用文是一个非常庞大的"家族"，日常工作和生活中经常使用的文体多达30余种，例如，通知、报告、计划、总结、合同、请假条、借据及请柬等。随着社会的发展，某些文体消失的同时，新的文体应运而生，应用文的边界也在不断地变化。

由于使用领域和实际作用的差异，应用文分为若干种类型，常见的有党政公文、日常事务文书、专业文书等，财经应用文就是专业文书中的一种类型。

（一）财经应用文的含义

财经应用文是各类社会机构及个人在经济、贸易、财务等活动中用来记载财经信息、处理财经事务、传递财经资讯、研究财经问题时所使用的一类应用文。

理解财经应用文的本质，需要把握以下五点：第一，财经应用文的写作目的非常明确，是为了满足现实中某种实际需要而产生的，具有直接的实用价值；第二，财经应用文的各种事例、数据等内容材料必须实事求是、客观真实，能够经得起实践的检验，严禁对材料进行虚构、想象、嫁接、夸张；第三，财经应用文的语言和表达方式需要遵守规范，主要使用规范的现代汉语，同时根据需要恰当地使用图片、表格等手段来传递信息；第四，财经应用文的各类文体具有各自明显的特征，体现于结构思路、外在体式等多个方面；第五，财经应用文的时间要素非常清晰，无论是内容所涉及事务的时间，还是写作发布的时间，都应当做到时间准确清楚。

（二）财经应用文的特点

由于内容与使用领域的特殊性，因而财经应用文与其他应用文相比具有一系列的特殊性，主要体现在以下四个方面。

1. 内容的专业性

财经应用文所处理的事务主要集中于经济、管理、经营等领域，所承载的信息必定反映这一领域的基本情况，所提出的对策措施必定体现了这一领域的基本规律。因此，财经应用文的内容具有很强的专业性，这就要求写作者深入了解本领域的专业知识和业务。

2. 政策法规的制约性

财经业务工作中需要严格遵守国家相关的经济政策、法律与法规，这就要求财经应用文必须体现相关的政策法规，文章的主题不能偏离政策法规，提出的主张不能与政策法规相抵触。此外，财经应用文的撰制、发布等处理工作也应当遵守相应的行文制度。

3. 信息的时限性

所谓"时限性"，包括三方面的含义：一是财经事务在特定时间期限内发生、发展，各类信息大量涌现，同时又瞬息万变，这就要求财经文书所反映的信息必须是新近的、新鲜的；二是针对财经事务撰写和处理的文件也应当在特定时间期限内完成，就是要求根据具体工作的需要，及时撰制文件、处理文件，并对文件的执行期限、有效期限进行明确的说明；三是财经文书的有效期限比较明确，许多财经文书的有效期限到达之后，文书即失效。

4. 普遍使用数据和图表

财经应用文表达信息的媒介主要是文字、数据、图片和表格。和其他应用文主要使用文字表达的信息不同，财经应用文对数据、图片和表格的使用非常普遍。数据的优势是能够准确体现出量化的指标，对于了解情况、分析问题、提出对策具有极其重要的意义。图片能够直观地体现出事务的现状，便于信息的传递和接受。表格能够将众多数据条理化，体现出数据之间的内在关系，易于为读者所把握。如果没有数据、图表类型的媒介，财经应用文的时效性、实用性、准确性必然受到极大的限制。

二、财经应用文的类型

财经工作的需求具有多样化，这就导致了财经应用文的文体种类数量比较多，对其进行分类的标准也难以统一。按照不同标准可以将财经应用文分为不同的类型。在本书中，按照财经应用文所处理事务的领域与性质，将其分为两大类型，即财经通用文书和财经专业文书。

在财经工作中，往往存在两类不同性质的工作领域：一类是常规的管理性工作；另一类是专业性较强的财经业务工作。常规的管理性工作存在于各个行业、各类财经部门、各种岗位之中，例如，布置检查工作、向上级请求指示、答复下级单位的请求、告知某种情况等；专业性较强的财经业务工作则仅存在于特定的行业、特定的部门、特定岗位之中，例如，决策层要上马新的项目、会计部门要分析财务数据、市场拓展部门要拟订营销策略等。财经通用文书和财经专业文书分别产生于常规管理性工作和财经业务工作之中。

财经通用文书和财经专业文书又可细分为财经管理文书等六种类型，每种类型包含若干常用文体，详见表1-0-1所示。

表 1-0-1　财经应用文的类型

工作领域	类型	常用文体
常规管理工作	财经管理文书	通知、通报、报告、请示、批复、函
	财经事务文书	计划、总结、规章制度、述职报告
	财经会务文书	会议方案、会议通知、讲话稿、纪要
财经业务工作	财经调研决策文书	调查方案、调查问卷、市场调查报告、市场预测报告、可行性研究报告、经济活动分析报告
	招投标文书	招标公告、招标书、投标函、投标书
	财经协约文书	商务信函、商务谈判方案、意向书、协议书、经济合同
	财经信息传播文书	启事、简报、消息
	营销文书	营销策划书、招商说明书、广告文案

三、财经应用写作的基本要求

财经应用写作是一项复杂的智力活动，要遵守多方面的要求，例如，主题正确、材料真实、文体适当、语言规范、结构合理等。这些要求将在本书的后继相关章节中进行详细阐释，在此主要从财经业务工作和文体写作两个角度提出财经应用写作的基本要求。

（一）符合财经工作规律

财经写作是对财经工作的反映并将作用于财经工作，因此是否符合财经工作的客观情况与规律，将决定着财经写作质量的高低和实际效果的好坏。现实中的财经业务工作既要严格遵守国家的政策法规，还要符合特定的工作程序和标准，这些业务规律都应当反映在财经写作之中。如果财经写作脱离财经业务工作的实际，不能体现政策法规和程序标准的要求，甚至与之抵触，那么将使得写作结果难以发挥应用价值，甚至对财经工作产生消极影响。

（二）遵守文体写作规范

如果说财经业务工作规律是财经写作的"外部规律"的话，那么文体写作规范则是"内部规律"。财经写作在反映业务工作规律的同时，还应当遵守写作规律和文体要求，主要体现为：行文意图和主题必须与文体种类相适应，根据发文内容选择恰当的文体；语言与表达方法必须准确简明，符合语法规范和表达规范；结构体式必须符合文体特点和主题，完整清晰，详略得当；成文的版面形式必须美观工整，体现严谨性和严肃性，同时易于阅读。

四、财经应用写作的过程

财经应用写作与艺术写作、科技写作等其他类型的写作行为具有一致性，同时由于其实用目的而导致写作过程表现出独特性。在现实的财经应用写作中，一般要经过以下六个阶段。

（一）形成写作任务

艺术写作一般并不是由外部的写作要求引发的，而是艺术家有感而发的自发写作，作者具有非常大的自由度；科技写作是在科研工作中，根据研究需要而产生的，作者往往根据自己的研究兴趣、研究领域来进行写作。财经应用写作的动因与这两种写作不同，作者一般不能够完全根据自己的兴趣、意愿自由决定是否开始写作，而是根据工作的需要被动接受写作任务。

财经应用写作任务的来源主要有两种：一是来源于上级，上级部门或领导部署某项工作，向写作者下达写作任务，提出写作要求；二是来源于写作者自身的财经业务与管理工作领域，当出现了需要处理的事务、需要解决的问题，就形成了写作任务，写作者要遵循工作要求和行文规范来进行写作。这两种来源归根结底都是工作需求，引发了写作行为，因此可以说财经应用写作是一种"被动写作"。

（二）搜集材料

形成写作任务之后，就需要根据任务要求和写作需要，围绕某一特定的财经事务工作收集相关的信息与资料，主要包括背景资料、国家法律法规、制度规定、上级文件、以往文件、领导意见、同类事务的处理惯例等，必要时还应当向相关部门借阅或索取资料。某些财经写作任务，不仅要收集文献资料，还需要写作者亲自进行调查，获取鲜活的直接材料。某些内容比较简短而且并不复杂的事务，在撰写文书时往往不需要专门去收集相关材料，但是这并不意味着写作者在凭空撰写文件，而是将以往了解的信息作为基础来写作。

（三）形成主题

主题即主旨，是文章材料所表现出的核心思想。财经应用文的主题与写作任务、写作动机关系非常密切，是发文意图的直接体现。主题一般在写作任务出现伊始便形成，在收集、分析材料过程中逐渐明确，在撰写过程中得到表现。写作者要根据领导意图、上级文件精神、工作需求、事务内在规律等多种因素确定主题，从而符合正确、明确的基本要求。

（四）撰写初稿

写作者围绕主题，在所收集材料的基础上，选择适当的文体，安排合理的结构，采用规范的语言文体撰写出文稿。

（五）审阅与修改

初步撰写的文稿不能擅自对外发布，必须要经过领导的审阅，或者经过集体讨论。如果初稿中存在不当之处，例如，主题偏误、结构失当、语言问题等，则还需要写作者进行必要的润色修改。

（六）发布生效

文稿经过修改，重新提交审阅或讨论，通过之后才能正式对外发布生效。定稿生效的标志主要有两种方式，即主要领导签字，或者加盖单位公章。财经应用文发布的方式主要有两种：一是对外发布，例如，向上级、同级或下级机构行文，或者与其他机构共同签署；二是对内发布，主要是各种管理性文书，例如，规章制度、工作要点等。

五、培养财经应用写作能力的途径

提高财经应用写作能力是一个长期的实践过程，需要学习者在日常工作中有意识地进行培养和训练。

（一）熟悉财经业务工作，掌握财经业务知识

财经业务工作是财经应用写作的基础，写作的主题、内容均来自业务工作之中，写作的

效用也要体现在业务工作之中，因此作者必须对财经业务工作进行充分了解，成为这一领域的行家里手。需要掌握的财经业务知识范围非常广泛，例如，财务会计知识、市场调研知识、金融知识、营销知识、商品常识等。本书无法对所涉及的这些知识进行详述，在此仅从写作角度简要介绍作者写作的知识结构中不可或缺的方面。

首先，作者要熟悉财经法规，掌握财经规范。现代财经工作的法规性、政策性极强，为了保证写作内容的正确性，就必须要遵守相关的财经法规，作者应当熟悉这些法规与政策，在撰文过程中不可逾越法规与政策的底线。

其次，作者要掌握事务基本要素。实际的财经应用写作工作中，抽象的理论性文体较少，更多的是面向具体事务、解决实际问题的文体，这就要求对事务的规律和要素有较深入地把握。但是，工作中的各类事务是千变万化、纷繁复杂的，作者不可能精通所有的情况。为了解决这一问题，作者应当从各类事务中提炼出共性的方面，做到"以不变应万变"，从而为撰写文件提供有力的支撑。事务所包含的要素一般有四个：工作目标与内容、人员及分工、时间安排与步骤、所需资源与物料。大多数事务必然包含这四个要素中的一个或多个。因此，在进行写作时，应当注意从这四个要素的角度去分析、归纳以及整理材料，更主要的是在正文之中根据具体事务合理安排这些要素的前后顺序与详略程度，以简洁、准确的语言表达出来。

最后，作者要能够利用时间线索和流程规律。各种事务都是在时间中发展变化的，所以就会呈现出以时间为线索的阶段性特征。在不同的阶段，工作的重点和要求也会不同。在撰写文件的过程中，应当具备按照时间线索来分析事务的能力，有意识地从时间角度出发整理与表达信息。在事务的时间规律基础上，还有流程规律，即处理工作事务的一系列前后衔接的程序，工作流程的基本要求是不可随意颠倒的。作者应当对本单位主要职能、主要业务的基本流程有所把握，这样在撰写与处理相关的公文时就能做到有的放矢，更好地满足工作要求。

（二）正确使用现代书面汉语，掌握财经语言

写作的本质之一是对语言的运用，语言应用的规范程度决定着写作的水平。财经应用写作对语言的基本要求是准确、简洁、规范，避免采用口语化、文学化、随意化的语言。财经应用写作中除了使用通用的语言外，还会大量使用财经专业语言，例如，各种专业术语、专业表达句式等，这就要求写作者在熟练掌握通用的书面语言之外，还要积累一定的财经专业词汇和话语，以满足写作需求。

（三）树立文体意识，强化规范意识

财经应用写作所使用的各种应用文文体，均有各自独特的要求和内在的规定性，这些构成了文体的本质特征。不同的文体不仅所适用的情况有别，而且文体自身的内在要求也迥然相异。某些文体名称、作用具有相似性，但又是不同的文体，它们之间的差异非常微妙。撰文者如果不能准确把握这种差异，所写的文件就会成为"四不像"，形成文体杂糅的现象，势必削弱公文的严肃性。

为了避免文种混乱、杂糅等现象的出现，作者应当树立起明确的文体意识，准确把握各种文体的内在特征和外在表现形式，尤其是要熟练掌握文体的适用情况，综合考虑发文目的、行文对象等多种因素，从而确定适当的文种。撰写过程中，应当时刻注意检查是否体现了文体特征，是否出现文类杂糅现象，是否符合行文规则。

规范性是衡量财经应用写作水平的重要标准。规范性体现在多个方面，既有宏观的方面，也有微观的细节，例如，文章的语言表达、篇章结构、文本格式、标点符号、计量单位、层次序号等。为了强化财经应用写作的规范性，撰文者应当注重消化吸收国家的相关规定和标准，如《党政机关公文处理条例》《党政机关公文格式》《出版物上数字用法的规定》《国家标点符号的标准用法》等。

（四）认真分析范文和病文

范文研读的目的在于巩固所获得的初步知识，强化正在成形中的关于文章的内在规范。选择典范的应用文，从文种选择、篇章构思、遣词造句、表达方式等方面进行研读，进而掌握特定文体以及其他应用文的写作规范。病文修改的训练一般安排在范文研读之后进行，目的在于检验技能的成熟程度，准确定位写作规范掌握的薄弱之处，从而对症下药地进行弥补。如果说范文研读是从正面引导的话，那么病文修改则是从反面强化。

这两种训练方法不仅是学习的有效手段，而且对于从事实际工作也具有极其重要的现实意义。在课本或课堂上学习的内容毕竟是有限的，具体工作中总会遇到未曾学习过的文种，而这些文种往往有范本可资借鉴，因此过硬的范文研读能力将有助于迅速掌握这些文体的写作套路；在许多情况下，写作人员也是校对人员，需要敏锐捕捉并修改草稿文件中的不妥甚至错误之处，因此病文修改技能也应是文字工作者必备的素质。

（五）经常进行写作实践

如果说上一种方法可以概括为"多看"，那么这种方法就可以概括为"多写"。写作实践的重要性是不言而喻的。要想提高财经应用的写作能力，最有效的方法就是进行频繁的写作练习，只有这样才能掌握相关的知识和技能。

对于在校生而言，除了完成课堂上老师布置的作业，还要有意识地在学习和生活中寻找可以进行写作练习的素材和机会。例如，学校向班内传达了一个通知，就可以主动以此为素材撰写一份书面通知，然后将自己撰写的文件和学院下发的文件进行对比，找出差异，并进行深入分析。再如，学校经常进行各类文体活动，那么就可以在参加活动时搜集相关信息，撰写活动方案、讲话稿、演讲稿等文体。只要自己主动寻找素材、创造机会，勤奋进行写作实践，日积月累，写作能力就会得到质的飞跃。

活页:"一图看懂写作技法"

活页更多精彩内容

北京理工大学出版社《财经应用写作》活页式配套资料
韦志国 宋少净 原创制作

一图看懂写作技法
财经应用文的概念、特点、类型

财经应用文是各类社会机构及个人在经济、贸易、财务等活动中用来记载财经信息、处理财经事务、传递财经资讯、研究财经问题时所使用的各种应用文体的统称。

写作目的	内容材料	表达方式	文体差异	时间特征
明确	真实	规范	鲜明	准确

常规管理工作领域

法定文书
通知 通报
报告 请示
批复 函
纪要

事务文书
计划 总结
规章制度
述职报告

会务文书
会议方案
讲话稿
主持词
会议记录

财经业务工作领域

调研决策文书
问卷 调查报告
可行性研究报告

招投标文书
招标公告
招标书 投标书

信息传播文书
启事 简报
财经新闻消息

营销销售文书
营销策划书
招商说明书
广告文案

协商合作文书
商函 意向书
协议书 合同

北京理工大学出版社《财经应用写作》活页式配套资料
韦志国　宋少净　原创制作

一图看懂写作技法

日期写作规范

日期是各种应用文正文或落款中最常用的信息之一。
文末的成文日期，以领导签发日为准，或以会议讨论通过日为准。

阿拉伯数字
2012年之前曾以汉字为成文日期规范形式，后统一为阿拉伯数字

不用0补位
会计文书等专业文件中将1、2月前加0补位，但通用管理类文件不加0

2019年10月1日

年月日齐全
写全三个日期单位；"日"不写为"号"
正文中常省略年月，或用"去年""上个月"，建议写完整

日期的汉字形式

某些情况下可以将日期写为汉字形式。

| 正确写法 | 二〇一九年十月一日 | 错误写法 | 二零一九年十月一日 |

■ 汉字日期可以用在会议背景墙、书籍封面等其他情况中
■ 十九大报告的年份用汉字数字，如：一九四九年建立了中华人民共和国
原因：1.这里的年份作为一个特定的独立概念词汇，不是作为自然年度，故用汉字；2.汉字更适合现场宣读这一情境。

北京理工大学出版社《财经应用写作》活页式配套资料
韦志国　宋少净　原创制作

一图看懂写作技法

财经应用文的写作过程与要求

财经应用写作与科技写作等其他写作行为具有一致性，同时由于其实用目的而导致写作过程表现出独特性。在现实的财经应用写作中，一般要经过以下几个阶段。

上级工作部署
自身工作需求 → **产生写作任务**

背景资料　事实数据　　　　　　上级要求　领导意图
国家法规　内部规章 → **收集素材** ← 工作进展　往常惯例
　　　　　　　　　　　　明确意图
　　　　　　　　　　　　提炼主题

主题正确　信息全面　　　　　　文种恰当　表述准确
措施可行　工作衔接 → **撰写初稿** ← 结构合理　标点规范

领导审阅　集体审阅
行文依据是否充分
主题观点是否正确
语言表达是否准确　　　　　　　生效标志完备
措施安排是否可行　　　　　　　发布方式合理
事前协商是否一致 → **审核、修改** ← 发布时效及时
　　　　　　　　　　与发布

项目一　财经应用写作的内容

任务一　正确表达主题

教学目标

1. 了解财经应用文主题的概念、作用；
2. 理解财经应用文主题的基本原则与要求；
3. 掌握财经应用文表达主题的基本方法。

任务引入

指出下列文章在表达主题方面所存在的问题，并作出修改。

关于 2019 年度高级会计师资格的通知

根据上级主管部门文件精神，2019 年度高级会计师资格全国统一考试将于 9 月 8 日举行（2019 年正高级会计师资格考试同日一并进行）。××市报考人员于 6 月 15~29 日，登录××省会计信息网进行网上报名。6 月 25~30 日到××市××路 176 号××大厦西配楼一层审核确认。

详细报名流程及相关要求，请登录××省会计信息网在"通知公告"栏目中查询。

2019 年 6 月 12 日

××市会计专业技术资格考试领导小组

相关知识

一、主题的概念和作用

主题，也称主旨、主题思想，是文章的内容要素。在财经应用写作中，主题主要是指应用文的中心思想，即文章的全部语言、材料内容所表达的基本思想，是写作意图的直接体现。

主题是文章的核心与灵魂。主题是应用文的核心内容，是发文动机的直接体现，决定着文章的其他要素。文章选材需要围绕主题，语言需要根据主题确定，结构也应当有利于表现主题。

主题决定应用文的价值。应用文的价值是面向实际现实问题的。文章主题是否对事务（物）做出准确判断、能否合理处理问题、是否客观传达信息、能否以深刻的理性启发读者，这些方面都决定了应用文实用价值的高低。

二、主题的来源和形成

在财经应用写作中，主题一般不能由撰文人员根据本人的意愿自由确定，而是产生于调查研究或来源于上级，其形成过程往往需要集体讨论，并且要经过反复修正。

（一）产生于调查研究

财经应用文是面向财经工作的，其主题必须与客观现实相一致，或要能够经得起实践的检验。因此在撰文过程中，应当贯彻实事求是的精神，从客观实际出发，提炼文章主题。根据上级的原则和指示精神，针对某一现象和问题客观全面地搜集信息并理性深入地分析材料，从中把握事务（物）的本质规律，从而写出实事求是的文稿。

（二）来源于上级部门或领导

贯彻落实上级部门或领导的工作部署，是下级部门或人员的基本职责。能否理解并贯彻领导的意见，是工作能否取得实效的一个条件。撰写文件之前往往要认真阅读上级的相关文件，准确领会上级机关的工作部署和要求，或者与领导进行深入沟通，准确了解领导的要求和意图，然后根据本单位、本部门的特定情况和需要，将上级部门的意图具体化，形成文件的主题，使文件成为体现上级部门或领导意图的载体。

（三）形成于集体讨论

当面临比较复杂的问题、比较重大的事务（物）或者涉及比较专业领域的时候，撰写相关文件一般需要多人参与，以便充分发挥集体智慧的力量。撰文人员应当与相关人士进行深入地讨论，尤其是需要向行业专家进行咨询，进行集体构思。这一过程中形成的主题就是集体思维的结晶。

（四）完善于反复修正

在撰写内容较为复杂、题材较为重大的应用文时，主题往往不是一蹴而就确定下来的，还要一个反复修正的过程。在草拟、审核、讨论、修改等过程中，需要对主题进行多次修正，使其更加符合客观实际，更加符合上级政策，更能增强现实效果。对主题的反复斟酌与推敲，体现了严谨性，同时也是主题形成的一个显著特点。

三、确立主题的原则要求

在提炼确立主题的过程中，必须保证主题正确、明确、单一。只有符合了这三个原则要求，财经应用文的内容、结构和现实效用才有了依据和基础，否则所撰写的文章就是失败的乃至毫无意义。

（一）正确

主题必须正确，这是最具强制力的原则要求。检验主题是否正确的标准主要有以下五种：一是以党和国家当前的指导思想、路线、方针和政策为标准；二是以国家现行的法律、法规为标准；三是以社会实践、实际情况为标准；四是以提出观点或措施是否有针对性为标准；五是以提出的措施是否具有可行性、能够在实践中贯彻为标准。

应用文的主题，如果符合上述一项或多项标准，那么一般就是正确的；反之，如果违反了上述任意一项标准，那么就是错误或不当的。

（二）明确

主题必须明确，不能隐晦或产生多种理解，其包含以下三个方面的意思：一是观点明确，表达直白，可使人直接把握主题而无须猜测推理；二是态度明确，无论是肯定或否定、同意或反对，都应明白说明，不可态度模糊；三是语言表达明确，不能使用模糊词语、歧义句子等。

如果做到了这三点，那么主题信息就会得到准确传递，不会存在理解的差异，也不会存在多种解释。

（三）单一

现实的事务（物）之间总是存在着复杂的相互关联，即甲事和乙事有关，而乙事又与丙事有关，这样若干件事务就会形成错综复杂的局面。这一现象反映在文章写作中，就会出现"一文多事"的情况，也就是在一篇文章中同时包括了多种事务（物）。这种"一文多事"的做法是必须克服的。多种事务之间虽然存在某种关联，但它们在本质上是不同的事务（物），尤其是当用概念和语言进行表述时，就应当对这些事务（物）进行必要的区别。

撰写财经应用文应当做到"一文一事，一事一文"，体现在主题表达方面，就是一份文件无论其篇幅长短都必须传达单一主题，同一件事务（物）应当尽可能地在一份文件中得到表现。应当避免不同事务（物）的不同主题合并在一个文件中表达，或者同一件事务（物）分散到多份文件中表达的现象。

主题的单一性在不同文体中的表现略有差异：某些文种篇幅往往简短（如批复、通知等），因此所表达的主题只有一个方面，单一性的要求容易实现；某些文种篇幅较长（如调查报告等），信息量较大，往往有一个总主题统领全文，同时又围绕总主题另形成若干分主题，它们都是为总主题服务的，分主题不能互不相干或互相矛盾。

四、表达主题的方法

财经应用文的主题不能由阅读者去归纳，而是要在写作过程中明确得到表达，以适当的方式显现在适当的位置，其表达主题的方法有以下四种。

（一）标题点明全文主题

标题是文章的名称，是文章必不可少的构成要素，也是表达主题的重要途径。

1. 公文式标题表达主题

党政公文的标题构成具有比较严格的模式，由发文机关、发文事由和文种名称构成，在发文机关之后往往加上介词"关于"，形成一个以文种为核心的偏正词组结构，如表1-1-1所示。

公文版式格式规范标题

表1-1-1 公文式标题构成

构成要素	发文机关	关于	发文事由	文种
标题举例	××公司	关于	召开职工座谈会	的通知
	××公司	关于	李×违纪情况	的通报

如果以上各部分都齐全，那么就形成完整式标题。有时对内行文时为了简便，可以省略发

文机关，或者省略发文事由，形成省略式公文标题。但是，正式行文一般不得省略发文事由。

发文事由要用简洁的词组准确地对所要处理的事务进行概括，直接点明主题。一般采用两种方式进行概括：动宾词组和名词结构。上两例中的"召开职工座谈会"便是动宾词组，"李×违纪情况"便是一个名词结构。相对而言，应用文标题中采用动宾词组概括主题事由的情况要更常见。

绝大多数的党政公文都采用这种方式构成标题，其优点是信息要素完整，尤其是对文章内容主题的概括非常明确，体现了较强的严谨性和严肃性。

2. 普通式标题表达主题

普通式标题没有固定的要素与组合方式，一般采用简短的词组或句子直接揭示文章主题，消息、简报、调查报告等文体经常采用这种标题。例如：

女教师车祸瞬间推开学生 自己被轧双腿截肢

我公司超额完成上半年销售目标

以市场需求为导向，全面提高企业科技创新水平

3. 组合式标题表达主题

组合式标题即采用正副标题的方式，正标题往往具有一定的艺术修辞色彩，具有较强的吸引力，副标题则直接揭示主题，或者补充相关信息。正副标题相互配合，增强了标题的表现力。例如：

"蒜你狠""豆你玩""姜你军"是怎么产生的？

——农产品价格暴涨调查

（二）主题句揭示全文的主题

主题句，即能够概括全文主题的句子。一般情况下的各类常用文书，尤其是党政公文，常常需要主题句。公文中的主题句往往位于开头部分，例如：

为深入贯彻党的十七届六中全会精神，加强干部职工理想信念教育，深入推进社会主义核心价值体系建设，按照中央国家机关工委相关要求和财政部党组书记、部长谢旭人同志关于"财政精神"提炼活动的重要批示要求，决定在全国财政系统开展"财政精神"提炼活动。现将有关事项通知如下。

这段选文为某通知的开头部分，在介绍了发文目的和发文依据后，以"决定在全国财政系统开展'财政精神'提炼活动"一句揭示全文意图，正文主体部分分别说明该项活动的相关要求与措施。

开头部分的主题句可以起到画龙点睛的作用，使得全文结构更加紧密，也便于读者把握主旨。

（三）段旨句（小标题）概括层次大意

段旨句是文章各层次或自然段的中心句，一般是围绕总主题所形成的分主题，对全文主题起着深化和细化的作用。在部署某项工作的公文中，段旨句能够明确表达不同的工作措施与要求。段旨句也可以单独一行作为小标题使用，末尾不加标点。例如：

（四）管理程序

（1）制订操作方案。各省级财政部门会同商务部门，按照下达的资金额度及相关规定，制订本地区资金使用管理的操作方案，明确支持标准、资金申报、审核、拨付等具体程序和

所需材料等具体要求。于本通知下发2个月内将操作方案及项目安排意见报送财政部、商务部备案。

（2）拨付资金。各省级财政部门在确定操作方案及项目安排后，按规定程序将资金及时拨付到项目实施单位。

（3）项目验收。各省级商务、财政部门要督促项目实施，在项目完成后及时进行验收。

（4）绩效评价。各省级商务、财政部门要按照现行有关办法规定，结合项目特点，认真组织实施绩效评价工作，并将其作为加强项目资金管理和安排以后年度资金的重要依据。

在这段选文中，"管理程序"是小标题，综合概括了"制订操作方案""拨付资金""项目验收""绩效评价"等措施的具体环节内容。"制订操作方案"等内容就是段旨句，点出了各自引领内容的核心信息。

段旨句与小标题一般都位于自然段或层次部分的开始位置，使读者可以迅速把握中心主旨，提高了阅读效率。如果在段尾或段中，就会给读者阅读理解带来困难，容易造成主题模糊。

（五）篇末点明主题

很多应用文需要使用固定的套语式结尾，不需要回顾全文、重申主题。但是，某些文体（如意见、报告、决议、总结等）在结束时应当使用高度概括性的语句再次点明主题，以使全篇首尾呼应，增强文章结构的紧密性。

任务实施

一、任务指导

通过阅读全文可以得知，该文的意图是向有关人员告知会计师资格考试报名时间、方式、现场确认等信息。但是，这一主题在原文中并没有得到较为准确、清晰的表达，主要问题有以下四个方面。

首先，标题事由概括不准确。

其次，缺少全文主题句。

第三，没有使用小标题将报名相关事宜进行分解说明。对报名工作的相关事宜介绍非常简单，使得读者难以了解全面信息，需要进一步登录网站，降低了该通知的实际效用。

第四，发文机关与发文时间的前后顺序错误，不应当将发文时间排在发文机关上面。

二、参考范文

关于2019年度高级会计师资格考试报名工作的通知

根据上级主管部门文件精神，2019年度高级会计师资格全国统一考试将于9月8日举行，报名工作将于近期启动。现将具体事宜通知如下：

一、报名人员资格条件（略）

二、网络报名

（一）报名时间：6月15~29日

（二）报名网址：××省会计信息网（www.×××.com）

（三）报名流程：

1. 注册用户名（略）

2. ……

（四）相关要求（略）

三、现场确认

6月25~30日到××市××路176号××大厦西配楼一层审核确认。

四、收费标准（略）

××市会计专业技术资格考试领导小组（公章）
2019年6月12日

实训练习

一、修改下列标题

1. 申请购买发票打印机
2. 春节用品的请示
3. 关于罗成海制作员工证的请示
4. 关于电梯改造旧件拆下后无用材料处理的报告
5. 关于新部门的请示
6. 关于组织全体职工支援希望工程捐款的通知
7. ××公司关于违反考勤制度的通知
8. ××公司关于做好节能减排工作问题的通知
9. ××公司关于通知工作会议召开时间与要求的通知
10. ××公司关于撤销的报告
11. ××厅关于组建××处的请示报告
12. ××大学优秀学生评奖通报

二、补充段旨句

随着知识经济时代的来临、管理方式的变化，会计工作的重点应日益从信息加工演化为对知识、信息的分析、判断和运用上来，会计实务工作方面的改革势在必行。

（一）_____。在知识经济时代，会计工作的基点已经不是仅仅满足于过去的信息，而是将信息控制、未来预测作为工作的重点。会计工作除传统的企业会计核算外，还应将财务管理、经营计划制订、财务控制系统设计、投资决策等作为重要的业务范围。

（二）_____。目前，企业组织结构出现较大的变革，税法不断更新完善，按工作成果取酬的弹性工作制将成为普遍的工时制度，企业越来越重视人力资源和人力投资，将更多精力放在新产品的研究上。另外，经济各部门之间的联系更为紧密，经济运行的"触角"也延伸至经济部门以外的其他领域，如政治、文化、环境等，近年来出现的绿色会计、行为会计等就是这种趋势的端倪。因此会计实务工作者应适应社会变革，不断增长和更新知识。

（三）_____。财务信息的收集、分析和处理，资本的筹集、调度和投入，产品的设计、加工和制造等关键性的过程，都必须依靠健全的信息技术才能顺利进行。会计软件运用越来越广泛，已代替了老式的手工模式，使得处理数据变得精确化、简单化。信息技术在会计中的应用不断普及与深入，其本身技术更新不断加快，必将进一步对会计人员的知识结构提出更高的要求。

任务二　合理运用材料

教学目标

1. 了解材料的概念、作用和原则要求；
2. 掌握积累材料的基本方法；
3. 掌握使用材料表现主题的方法。

任务引入

指出下面的公文在材料使用方面所存在的问题，并进行修改。

××总公司关于保安员李×同志光荣负伤先进事迹情况的通报

公司各部门、各分公司：

李×，男，汉族，1985年生，××省××市人，高中学历，系退伍军人。李×同志在部队服役期间勤奋学习，刻苦训练，练就过硬的身体素质，而且品德高尚，乐于助人。他退伍后于2008年6月到我公司工作，担任保安员，负责库区的巡逻工作。自参加工作以来，李×继续发扬在部队养成的优良传统，立足于本职工作，勤奋学习业务知识，认真履行工作职责，恪尽职守，连续两年被评为优秀员工。最近，李×同志再立新功，在与盗窃分子搏斗中光荣负伤，现将情况通报如下：

2019年5月2日凌晨2时左右，两名盗窃犯罪分子溜入我公司位于××路18号的仓库，企图盗窃存放的电缆。他们利用货架遮挡了监控摄像头，致使监控室未能及时发现这一情况。当晚的监控室值班员吴××由于困乏，竟然睡着了。李×和王×本应结组搭档进行巡逻，但是王×以身体不适为由，没有参加巡逻。李×同志只好独自一人前往仓库进行巡逻。

当李×巡逻到仓库时，敏锐地发现货架被移动过了，于是他用对讲机向值班室进行报告。但是他的报告没有引起吴××和王×的回应。就在李×报告时，惊动了两名盗窃分子。他们试图隐藏到货物后面，被李×及时发现，他大喝一声："什么人？"两名犯罪分子差点儿被他凛然正气吓蒙，但是当发现只是他一个人时，二人又恢复了镇静。他们对李×说："不关你的事，赶紧让我们走，不会让你吃亏，这一百块钱你先花着。"说着从口袋里拿出一张百元大钞。面对利诱，李×同志不为所动，严词拒绝了他们，并且悄悄按下了随身携带的无线报警开关。

两名歹徒见软的不行，就来硬的，抄起钢管和木棍猛烈敲打李×的头部和胸部。李×同志在部队练过擒拿格斗武术，面对穷凶极恶的歹徒毫不畏惧，勇敢地与之搏斗。但是身上还是被打伤。一名歹徒用钢管打到他的手臂上，导致骨折。负伤后的李×同志仍然坚持与他们搏斗，并且大声呼喊。

值班室的吴××和王×接到警报后，迅速携带电击棒等器具赶来协助李×和歹徒开展搏斗。两名歹徒眼见大事不好，夺路而逃。其中一名歹徒侥幸逃脱，另一名被活捉。

吴××和王×打电话报警，同时拨打120急救电话，救护车来到事发地点，将李××送到医院接受救治。犯罪分子被扭送到派出所，接受进一步调查和处理。

总公司经理方××得知李×的事迹之后，当即指示："不能让英雄既流血又流泪！更何况是我们的员工，我们的兄弟！要不惜一切代价抢救李×同志。"从医院传来喜讯，李×所受的伤并不致命，再加上因为救治及时，没有生命危险，伤情正在好转。事发第二天，副总经理刘××代表方总经理专程到医院探望李×，并为他送上5 000元的医疗费用。李×对公司领导的慰问表示感谢，他说："我所做的只不过是每一名员工都会做的，今后我要继续努力工作，以报答公司领导的关爱。"

李×同志的英勇行为，保护了公司财产，让犯罪分子落入法网。俗话说"勿以恶小而为之，勿以善小而不为"，我们奉劝犯罪分子不要再到我公司寻衅滋事，我们有一大批像李×同志这样的员工，必将会对不法分子进行严厉打击。

李×同志的英勇行为，不仅是他个人的荣誉，也体现了中华民族千百年来高尚的情操，展现了见义勇为的传统精神。李×同志机智果断，不顾个人安危与坏人、坏事作斗争，保住了公司财产，精神可嘉。公司决定给予通报表扬，并颁发奖金3 000元，以资鼓励。反观当晚值班的吴××和王×两位员工，玩忽职守，不负责任，特提出批评，并扣发当月奖金。

××总公司（公章）
2019年5月10日

相关知识

一、材料的概念、作用和类型

文章的材料有广义和狭义之分。广义的材料是指作者围绕写作主题所搜集的各种事实、现象或理论的书面化素材；狭义的材料仅指经过筛选后写入文章中的存在密切逻辑联系的事实现象或理论依据。换言之，凡在财经应用写作中用于提炼主题和表现主题的事实和观念，都可以被视为材料。

材料是主题得以表现的基础和前提，是提出问题和观点的依据。如果说主题是文章的灵魂，那么材料就是文章的血肉，使得文章内容充实。

财经应用写作所使用的材料可以按照不同标准分为多种类型，总体上可分为事实性材料和观念性材料两种。前者指客观存在的现实事物、人物、事件、现象、统计数字等；后者指从他处引用证明观点的理性认识，主要是已经得到了反复验证而具有公认的正确性的理论、原理、定义、格言等。

在这两种类型的基础上，还可以根据材料的性质、形态、来源的不同区分为若干对类型，如个别材料和综合材料、一般材料和典型材料、现实材料和历史材料、背景材料和中心材料、正面材料和反面材料、直接材料和间接材料等，此处不再一一赘述。

二、财经应用写作材料的原则要求

（一）真实可靠

财经应用写作所引用的各种类型的材料首先要做到真实可靠，即材料源自现实、符合现实。事例材料的起因、经过与结果必须确凿无误，准确反映事件过程，不可捏造虚构，也不能嫁接拼凑；数据材料来源可靠权威，是对现实的客观反映，不能夸大、缩小甚至捏造数据；所引述的理论依据，必须经过实践检验，得到公认，不能采用容易引起误解或争议的理论。

（二）典型精当

（1）典型，是指材料能够深刻揭示财经工作的规律、本质，具有较强的普遍性、代表性、概括性，能够在实践中得到较为广泛的印证和支持。

（2）精当，是指选择材料必须根据表达主题的需要来确定。主题是决定材料取舍的标准，是衡量材料是否得当的标准。财经应用写作的材料通过文字表达时，需抓住与主题密切相关的要点进行表述。

（三）新颖简要

（1）新颖，是指材料具有时代感，符合当今最新的客观现实，能够反映新近的动态与变化。

（2）简要，是指对材料的表述应当做到语言简洁。叙述事件经过在保证基本要素清楚的前提下，力求简洁，不可大肆渲染氛围或刻画细节。论述观点时应采用浓缩的语言展现逻辑关系，不可过于琐碎深入。说明事理应当条理清楚，语言准确严密。

三、积累材料的方法和要求

（一）经验积累法

经验积累法是搜集材料最便捷、最常用的方法。在日常生活和工作中，应当时刻注意搜集和工作相关的各类信息，这些信息大量分散于生活和工作场景之中，只要多加留心就能从中增长经验，在财经写作时稍加整理即可使用。例如，在参加各类会议与活动的过程中，应当及时观察思考其组织程序，分析其中的优点和不足，积累了大量的这类信息材料后，在拟制会议与活动方案时才能胸有成竹、安排周密。

（二）查阅文献法

查阅文献是获取材料的重要途径，对于财经应用写作而言具有特别重要的意义。在写作过程中，如果所涉及的事务比较重大，具有较强的政策性，那么就需要重点研读上级机关已经下发的指导性文件，或者参考已经发布的同类文件，从中获得有用的材料信息，以便在撰写文章中应用。所查阅的文献资料主要有纸质和电子两种类型，查阅的对象主要包括上级来文、已归档文件、工具书籍、各类专业书籍、媒体报刊、网络信息等。查阅文献法获取的信息材料一般为间接材料，必要时应当核查其原始来源以确保材料的可靠性和真实性。

（三）观察法

观察是人对某些事物有选择、有目的、有计划、伴随着理性思维所进行的知觉反映过程。观察与一般的知觉不同，是受理性意识控制的，对象的选择、目的的确立、观察的发动和停止等各个环节都由理性控制，能够实现由表及里、由现象到本质的把握，因此观察法往往可以获取许多深入的材料。

观察的方法主要有：总体观察（对事物整体的把握）、细节观察（对事物局部细节的观察）、比较观察（在观察中同中求异或异中求同）、进程观察（注重关注事物发展变化的动态过程）等。

使用观察法搜集材料时，应注意避免情感立场所造成的先入为主的偏见，同时观察者应当注意不要干扰事物正常的状态或发展过程。

（四）调查法

调查法是通过到现场实地勘察、找知情人询问、通过问卷获得材料的方法。

调查主要有以下四种类型：

（1）普遍调查，针对课题在某一范围内对全部相关对象进行调查，如全国人口普查、经济普查，其优点是全面准确，但耗力费时；

（2）重点调查，只对影响全局的重点对象进行调查，如对重点企业的调查，其优点是切实可用，但不够准确；

（3）典型调查，选取同类事物中最具有代表性的个体进行调查，再由典型推广到全体，成败的关键在于典型选择是否准确；

（4）抽样调查，为避免偏见导致的失误，抽取若干样本进行调查。

调查的方法主要有现场勘察、个别谈话、开调查会、问卷调查等。

使用调查法搜集材料，前期的充分准备十分重要，应当制订完善的调查方案，明确调查的对象、方法、过程和步骤。在调查进行阶段，应当和调查对象建立起和谐的信任关系，以确保信息的可靠性。如果使用问卷进行调查，则一定要认真设计问题及其备选项，一般不能要求被调查对象书写个人姓名。

调查这种方法比较复杂，往往适用于具有重要作用的财经文体，如决定、意见、调查报告等文体。如果未经深入调查，就难以了解事情真相，难免在制定政策、作出决策等方面出现偏误。

四、材料的整理

搜集积累所需的各类材料后，需要对其进行整理。整理材料主要进行两方面的工作。

（一）审查筛选材料

对于搜集的材料首先应当保证其真实可靠，因此需要审查验证各类直接材料或间接材料的真实可靠性，保留真实材料，舍弃虚假材料，补充完善存在欠缺的材料；对一些虚假、夸大、不真实的材料首先去除。

（二）分类整合材料

搜集时受到各种因素影响，材料一般是零散的，缺乏系统性的联系，需要根据内容的关联性、重要程度、与主题的相关度等标准对材料进行分类和整合。

五、材料的使用

写入文章中的材料必须经过精心组织才能使之成为表达主题的支撑。使用材料，一方面是使材料和观点建立起内在的逻辑关系;另一方面是使二者的关系获得外在的组织形式。

(一) 材料与观点的逻辑关系

写入文章中的材料不能直接堆砌,而是要和观点形成内在的逻辑关联。应用文中材料与观点的逻辑关系主要有以下三种类型。

1. 说明关系

在市场调研报告等文体中,在提出观点后使用材料进行解说。如某篇关于春季拍卖市场的调研报告中,关于当前市场特点的介绍:

高价拍品数量持续增长

高价拍品的快速增长是今年春拍非常值得注意的现象。100万元、500万元、1 000万元以上价格拍品同比分别增长56.38%、45.11%以及58.75%,都呈现出超过成交总额增长的趋势,特别是1 000万元以上拍品更是高达127件。如果不出意外,全年拍卖千万元以上拍品有可能出现创纪录的300件。

这一段引文中,使用比较翔实的数据材料,有力地说明了"高价拍品数量持续增长"这一市场的特点。

2. 证明关系

在调查报告、讲话稿、计划等文体中,使用材料证明观点的正确性和可靠性。例如,某关于手机媒体调查报告中的片段:

第二,手机媒体的影响力越来越强。

几年前的手机短信息,只是提供个人之间的信息传递,如问候和简单的事件沟通等,而现在已经变成人们最重要的信息分享渠道。美国"哥伦比亚号"事件通过手机信息,短时间内传遍全球。北京的长虹桥出现下陷,市政府第一时间通过1860平台向市民进行通知。这不仅是因为市民的手机拥有量大,更重要的是手机是人们获取信息最便捷的手段或工具。

这段引文中,使用两个事实材料,证明"手机媒体的影响力越来越强"这一观点的正确性。

3. 陈述关系

在某些应用文,如调查报告等中,作者提出观点后,用叙述方法陈述经历、过程。如某政府对火灾事故情况通报中的一段:

自1999年9月下旬至2000年1月期间,广东省揭阳、广州两市连续发生3起重大火灾事故,共死亡43人,给国家和人民生命财产造成极大的损失。9月21日19时,揭阳市普宁池尾镇新丰村周林鹏棉被作坊,因棉花仓库的临时线路电源插座接触不良,过热引燃棉花发生重大火灾,死亡8人,初步估算直接经济损失8万元;10月9日9时45分,广州市白云区竹料镇永发购销综合店,因切割海绵的电炉丝过热引燃海绵而发生火灾,造成15人死亡;10月26日7时35分,广州市增城市(今为增城区)石滩镇马修村红成皮具厂发生火灾,死亡20人,重伤4人。

这段话中分别简要叙述了三起火灾事故,呼应了本段开头的第一句话。

(二) 材料与观点的组织形式

1. 先提观点,后列材料

这种形式经常在段落、层次的开始使用一句话或词语组合提出观点,然后列举具体事例或其他材料支撑这一观点。这些写法具有非常明显的优点,能够使读者迅速把握要点,提高阅读效率，因此在财经应用写作中应用频率非常高，大量应用文采用这种形式组织材料和观点。

2. 先列材料，后提观点

这种方式先将有关的事实材料、理论材料以及数据等列举出来，然后再归纳观点，得出结论。这种组织方式的特点是能够杜绝先入为主的缺陷，事理交融，具有较强的说服力。

3. 材料与观点交织

这种方式边列举材料边说明观点，使得观点与材料层层相扣，利于说明比较复杂的过程。在财经应用写作中，这种方式主要应用于说理性较强的文体，如讲话稿、决议等，而在其他文体写作中比较少见。

任务实施

一、任务指导

任务给出的病文存在多方面的问题，其中最突出的问题是材料的应用。病文内容材料比较丰富，既有对事件经过的叙述，也有评价，还有一些背景材料和引言。这些材料是否都需要写入正文，是否需要进行详细表达，判断的标准就是文件的发文主题和意图。所以，为了使材料简要精当，就必须先确定该文的主题和意图是什么。

该文的文体为"通报"，这一文种适用于表彰先进、批评错误以及告知相关情况的题材。从文种所反映的事件来看，这三种目的都有可能。那么，究竟是哪一种意图，就需要撰文者在写作之前和领导进行深入沟通，了解领导的意图，进而确定发文的主题。一般情况下，遇到文中这类情况，如果内容侧重于表达李×的英勇，那么发文主题应当确定为表彰先进。确定这一主题后，就需要对文中所提到的各类材料进行筛选，并用简洁的语言予以表达。

文中需要保留的材料主要包括李×的个人基本情况、事件的主要经过、公司的表彰决定及对事件的恰当评价。

文中需要舍弃的材料主要包括李×个人信息中与主题无关的内容、事件经过中需要保密的内容、事件的细节和心理描写、引用的他人语言及对另外两名责任人员的批评。

除了材料问题外，该文的标题、语言等方面也存在诸多不足。

二、参考范文

××总公司关于表彰李×同志的通报

公司各部门、各分公司：

李×，男，汉族，1985年生，××省××市人，自部队退伍后于2008年6月到我公司任保安员，负责库区的巡逻工作。

2019年5月2日凌晨2时左右，两名盗窃分子溜入我公司仓库，企图盗窃存放的电缆。李×同志在巡逻工作中，敏锐地发现这一情况，一边迅速向值班室报告，一边阻止两名盗窃分子。两名不法分子见事情败露，企图用金钱利诱李×同志，遭到他严词拒绝。歹徒用钢管和木棍猛烈击打李×的头部和胸部。面对穷凶极恶的歹徒,李×同志毫不畏惧,他利用部队学习的擒拿格斗术,勇敢地与之搏斗,不幸右手臂被钢管击中,导致骨折。负伤后的李×同志仍然坚持搏斗,并且大声呼喊。值班的另外两名保安员闻讯赶来,迅速将一名歹徒制服,另一名侥幸逃脱。

事件发生后,救护车赶到事发地点,将李×送到医院接受救治。被擒的盗窃分子被扭送到派出所接受进一步调查和处理。由于及时救治,李×同志没有生命危险,伤情正在好转。

李×同志的英勇行为体现了爱岗敬业的高尚职业道德素养,机智果断,不顾个人安危与违法分子作斗争,保护了公司财产。经公司领导班子研究决定给予通报表彰,并颁发奖金三千元,以资鼓励。

希望全体员工认真向李×同志学习,立足本职岗位,乐于奉献,为实现公司全年经营目标而奋斗。

××总公司(公章)
2019 年 5 月 10 日

实训练习

小刘是某公司的会计,年底准备撰写财务部全年工作总结,为此他搜集了以下材料。请分析是否可以写入总结之中,为什么?

(1) 2019 年 6 月 19 日,会计王×在楼道中捡到了 50 元钱,并上交给公司。

(2) 全体会计人员利用一周时间集中接受新会计准则的培训。

(3) 购置了 5 套刷卡 POS 机、税控机等设备,顺利安装使用,并做好日常维护工作,保证了收支工作的顺利进行。

(4) 对多个正在推进的项目进行核算,发现存在错漏金额 10 余万元。

(5) 及时编制完成各种财务报表,争取了当地某行 2 000 万元信贷额度。

(6) 2019 年 7 月 16 日,天降大雨,办公用品储藏室发生进水,两包打印纸被雨水浸湿,无法使用。

(7) 招聘了 2 名新出纳,财务部办公人员总数达到 8 人。

(8) 向档案室移交财务档案 50 余卷册。

(9) 修订了《出差经费报销管理办法》,并在全公司推广执行。

(10) 会计马×上班迟到,被经理口头批评。

活页："一图看懂写作技法"

活页更多精彩内容

北京理工大学出版社《财经应用写作》活页式配套资料
韦志国　宋少净　原创制作

一图看懂写作技法
党政公文标题

通知、请示、报告等法定党政公文的标题具有固定构成模式，发文单位名称、事由、文种三个要素构成。还经常使用"关于""的"两个虚词。也可根据情况省略其中某些要素。

发文机关名称	关于	事由	的	文种

发文机关名称
- 全称或规范化简称
- 数量 1个或多个（联合行文）
- 位置 "关于"之前
- 不可随意省略 内部行文、非正式行文可省略
- 一般不写收文单位
  ❌ 甲公司致乙公司关于××事宜的函

事由
- 动宾短语
  关于暂停农信银支付业务的公告
- 主谓短语
  国务院关于国有企业发展混合所有制经济的意见
- 名词短语
  中国银监会关于规范性文件清理结果的公告

文种
- 一种文体
  ❌ 请示报告
  ❌ 总结报告
  ❌ 通知函
- 规范或通用的文种
  ❌ 通函
- 根据行文规则、文种适用情况和事由性质选择恰当文种
- 点明类型
  指导意见
  紧急通知
  表彰通报
  商洽函

说明
■ 该模式主要适用于党政公文，纪要标题例外。计划、总结等文体可参照使用。
■ "关于"一般不省略；处罚或表彰内容的公文标题使用"关于对"很容易出现问题。
■ "的"一般不省略，位置固定文种之前。

北京理工大学出版社《财经应用写作》活页式配套资料
韦志国 宋少净 原创制作

一图看懂写作技法

标题中标点符号用法规范

总规则 标题末尾不用任何标点符号（？！。：）
标题中间使用多种标点符号（、，《》""空格）
应用文标题中的标点符号使用情况比较复杂，以下规则主要适用于党政公文，其他文体标题参照使用。某些文体，例如消息、通讯、调研报告等标题使用标点符号更为灵活，遵循标点符号用法标准即可。

书名号

惯例：公文标题中嵌套另一文件标题，如果被引文件为法律法规、规章制度，则加《》，否则不加

使用情况	示例
按惯例应当使用 注意：小括号应在书名号内	国务院办公厅关于印发《知识产权对外转让有关工作办法（试行）》的通知
按惯例不加但使用	国务院关于落实《政府工作报告》重点工作部门分工的意见
按惯例不加	国务院关于印发全国国土规划纲要（2016—2030年）的通知 国务院关于印发积极牵头组织国际大科学计划和大科学工程方案的通知
规章制度统称不加	国务院关于在自由贸易试验区暂时调整有关行政法规、国务院文件和经国务院批准的部门规章规定的决定

空格 顿号

表示并列关系。 联合行文的多个发文机关之间用空格，事由中多个并列对象之间用顿号

使用情况	示例
发文机关之间用空格不用顿号	人力资源社会保障部 国务院扶贫办关于做好2018年就业扶贫工作的通知
事由中多个对象间用顿号不用空格	国务院办公厅关于加快推进"五证合一、一照一码"登记制度改革的通知

空格 逗号

表示语气停顿，主要用于事由部分的多个事项概括之间，两者均可，空格更为普遍

使用情况	示例
概括事由的两组动宾结构之间多用空格	国务院关于强化实施创新驱动发展战略 进一步推进大众创业万众创新深入发展的意见
事由内容之间用逗号，偶见于地方文件	××市人民政府关于进一步解放思想，推进"人民满意政府"建设的意见

引号表示特定概念，应用文标题中可使用，一般不带否定意味，指已定型的名称，见上例。

北京理工大学出版社《财经应用写作》活页式配套资料

韦志国　宋少净　原创制作

一图看懂写作技法
书名号的用法

根据国家标准《标点符号用法（GB/T 15834-2011）》（2012年6月1日实施）设计制作

名称	书名号	类型	标号 与点号相比，标号用法的规范性更强	形式	《 》 〈 〉

功能：标示 语段中 出现的各种 作品 的 名称
- 即在语境中前后有其他内容
- 作者或主体创作的成果
- 对作品的命名多为名词性词组

基本用法：标示书名、卷名、篇名、刊物名、报纸名、文件名，电影、电视、音乐、诗歌、雕塑等各类用文字、声音、图像等表现的作品的名称。如括注是标题一部分，应放在书名号之内，反之应放在书名号之外
- 《知识产权对外转让有关工作办法（试行）》
- 《国家车联网产业标准体系建设指南（总体要求）》
- 《工业互联网发展行动计划（2018-2020年）》
- 《免征车辆购置税的新能源汽车车型目录》（第十八批）

标题中用法

曾规定公文标题中的法规文件应标《》，其他文件不用。但该规定已不符合实际，不符合标点符号用法国标。

- **确定使用**　法律法规、规章制度、规范文件
  - 国务院关于印发《国务院工作规则》的通知
  - 国务院关于《必须招标的工程项目规定》的批复
  - 工业和信息化部关于印发《国家工业设计研究院创建工作指南》的通知

- **一般不用**　一般文件标《》亦不为错　标题中未标但正文中须标
  - 国务院关于落实《政府工作报告》重点工作部门分工的意见
  - 教育部 财政部关于印发《银龄讲学计划实施方案》的通知
  - 国务院关于印发打赢蓝天保卫战三年行动计划的通知
  - 国务院办公厅关于印发2018年政务公开工作要点的通知
  - 国务院关于太原市城市总体规划的批复
  - 关于公布2018年省级示范物流园区名单的通知

- **确定不使用**　非文件标题　非作品名称
  - 国务院关于建立残疾儿童康复救助制度的意见（非成型的制度文件标题）
  - 关于为新入职员工办理工作证的通知（证件名称）
  - 关于快递发放荣誉证书 获奖证书相关事项的通知（证书名称）
  - 关于开设大学生心理健康选修课的通知（课程名称）
  - 关于组织参观"复兴之路"大型展览的通知（活动展览名称）
  - 关于召开2018年下半年经营形势分析会的通知（会议名称）

根据句中用法

按照一般规范正常使用

- **文件标题简称**
  - 按照《绿色制造标准体系建设指南》（工信部联节〔2016〕304号），以下简称《指南》要求……

- **书名号连用，中间无其他内容，不使用顿号**
  - 按照《绿色制造标准体系建设指南》《工业和通信业节能与综合利用领域技术标准体系建设方案》要求……

- **两文件标题间有其他内容，应当使用顿号**
  - 按照《绿色制造标准体系建设指南》（工信部联节〔2016〕304号）、《工业和通信业节能与综合利用领域技术标准体系建设方案》……

附件说明中的用法

- **不标《》**　附件说明中的标题孤立使用，未处于语段之中
  - 附件：工业节能与绿色标准研究项目申报书
  - 附件：《工业节能与绿色标准研究项目申报书》✗

项目二　财经应用写作的形式

任务一　规范语言表达

教学目标

1. 了解财经应用写作对语言和表达方式的基本要求；
2. 在写作中能够规范使用语言。

任务引入

指出下文在语言方面的问题，并予以修改。

关于参加会议的通知

各位参会人员：

时间如白驹过隙，转眼到了6月底。2018年年初，公司曾经提出了全年销售任务目标，并要求时间过半、任务过半。所以，总公司要召开关于销售工作的会议了。这次会议的主题是为了解上半年产品是否销售顺利、市场占有率多大，尤其是要掌握客户对我们产品的抱怨情况。现将具体的会议有关问题做如下通知：

（1）开会时间暂定于下周，具体时间会提前一天通知，请大家不要关机。

（2）参加会议的人员为各个分公司的经理或主管销售的副经理，其他人员坚守各自岗位。

（3）开会人员在参加会议时，请携带本公司的有关销售情况的统计表。

（4）特别提醒：这次会议最重要的目的是了解客户们的意见，根据这些意见公司将对产品和销售策略进行调整。对于客户提出来的各种意见和建议，务必进行梳理和分析，因为客户满意程度决定着企业的生死存亡，不重视客户意见必将使我们的产品失去竞争力。

××总公司办公室
2019年6月20日

相关知识

一、财经应用写作词语使用要求

词语是语言中能够独立运用的最小的表意单位，是财经应用写作意义表达的基石。词语的使用从根本上制约着财经应用写作的水平。

（一）词语内涵必须明确

词语内涵明确是传达信息的重要前提。财经应用写作所使用的词语在特定的语境关系中，其内涵、义项必须准确明晰，不可造成歧义或意义模糊。具体而言，需要注意以下五方面。

1. 认真筛选近义词

近义词尽管词义相似，但存在许多微妙的差异。在应用文中，尤其应当注意辨别相似词语之间的差异。财经应用写作中常见的这类词有：

送到——赠送	错误——失误	违法——犯罪
跑走——逃走	缺少——缺乏	恰好——恰巧
重要——重大	创新——创意	表扬——表彰

近义词之间的差异，往往体现在褒贬色彩、程度轻重等方面。财经应用写作中，要注意词义概念的准确，口语与书面语的差别，要区分事物的不同分寸、大小、轻重。比如，规模较小的企业，不能在形容其成绩时采用"巨大"这一定语，一个基层领导同志不可能"作了重要批示"。

2. 准确使用专业术语

专业术语往往在专业文章中使用，应用文如果涉及一些特殊领域，也应当使用该领域的专业术语。专业术语的特征是词义内涵明确，可以增强文章的准确性。

财经应用写作可以根据不同需要，采用专业词语。如金融题材文章可以使用"外汇""证券""税收"等术语；贸易方面的文章中经常使用"流通""经营""购销""利润"等术语；交通方面的文章使用"抢道""超员""超载""混载"等专门词汇。应用写作者平时需要注意积累相关专业的词汇库，以便写作运用时能够得心应手。

3. 恰当采用特定词语

特定词语是在某些特定情境或场合中对特定对象的指称。例如，对金钱的表述有"预付款""尾款""欠款""借款""押金"等特定词语。再如，对人的指称在不同场合所用词语不同，在医院中用"患者"、在商业场合用"顾客"或"消费者"、在学校用"学生"、在交通工具中用"乘客"、在税务系统中用"纳税人"、在旅游服务中用"游客"、在网络行为中用"网民"、在金融投资活动中用"投资者"。这些特定词语如果合理地使用，能够增强写作表意的准确性。

4. 合理使用限定词语

所谓限定词语也就是定语或状语，是对中心词的修饰和限定，能够有效地消除中心语可能造成的歧义。

5. 注意同音词和音近词

同音词与音近词在汉语词汇中比较常见，它们发音完全相同或者相近，比较容易产生混淆。财经应用写作中常见的这类词有：

必须——必需	截至——截止	实验——试验
电器——电气	分子——份子	意义——异议
应约——应邀	游轮——邮轮——油轮	检查——监察——检察

当撰写讲话稿这类需要现场朗读的文稿时，必须注意同音词与音近词可能给听众带来的误解。

(二) 规范地使用简称、略语

简称和略语是一类特殊的词语，它们都是对一个复杂语言片段的压缩，但二者有所不同。简称往往是对一个特定对象名称的压缩，如"北京大学"往往简称为"北大"；略语一般是对一个较长语句的压缩，如"我们党要始终代表中国先进生产力的发展要求，我们党要始终代表中国先进文化的前进方向，我们党要始终代表中国最广大人民的根本利益"可以用"'三个代表'重要思想"作为略语。

简称和略语可以提高表达效率，使语句结构紧凑，恰当地使用可以增强文章的简洁性。使用简称、略语应做到以下两点。

1. 使用规范简称和通用略语

全称在简化过程中会产生不同的简化方式，也就是说会有不同的简称，其中有一个是作为规范用法或通用简称确定下来的。同样，略语也有通用和非通用之分，通用略语得到了社会广泛认可，或者是由某一部门在正式文件中予以确认。

使用规范简称和通用略语时，即便没有出现全称或完整的语句，读者也能准确地理解所指对象或所表达的含义。

此外，使用简称、略语还应当注意的是，在同一篇文章中或相同文件中应当保持前后一致，不得随意变更。

2. 非规范简称和非通用略语应当予以说明

有些简称和略语并不能被社会普遍了解，而是仅仅存在于特定的行业、部门、系统、群体内部。一般情况下，这类简称、略语出现在内部文件时，即使不予以说明，读者也能理解其意义。但是，当文件对外发布时，则极为可能造成理解困难。因此，使用系统或部门内部特定的简称、略语时，在文件中第一次出现时应当先使用全称，并注明简称或略语，如：

我公司所属企业还存在着高能耗、高污染、低效益（以下简称"两高一低"）的现象。

(三) 合理使用文言词

财经应用写作所使用的语言是规范的现代汉语，同时也可以适当使用一些文言词，以达到庄重、简洁的效果。常用的文言词有兹、悉、拟、系、鉴等。

(四) 不宜使用语气词、感叹词、儿化词、口语词、方言词等口语化倾向明显的词语

财经应用写作一般不宜采用语气词、感叹词、儿化词，这些词语口语化倾向比较明显，仅在演讲稿等有限的几种文体中使用，其他文体极少采用。

此外，财经应用写作也不宜使用描绘性、形象性的词语，这些词语追求形象化和艺术性，与应用文庄重严肃的文体风格不协调。

财经应用写作尤其排斥口语词和方言词，这些词汇难以进入正式的普通话书面语词汇系统，会对不同地域的读者造成理解困难。当然，在某些特殊情况下，适当使用口语词可以使人产生更加深刻、生动的印象。

(五) 应用文常用的词汇

（1）开头用语：根据、按照、遵照、为了、关于、由于、随着、据了解、据调查、经研究、经查明等。

（2）承启用语：特报告（通报、通知等）如下、提出如下意见、上述、综上所述等。

（3）经办用语：业经研究、已经、现将、试行、执行、贯彻执行、参照执行等。

(4) 引叙用语：接、收悉、欣悉、惊悉等。

(5) 期请用语：请、希、望、盼、拟请、恳请、切盼等。

(6) 征询用语：当否、妥否、可否、是否同意、如无不妥、如无不当等。

(7) 称谓用语：第一人称常用"本公司（本部门、本厂等）"，第二人称常用"贵公司（贵厂、你厂等）"，第三人称常用"该同志（该事件、该行为、该企业等）"等。

(8) 敬词：请、贵、遵照、呈、报请、谨呈、为荷等。

(9) 强调语：要、必须、务必、坚决、严加、禁止、不准、严禁等。

(10) 结尾用语：特此通告（公告、通知、报告等）、特此函告（函达、函复）等。

(六) 数字、量词使用规范

应用文中的数字主要有两种写法，即阿拉伯数字和汉字（小写）数字，二者的应用具有较为严格的规范，如表1-2-1所示。

表1-2-1 应用文中数字使用说明

数字形式	适用要素	举例	说明
阿拉伯数字	份号	01	详细介绍请参见本书模块二"前导知识"部分
	保密期限	15年	
	发文字号	×财字〔2018〕1号	
	正文中的年份日期	2019年9月20日	年月日齐全年份四位
	统计数字、数据、百分比	今年上半年销售收入122.51万元，同比增长约12%	
	层次序列号（三四层）	一、 （一） 1. （1）	
	附件顺序与数量	附件：1. 报名登记表 2. ××名单（共12人）	详细介绍请参见本书模块二"前导知识"部分
	印刷日期、印刷份数等	2019年10月7日印刷 共印40份	
	成文日期	2019年7月9日	位于文件末尾
汉字（小写）数字	结构层次序数（一、二层）	参见上例"层次序列号（三四层）"	
	词或词组	一清二白	
	惯用语	三七二十一	
	缩略语	"三个代表"重要思想 "八荣八耻"	

文中若有计量，必须使用国家法定计量单位，如"米""千克"等。

二、财经应用写作句子使用要求

句子是词或词组构成的能够表达完整意思的语言单位，是意义表达的主要途径。财经应用写作对句子的使用要求体现在语法、修辞、语气等多个方面。

（一）句式完整、简洁

财经应用写作中的句子一般是主谓完全句，即主语和谓语齐全，句子结构比较完整，不得随意省略句子成分。在表达信息清晰准确的前提下，句子力求句式简洁，结构清晰可辨。在主语十分明确的情况下，可以省略主语。如公文在发文单位明确的前提下，文中的主语是普遍省略的。

（二）财经应用写作常用句式

1. 把字句和将字句

把字句与将字句的主要差异体现在，将字句多用于书面语，把字句多用于口语。二者通常情况下可以交互使用。

这种句式的常见搭配为："把（将）……作为/纳入/列入/建设成为（建成）/推向/放在/摆在/摆上/落到……"例如：

把（将）产品营销工作作为公司全部经营活动的重中之重。

2. 是字句

是字句一般用在段首，紧跟小标题，点明主旨，用来定义、陈述某个对象的性质或与其他事物的关系，用于标识待说明事项的各个要点，如"一是……；二是……"；几个是字句连用的，构成排比句，增强说明的气势。例如：

销售工作是经济效益的增长点，是公司的生命之源，是公司一切工作的核心所在。

3. 为字句

为字句是以"为""为了"作为语言标志用以说明目的的句式。常见句型为："为+副词+动词+名词短语……"。例如：

为（了）进一步提高销售工作成效，激发销售人员的积极性和创造性，现提出以下意见。

4. 使字句

常用搭配为：使之成为、使……成为、使……得到。例如：

加强产品销售工作，使之成为推动公司可持续发展的引擎。

5. 联合短语句

利用联合短语作句子成分，把若干相关的意思凝聚在一个句子里，使句子结构紧凑，语言简洁。如把"实现干部革命化，实现干部知识化，实现干部专业化，实现干部年轻化"，综合为"实现干部革命化、知识化、专业化、年轻化"。

6. 的字句

恰当经常使用"的"字短语。"的"原为结构助词，组成的偏正结构为名词性成分。"的"字短语为名词性成分，省略了表达客观对象的词语的中心部分，既简洁又明确，代指人或事物，可以作主语、宾语。如下面某规章制度的节选：

有下列行为之一的，不得评为"优秀"等级：

(1) 无故缺勤累计 3 天的；
(2) 请假累计 10 天的；
(3) 工作中存在严重失误的；
(4) 被客户多次投诉的。

(三) 修辞手法

财经应用写作可以根据具体情况适当使用一些修辞手法，以实现更好的表达效果。财经应用写作修辞手法的使用要求主要是简洁鲜明、贴切准确。

财经应用写作中常用的修辞手法有排比、变形、对仗、借代、类比等。如把引进外资和技术比作"借水行舟、借鸡生蛋、借梯上楼"，那么把部门协作比作"大合唱"。需要谨慎使用或杜绝使用夸张、双关等易于引起误解的修辞手法。

(四) 语气贴切

一般说来，日常所用语气种类繁多，但使用于财经应用写作的并不多，常见的有以下几种：命令（祈使）语气、指导语气、定义语气、说明语气（介绍语气）、论述语气、陈述语气等。

使用何种语气，首先应切合文种和受文对象。上行文的报告、请示等文体应体现尊重上级、恳切陈词的语气；平行文应当体现婉转谦和的语气，下行文需体现明确决断又体恤下情的语气。

语气还应当切合主题和场合氛围。政令严肃，贺信/电热烈，悼文沉痛，申请恳切。某些应用文体（如欢迎词等）需要当场宣读，这就要求句子切合特定情景氛围，如欢迎词体现热情好客，而欢送词则要体现恋恋不舍之情。

(五) 文风朴素庄重

财经应用写作产生的文章，必须杜绝溢美之词，反对套话、大话、空话、假话，追求朴素、庄重的文章风格。这是财经应用写作实现其自身价值的内在要求。

三、财经应用写作图片与表格的使用要求

财经应用写作的一个显著特点是经常使用图片与表格表达信息。图片具有直观形象的特点，常见的图片有示意图、原理图、解剖图、流程图等。表格适用于处理大量的数据，能够清晰展现数据之间的关系。在办公软件中，基于表格数据生成的图片被称为"图表"，既能以直观形式展示信息，同时也能表达数据关系。

(一) 图片（图表）的使用要求

图片（图表）应具有"自明性"，即只看图、图题和图例，即使不阅读正文，也能使人理解图意。图片（图表）应有图序、图题，图序与图题置于图片下方。这里以财经应用文中常用的图表为例来说明图片的使用要求，如图 1-2-1 所示。

不同类型的图表所适用的情况也有所不同，如表 1-2-2 所示。

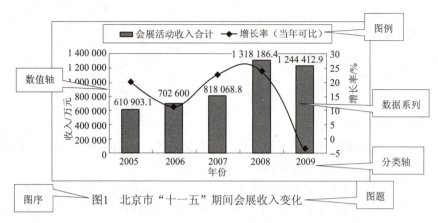

图 1-2-1　图表构成要素

表 1-2-2　常用图表类型

序号	名称	含　义	图　示
1	柱形图	柱形图将项目分类放在水平轴、项目数值放在垂直轴上，图形中的项目分类垂直于水平轴形成柱状。柱形图主要用于显示一段时间内的数据变化或说明项目之间的比较结果	
2	条形图	条形图和柱形图具有某种相似性，但是纵轴表示项目分类，横轴表示项目数值。显示了各个项目之间的比较情况。它主要强调各个值之间的比较而并不将时间列为主要参考	
3	折线图	折线图将引起数据发生变化的因素（如时间等）间距放在横轴上，将与之对应的数值放在纵轴上，适用于显示数据的变化情况和趋势	
4	饼图	饼图的基本形状是一个圆形，其中根据项目类型和数值划分若干扇区。这种图仅显示一个数据系列，强调突出了某个重要元素。饼图特别适用于显示组成数据系列的项目相对于项目总数的比例大小	

以上常用的四种图表类型,除了基本形状之外,为了美观和需要还有其他一些变形,但基本功能没有根本改变,此处不再赘述。用户应当根据需要在生成图表时选择不同的类型,从而增强表现效果。

(二) 表格的使用要求

表格主要有两种类型:一种是以数字、数据为主体的统计表;另一种是以文字信息为主体的管理表。财经应用写作中主要使用统计表。表格也应当具有自明性,包括表题、表序。表题与表序应置于表格的上方。必要时应将表中的符号、标记、代码以及需要说明事项,以最简练的文字,横排于表题下,作为表注,也可以附注于表下。

表格(统计表)的构成要素如图1-2-2所示。

〖表序〗 表1 "十二五"期间北京市会展业主要发展指标 〖表题〗

单位:亿元

年份	2011	2012	2013	2014	2015
会展收入	167~179	194~215	225~258	261~310	303~372
会议收入	98~101	113~119	131~141	152~166	177~196
展览收入	69~78	81~96	94~117	109~144	126~176

〖表注〗 备注:"十二五"期间北京市会展业收入年均增速为16%~20%。"十一五"时期展览业收入年均增长略高于会议业,"十二五"期间按展览业增速高于会议业增速(16%~18%)的预测。

图1-2-2 表格(统计表)的构成要素

四、财经应用写作常用的表达方式

文章的表达方式是作者将内容和意图传达出来所运用的方法和手段。表达方式主要有叙述、议论、说明、描写和抒情五种类型。财经应用写作主要使用叙述、议论、说明这三种表达方式。

(一) 叙述及其要求

叙述是反映对象运动变化过程的表达方式。财经应用写作所使用的叙述要求要素完备,时间、地点、人物、事件等叙述要素明确,其中事件即行动是最主要的。这些要素可以灵活处理,有的在明确的情况下可以省略,如时间要素可以模糊,也可以很明确,如"近来……事故频频发生"的时间比较模糊,而"××同志于×年×月×日×时×分在北京逝世"的时间非常准确。

财经应用写作的叙述还要求线索清楚。线索是作者组织事件的依据,它可以是时间或空间。应用文中常以时间为线索。应用文的叙事线索一般只有一条,无明线和暗线之分。应用文一般采用顺叙的方式,即按照事件发生的先后时间顺序展开叙述,不采用倒叙、插叙等打乱时间顺序的叙述方式。

财经应用写作对事件的叙述要求详略得当。在事实完整清楚的情况下,尽量简略。略去的是对主干事件无关紧要的细节,对于那些影响到人判断的细节则不可省略,如调查报告中的某些细节。

(二) 议论及其要求

议论表达的是作者的思想观点与理性认识,是对某一事物或问题发表见解,表明自己的观点和态度的表达方式。财经应用写作在使用议论这种表达方式时,首先要求论点明确、集中、单一、理性。文中的观点不能让人猜测，不能前后矛盾，分论点不各自为战，不使人无所适从，同时观点能给人以科学理性的认知或能引导人合理地行动。

财经应用写作应当使用真实可靠的事实或理论作为论据。在用论据证明论点的论证过程中，需要深入揭示论据和论点之间的逻辑关系。常用的立论方法主要有例证法、引证法、对比法、类比法、因果推论法等，常用的驳论方法主要有反驳论点、反驳论据、反驳论证。财经应用写作大多为立论，但个别文种，如批复，也会用到驳论，上级不同意下级的某些做法或措施，往往要说明原因。

（三）说明及其要求

说明表达的是某种知识，即对一个事物或事理的科学认知，把事物的形状、性质、特征、成因、关系、功用等进行清楚地解说。财经应用写作中的说明一般是对事理的说明，其对象常为抽象的概念或道理。

财经应用写作的说明首先要求态度客观。说明的内容，只具有对客观事物发现认知的性质，而没有主观创造的性质。不能以个人的好恶情感或先入为主的偏见为依据。其次说明的内容应符合科学，对客观事物的特征、本质、规律把握得十分准确，能够经得起时间和实践的检验，不能是封建迷信或邪教的歪理邪说。财经应用写作中说明的语言表达要求明晰、准确，对事物的阶段、层次、构造的表达准确，以保证说明过程的脉络清楚。

任务实施

一、任务指导

原文为一份会议通知，是通知中较为常见的一种类型。该文语言使用方面主要存在以下五个问题：

一是用词欠准确，如"客户的抱怨信息"带有明显贬义色彩，不能用来指称客户对产品的反馈意见，再如，第二项关于参加人的表述，"经理或者主管销售的副经理参加"将会使收文单位难以准确选派人员；

二是对主题的概括不够准确，如标题中"参加会议"一词是从收文对象角度而言的，但对于发文机关而言应当是"召开会议"；

三是存在口语化倾向，不够简洁，语气严肃性欠佳；

四是层次序号应当使用汉字，而不应当使用阿拉伯数字；

五是不适当地使用了议论的表达方式，在会议通知中仅需要说明参会的相关信息与要求即可。

二、参考范文

修改后见下文：

关于召开销售工作会议的通知

各分公司：

为全面了解上半年产品销售情况，准确把握客户反馈信息，根据总公司年度工作计划，

决定召开上半年销售工作会议,现将有关事宜通知如下:

一、会议主题:通报上半年产品销售情况,分析汇总客户反馈信息,讨论确定下半年销售工作政策和目标。

二、参加人员:各个分公司经理、主管销售的副经理。

三、参会要求:各分公司经理请携带本公司《销售情况统计表》《客户反馈信息登记表》,并就下半年销售政策做好发言准备。

四、时间与地点:6月15日(星期三)上午9点,总公司三楼会议室。

请准时参加。

××总公司办公室
2019年6月10日

实训练习

一、指出下文语言方面存在的问题,并予以修改。

谁捡到了我的钱包?

各位同学,告诉大家一个不幸的消息,我的钱包丢了!就在昨天晚上,我印象中好像是丢在食堂的饭桌上了。那是我的好朋友送给我的生日礼物,对我至关重要!我的钱包很可爱,纯皮材质尽显高贵与大方,细细的纹理杂而不乱,婉如一幅抽象画,幽蓝色的外表透露出孤傲深邃的气质,只需望她一眼就会被深深打动,和她一见钟情!可是这个钱包是我的,谁捡到了就还给我吧!求求大家了,祝好人一生平安!

联系人:胡××　　电话:12345678

二、近年来,随着电子商务的发展,网络卖家和顾客之间进行交流的语言习惯日益被人们所熟知,出现了所谓的"淘宝体"。某些地区的公安机关发布的"淘宝体通缉令"引起了热议。请阅读下列"通缉令",讨论并回答以下三个问题:

(1)"淘宝体"有哪些特点?这些特点能否够构成一个独立的文种?

(2)"淘宝体通缉令"能否实现预期目的?

(3)你认为正式的通缉令是否会继续采用"淘宝体",为什么?

"淘宝体通缉令"

"亲,被通缉的逃犯们,徐汇公安'清网行动'大优惠开始啦!亲,现在拨打110,就可预订'包运输、包食宿、包就医'优惠套餐,在徐汇自首还可获赠夏季冰饮、编号制服……"

"亲,现在起至12月31日止,您拨打24小时免费客服热线110,包全身体检、包吃住,还有许多聚划算优惠套餐……您对此满意吗?满意请给全五分评价噢!!"

"亲,快回家吧!在外吃不好、睡不好,白天不敢出门,晚上怕见警灯,这哪是人过的日子?亲,回来了,警察会听你诉说的。"

"各位在逃的兄弟姐妹,亲!立冬了,天冷了,回家吧,今年过年早,主动投案有政策,私信过来吧。"

任务二　优化篇章结构

教学目标

1. 了解应用文结构的概念、原则与主要部分；
2. 掌握财经应用文结构的主要类型；
3. 掌握财经应用文结构的一般模式。

任务引入

指出下面这篇请示所存在的问题，并作出修改。

第一分公司关于购买电脑设备的请示

总公司：

　　电脑是办公必需的设备，但是，我公司的电脑明显不够用，主要原因如下：

　　一、需要使用电脑办公的员工数量比较多，大约20人，可是目前只有3台电脑。

　　二、目前的电脑都是台式机，员工经常出差，根本无法携带，影响了工作。

　　三、目前的电脑配置太低，只能打打字，上上网，许多工作无法完成。

　　鉴于此，为了及时完成领导布置的各种任务，提高办公效率，我们特提出如下请求：

　　（一）请拨款购买15台电脑。

　　（二）请在购买电脑时，记得买两台笔记本。

　　（三）买新电脑时，配置要高一些的。

　　当否，请批示。

　　购买电脑审批表：

申请部门	第一分公司
申请时间	2019年5月6日
申请事宜	
购买电脑设备 台式机和笔记本电脑共15台	
经费预算	6万元
领导审批意见	

第一分公司（公章）

2019年5月6日

相关知识

一、结构的概念与作用

"结构"指文章的组织形式和内部构造,是文章内容的组织和联结,是文章内部联系和外部形式的统一。

结构是文章的"骨架"和意义产生的重要方式。观点和材料随意堆放在一起,并不能产生固定的意义,材料并不能自动去证明观点,它们必须按照一个内在的脉络,井然有序地组织在一起,构成一个有机整体。合理科学的结构安排可以使主题得到突出,同时易于阅读。

不同的结构模式往往和某些文体相对应,成为特定文体的常用模式从而使该文体的文体特征更加突出。例如,篇段合一式的结构模式经常在函、请示和批复中使用。

二、安排结构的原则与要求

应用文结构的安排首先应当服从表现主题的需要。应用文结构还应正确反映事物的客观规律。应用文结构应当适合不同文体的特点。

应用文结构应当符合完整性的要求,开头、主体和结尾等主要部分应当齐全。各部分之间应当保持必要的连贯性,内容上须保持逻辑的内在统一,语言上注意适当使用过渡语、过渡句或过渡段。各部分以及内部语句之间必须符合严密性的要求,即各部分之间须遵守特定的逻辑顺序,不可内容无关或矛盾,各部分之间可以形成因果、并列、递进、主次等多种逻辑关系。

应用文结构还需要安排好各部分的主次和详略。主次关系主要指不同部分的内容所占的地位和所起的作用存在差异,重要的内容一般为主要部分。表现主次的方法主要有两种,即层次安排和篇幅长短,重要的内容放在居前的位置或用更长的篇幅深入详细表述。篇幅的长短即体现为详略的差异,一般情况下篇幅较长的内容信息量较大,为比较重要的内容。

三、应用文结构的主要部分

(一)层次和段落

层次是表达主题的阶段和次序,又称"逻辑段",是小于篇、大于(或等于)段的结构单位,体现了事物发展的阶段、问题的各个倾向和作者思维的过程。层次是诸环节中最重要的一环,结构的完整性和严密性主要通过层次安排得以实现。

应用文的层次一般需要明确的外部标志,往往用文章内的小标题来划分层次,易于为读者阅读。层次也可以没有外部标志,读者需要根据意义区别。

段落即自然段,是小于层次大于(或等于)句子的结构单位。自然段的划分应做到段意单一、完整并且长短适度。自然段分为规范段和不规范段两种类型。规范段每段表达一个中心意思,应用文常用。不规范段不能独立表达一个明确的中心意思,经常用作过渡段来承上启下或作开头结尾。

自然段的标志一般是段首空两字,段末另起行。某些应用文文体(如规章制度)的自然段也可以用序数词作为标志，形成条款式的形态。

（二）开头

应用文的开头部分要求直接切入主题，文笔简练，不能渲染铺排。常见的开头类型主要有以下五种：

1. 目的式开头

财经应用写作中最常用的开头方式之一，提出发文的动机、缘由和目的，以介词"为（了）"引领，如"为了提高产品的科技含量，增强市场竞争力，经研究决定……"

2. 根据式开头

这也是比较常用的一种开头方式，表明发文的依据，一般为上级文件、指示、规章等，以"根据""遵照""按照"等词领起。如"根据本年度工作计划安排，定于5月份开展××活动……"

3. 叙述式开头

通过叙述的方式将文件出台的背景情况做一解释，使读者更好地理解文件精神和要求，其标志往往是一个时间状语。如"自2015年2月至今，我公司陆续发生三起消防安全事故，造成直接经济损失20万元……"

4. 结论式开头

开头提出对某一事件或问题的基本认识，以此为前提布置有关工作，提出开展工作的方法、依据和要求。

5. 综合式开头

综合使用以上四种开头方式，一般为先叙述背景情况，再点明目的，然后说明依据。

（三）结尾

应用文的结尾不追求言有尽意无穷的韵味，而是明确提出结论性意见、要求或请求，也可以表述完主要内容后直接完结。常见的结尾方式主要有以下五种：

1. 套语式结尾

许多文体需要采用特定的套语作为结束语，如通知结尾用"特此通知"，通报结尾"特此通报"，请示结尾为"当否，请批示"等。

2. 希望式结尾

在文件末尾提出贯彻落实文件精神的要求或希望，如"望各单位接此通知后，结合本部门的具体情况，认真贯彻落实，切实提高消防安全水平"。

3. 说明式结尾

在结尾对与内容有密切关联的情况作必要的说明，如规章制度的结尾常为"本规定自即日起施行，原来执行的《××××规定》同时废止"。

4. 总结式结尾

往往用在篇幅较长的应用文末尾，对全文主要观点和内容进行归纳和总结，有利于和标题及前文呼应，增强文章的整体性。

5. 零结尾

许多文体在正文内容表述完毕之后，不再写专门的结尾，这样就形成了所谓的零结尾，也就是没有特定的结束语。随着办文效率的加快，零结尾应用日益增多。

(四) 过渡和照应

过渡是段落之间、层次之间进行衔接的形式或手段。过渡的主要方式有：过渡段，如果文章前后内容差异较大则需要使用一个自然段过渡，过渡段是非独立的意义段，其功能不是表达完整意义而是完成内容的转换；过渡句，用于上段末或下段首的句子，发挥承上启下的作用；过渡关联词，常用的有"因此""但是""然而""总之""综上所述"等。

照应是指文章前后内容之间的关照和呼应，可以使文脉贯通、结构严谨、重点突出。常用的照应方法主要有：文题照应，即正文和标题照应，使标题明朗化；首尾照应，开头和结尾照应；序列照应，将内容按照排定的序列依次表达，序列的外部标志之间会产生呼应，如"首先……其次……最后"，不能出现错漏。

四、结构的主要类型

(一) 合一式

即篇、层、段三者合一，全文没有分为明确的层次，往往为一两个自然段。这种结构方式常用于请示、函、批复、证明信、留言条、借据等文体，如：

关于绵阳路禁行 4 吨以上汽车的请示

××市公安局：

  我区辖内主要马路绵阳路路面狭窄（仅 6 米），近年来，马路两侧商店日渐增多，行人拥挤，往往占用马路行走，造成与自行车和汽车争道的现象，以致交通经常堵塞，引发交通事故多起。为了保证附近单位及行人的安全，拟从 9 月 1 日起禁止 4 吨以上汽车在绵阳路通行。上述车辆可绕道附近的两英路行驶。

  如无不当，请予批准为盼。

××市××区交通分队（公章）

2019 年 8 月 1 日

(二) 总分式

应用文的这种结构方式最为常见，主要特征是，在开头表述背景、目的或依据后，以"……如下："这一句式过渡到下文，在主体部分往往分为若干方面并以"一""二"等序号标注，如：

××支行 2019 年上半年财务工作总结

  2019 年年初以来，我行坚持以业务经营为中心，以支持农民和农村中小企业发展为主要对象，不断完善各项规章制度，强化内部经营管理，狠抓规章制度的贯彻落实，努力从源头上防范和化解金融风险，确保各项业务活动的健康、稳健、安全运行，取得了显著的内部效益和社会效益。现将半年来主要工作总结如下：

一、基本情况（略）
二、主要工作措施
（一）积极发放贷款，全力支持"三农"经济发展（略）
（二）调动一切因素，大力组织存款（略）
（三）加强会计基础工作，提高会计核算质量（略）
（四）抓好规章制度的贯彻落实，促进各项工作走上规范化（略）
三、存在的不足（略）

2019 年 7 月 20 日

（三）条款式

法律法规、规章制度以及合同等文体主要采用条款式的结构方式，其主要特征是全部内容或主要内容均用序号标明形成条款，各条款不用深入地具体论述或说明，条款中还可以继续再划分条款，各个条款采用独立的自然段形式，全文结构严整。

网站编辑岗位职责

（1）严格贯彻执行中演票务通员工手册以及上层领导下发的各项工作任务；
（2）网站新闻的采集编辑，上传管理；票品专题，网站横幅广告的策划，资料收集和采编；名片，广告海报等的文字处理，新网站的资料收集和文字处理；
（3）网站票品的更新，保证票品及时、准确地更新；
（4）对网站社区内容进行编辑，独立策划、制作热点新闻专题；
（5）策划组织线上活动，活跃用户；
（6）完成公司及上层领导交给的临时任务。

（四）表格式

计划（方案）、招（投）标书、经济合同等文体，如果文字难以表述清楚，可以采用表格构架全文。应用文中的表格一般为二维表，纵向和横向分别排列相关项目，表格主区域填充具体内容。表格式的结构可以使复杂信息得到直观的呈现，适当运用可以使表达高效简洁。

（五）综合式

综合式指同时运用以上五种结构方式，可以提高文章表达的灵活性。

五、财经应用文结构的一般模式

财经应用写作的文体种类虽然非常丰富，但是其中许多文类、文体的结构遵循一般的模式规律，这种规律既是财经应用写作思维特点的体现，也是阅读者接受思维特点的体现。掌握了应用文结构的一般模式，不仅有助于掌握文体特征，在写作过程中提高构思与表达的速度，从而提高工作效率，而且也有助于提高阅读者的接受理解水平。

为了便于说明应用文结构的一般模式，本书以通知为例，对其进行具体说明，如表 1-2-3 所示。这里归纳的财经应用文结构一般模式，也可以应用于其他文体中，只需根据具体情况进行必要的调整。

表 1-2-3　财经应用文结构模式

结构环节名称		说　　明
标题	××总公司 关于加强安全保卫工作的通知	发文机关名称+事由+文种
主送机关	各部门：	下行文一般可采用统称
开头	自去年12月份以来，我公司陆续发生了3起盗窃案件……为了保卫公司财产，减少盗窃案件发生，根据……，公司决定进一步加强安全保卫工作。现将有关事宜通知如下：	开头的一般写法为： 背景+目的+根据+主题句+过渡句
主体	一、设立安保工作领导小组。 　　（一）总公司领导小组。 　　…… 　　…… 　　二、建立健全安保工作制度 　　（一）充分认识安保工作制度的重要意义。…… 　　…… 　　……	过渡句与标题中文体名称对应 第一层小标题，序号为"一" 第二层小标题，序号为"（一）" 段落主旨句 主体部分的若干层次应按照特定逻辑关系安排先后顺序
结尾	特此通知。	套语式结尾应与文体对应
附件说明	附件：××安全保卫工作制度	注明附件文件的标题，不写具体内容。附件完整内容安排在主件之后。
发文机关署名 成文日期	××总公司（公章） 2019年4月10日	发文机关全称或规范简称 年月日齐全，采用阿拉伯数字，不虚位。

任务实施

一、任务指导

原文除了在语言方面存在一些问题外，最显著的问题就是结构失当，未能按照合理结构方式组织全文，开头、主体、结尾、附件等结构要素不够科学合理，未能遵守应用文结构规范，显得比较凌乱。具体而言有以下三个方面：

第一，未能根据文体与发文意图合理组织全文内容与结构，该文为请示文体，发文意图是请求上级拨款购买计算机设备，因此全文重点应当是提出要求的部分，原文中将理由也作为重点内容在结构上予以突出，脱离了发文意图；

第二，序号使用不当；

第三，附件处理不当，表格内容不应写在正文之下、发文机关之上。

这篇文章可按照总分式的模式重新组织结构，使上下连贯统一，将所涉及的表格作为独立的附件。

二、参考范文

第一分公司关于购买计算机设备的请示

××总公司：

  计算机是办公必需的设备。我公司需要经常使用计算机办公的员工数量为22人，目前仅有3台台式机，存在较大缺口。目前的台式机购置时间较早，硬件配置较低，仅能进行文字录入、上网等简单操作，无法开展平面设计等复杂工作。另外，我公司员工需要经常出差办公，台式机无法携带，极大地影响了工作效果。计算机设备的滞后情况，已经成为制约我公司工作的瓶颈。为了及时完成各项工作，提高办公效率，我公司特申请购置计算机，具体要求如下：

一、型号与数量

（一）台式机

××品牌××型号　5台

××品牌××型号　5台

××品牌××型号　5台

（二）笔记本电脑

××品牌××型号　5台

共计20台

二、经费预算

约6万元。

我公司已将审批表填妥并由部门主管领导签字。

当否，请批示。

附件：设备购置审批表

第一分公司（公章）
2019年5月6日

实训练习

指出下面这篇通知存在的结构方面的问题，并予以修正。

收集2018年度科技成果的通知

各单位：

  2018年度学院科研成果统计、奖励评审工作现已开始，申报科研成果的时间范围为2017年10月至2018年12月间完成的技术成果、发表的论文，申报截止日期为2019年1月30日。本次技术成果统计中，对于本院在外读取学位的教师，以所读学校为第一单位发表的论文也在此次统计范围之内（是否评奖，按文件执行）。此次申报材料也作为年度科研工作量的统计标准，请各单位及个人认真对待，本着对自己负责的态度做好申报工作。

申报材料及份数：

（1）本系部所组织的科技讲座、本系部人员参加的科技会议，填写《科技交流统计表》，一式一份；

（2）专业技术成果奖，须填写《技术成果评奖申请表》，并附技术成果鉴定证书，一式一份；

（3）申请著作、论文奖，须填写《著作、论文评奖申请表》，著作奖附书的封面、封底、目录、版权页的复印件，一式各一份；论文奖附论文发表期刊的封面、目录、版权页、论文所在页、封底、引用情况等复印件，一式两份；

（4）提交复印件时需提交原件核对；

（5）每位申报的老师填写下表后发至邮箱：×××××××

单位	姓名	论文名称	发表刊物及期数	刊物的刊号

科技处

2019 年 1 月 10 日

活页:"一图看懂写作技法"

活页更多精彩内容

北京理工大学出版社《财经应用写作》活页式配套资料
韦志国 宋少净 原创制作

一图看懂写作技法

数字用法规范

数字一般有两种写法:阿拉伯数字、汉字数字(分为大写、小写,一般用小写)。

阿拉伯数字用法规范

发文字号	×财字〔2019〕1号
附件序号与数量	附件:1.报名登记表 　　　2.×名单(共12人)
定型用法	5G手机 G20峰会 92#汽油
统计数据数字	今年上半年销售收入1220.51万元,同比增长约12%。

汉字(小写)数字

固定词语、词组、机构名称	两学一做 三严三实 党的十九大 四书五经 五四运动 一九四九年 大年初一 一是 二是 第一 第二
概数、约数	三四十人 十几天
正文与落款之外日期	二〇一九年十月一日 注意:〇不能写为 零

北京理工大学出版社《财经应用写作》活页式配套资料
韦志国　宋少净　原创制作

一图看懂写作技法
图片与表格规范

财经应用文大量使用图片与表格。图片具有直观形象的特点，常见的图片有示意图、原理图、解剖图、流程图等。表格适用于处理大量的数据，能够清晰展现数据之间的关系。在办公软件中，基于表格数据生成的图片被称为"图表"，既能以直观形式展示信息，同时也能表达数据关系。

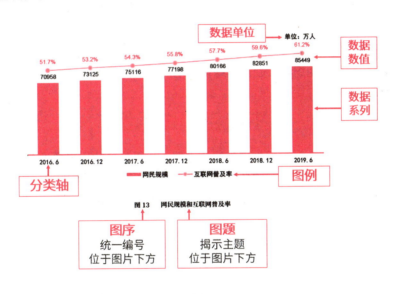

图13　网民规模和互联网普及率

表1　2019年1—9月份规模以上工业企业主要财务指标

北京理工大学出版社《财经应用写作》活页式配套资料
韦志国　宋少净　原创制作

一图看懂写作技法

目的句写作方法

目的是最常用的内容之一，表明发文的动机、缘由和意图，以"为（了）"引领。目的一般使用动宾短语表达。目的句一般位于篇首、段首。目的句不是独立完整的句子，需要后接主题句。

| 无主语 | 为(了) | 动宾短语 | ， | 主题句 |

为了学习体验绿色发展理念，增强员工环保意识，公司定于4月15日（星期日）组织职工赴东园绿化基地开展义务植树活动。

不当目的句示例

主语前置

我公司为培养热爱自然、珍爱生命的生态意识，学习体验绿色发展理念，定于4月15日（星期日）组织职工赴东园绿化基地开展义务植树活动。

名词短语不当

为了美好的生活环境，定于4月15日（星期日）组织职工赴东园绿化基地开展义务植树活动。

重复主题句

为做好我公司义务植树工作，定于4月15日（星期日）组织职工赴东园绿化基地开展义务植树活动。

**数量过多
逻辑混乱
标点不当**

为培养员工热爱大自然的情操，绿化环境，美化生活，减少雾霾，完成植树义务，了解生态环境重要意义，建设美丽中国。定于4月15日（星期日）组织职工赴东园绿化基地开展义务植树活动。

两组目的句连用

为了响应上级植树造林的号召，我院职工都要踊跃参加植树活动。为了履行植树造林义务，定于4月15日（星期日）组织职工赴东园绿化基地开展义务植树活动。

北京理工大学出版社《财经应用写作》活页式配套资料
韦志国　宋少净　原创制作

一图看懂写作技法
根据句写作方法

根据是常用的一种内容，表明发文的依据。根据句一般位于目的句之后（或之前）。根据句不是独立完整的句子，需要后接主题句。

根据对象

 上级文件 工作计划　 法律法规 规章制度　 上级授权 上级指示　 会议精神 会议部署　 协议条款

根据写作规范

标志词
根据　依据　按照

先引标题
多个依据，按照权威性由强到弱排序

根据《工业和信息化部办公厅关于组织开展2018年大数据产业发展试点示范项目申报工作的通知》（工厅信软〔2017〕987号）要求，……

再引发文字号并外加（）　如无发文字号可不标
年份括号为六角括号〔〕　不是[ ]【 】

受权发文

为规范和引导金融机构提供金融产品和服务的行为，……，经国务院同意，现提出如下意见：

经上级领导机关授权或批准同意

国务院办公厅关于加强金融消费者权益保护工作的指导意见

办文部门或业务部门作为发文机关

不规范根据句

| 根据对象文件不当 | 误：根据《××部关于印发<××资金管理办法>的通知》
正：根据××部发布的《××资金管理办法》（财建〔2017〕77号）及相关文件要求 |

| 只引用文件发文字号 | 误：根据××财建〔2018〕14号文件要求
正：根据《××部关于的××通知》（财建〔2018〕14号）文件要求 |

| 根据内容过长无主句 | 误：根据《×公司收益凭证×5号发行认购协议》的相关规定：若存续期内HS300指数价格曾经低于向下敲出价格（期初价格的80%），则产品的到期收益率（年化）=3%。
正：《×公司收益凭证×5号发行认购协议》第×条规定：若存续期内HS300指数价格曾经低于向下敲出价格（期初价格的80%），则产品的到期收益率（年化）=3%。……根据上述规定，×5号的到期收益率（年化）确定为3%。
本例有多种修改方式，限于篇幅不再列出 |

北京理工大学出版社《财经应用写作》活页式配套资料
韦志国　宋少净　原创制作

一图看懂写作技法
金字塔结构模式

金字塔结构是各类应用文体常用的内在模式之一，也经常被称为"总一分"式。可用于全篇，也可用于局部。可以互相嵌套，即大金字塔中包含小金字塔。但嵌套层级不能过多，纵向来看一般为两个金字塔结构，包含三个层级，纵向层级过多将增加理解难度。

主题先行

主题观点结论与要点以关键句形式安排在首位表达，支撑材料具体理由安排在后

五年来，经济结构出现重大变革。消费贡献率由54.9%提高到58.8%，服务业比重从45.3%上升到51.6%，成为经济增长主动力。高技术制造业年均增长11.7%。粮食生产能力达到1.2万亿斤。城镇化率从52.6%提高到58.5%，8000多万农业转移人口成为城镇居民。

2018年政府工作报告

意义分层
（纵向分层）

主题是从事实中经过归纳得出的抽象结论，结论和理由之间的这种逻辑关系，被形象化为"金字塔"

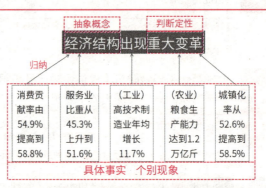

类别细分
（横向分类）

支撑材料分类要求互相独立界限清晰并体现上级概念包括的所有类型

经济结构				
消费	服务业	工业	农业	城镇化

独立无重叠　穷尽无遗漏

表达有序

按照特定的排序方法为支撑材料安排表达的先后次序

经济结构				
消费	服务业	工业	农业	城镇化

应用文常用：　重要程度顺序　认知惯例顺序
应用文少用：　时间顺序　　　空间顺序

模块二

财经通用文书写作

前导知识

一、财经通用文书的概念、功能

在财经工作中，用来处理常规管理工作的文书被称为财经通用文书。它是社会组织在涉及财经工作的活动过程中为了完成组织、控制、协调、监督等各种活动而使用的文书。

财经通用文书具有颁布法律规章制度的作用。对财经工作进行约束的法规非常繁杂，无论是大到国家的财经法律，还是小到单位部门的财务制度，在正式发布过程中都需要借助于财经通用文书。例如，某单位就差旅费报销出台了一项新规定，那就需要撰写一份《关于印发〈差旅费报销管理规定〉的通知》，其中的通知就是财经通用文书。

财经通用文书具有指挥管理的作用。大到国家机器运转，小到企事业单位运作，很多财经通用文书的起草、定稿、发布、执行的过程实质上就是管理过程。

财经通用文书还具有交流信息、商洽协调的作用。下行文中的公告、通告、公报等，上行文中的报告、请示，平行文的函等都具有交流信息、商洽协调的基本功能。

财经通用文书具有凭证依据的作用。下行文是下级机关的工作依据，上行文是上级机关决策的依据。机关内部公文是开展工作的记录和凭证。

二、财经通用文书的类型

根据文书的性质和效力，财经通用文书又可细分为财经管理文书和财经事务文书。

（一）财经管理文书

根据《党政机关公文处理工作条例》（2012年7月1日起执行）的规定，"党政机关公文是党政机关实施领导、履行职能、处理公务的具有特定效力和规范体式的文书，是传达贯彻党和国家方针政策，公布法规和规章，指导、布置和商洽工作，请示和答复问题，报告、通报和交流情况等的重要工具。"财经管理文书的主要文体包括决议、决定、命令、公报、公告、通告、意见、通知、通报、报告、请示、批复、议案、函及纪要15种。党政公文具有法定的强制效力。

(二)财经事务文书

财经事务文书是机关单位在日常工作中处理与财经事务相关的普通工作时撰写的,用于总结经验、探索问题、指导工作的应用文,其制作比财经管理文书灵活得多,而且强制力也相对较弱,在财经活动中应用广泛。财经事务文书包括计划、总结、规章制度、述职报告等。

三、财经管理文书的格式

文件经过审核定稿后,可以采用两种方式发送。第一种是非正式行文,行文的部门一般是内设机构,或者文件内容涉及的工作并不特别重要,只在单位内部传阅和贯彻,无需对文件进行特别排版和设计,可以将文件按照日常惯用的方式直接打印输出;第二种是正式行文,发文单位为独立的机构,行文的文体为财经管理文书,必须严格遵守特定的格式规范。按照格式规范体系排版制作的党政公文俗称为"红头文件",是权威性和法定效力的重要体现。

需要注意的是,财经管理文书之外的其他应用文体,不能单独使用公文的格式体式,如果要发布这类文件,则应当将其作为某种公文的"附件"发布。

(一)用纸、排印与装订的基本要求

用纸采用国际标准 A4 幅面的纸张,尺寸为 210 mm×297 mm,各裁边的误差为 ±3 mm。纸张质量为 60~80 g/m² 的胶版印刷纸或复印纸。纸张白度为 85%~90%,横向耐折度≥15 次,不透明度≥85%,pH 为 7.5~9.5。

用纸天头(上白边)为(37±1)mm,订口(左白边)为(28±1)mm,版心尺寸为 156 mm×225 mm(不含页码)。

一般情况下,除了发文机关标识、版头的反线和发文机关印章为红色外,其余文字符号均为黑色。

正文用三号仿宋体字,文中如有小标题可用三号小标宋体字或黑体字,一般每面排 22 行,每行排 28 个字。

双面印刷,页码套正,两面误差不得超过 2 mm。黑色油墨应达到色谱所标 BL 100%,红色油墨应达到色谱所标 Y 80%、M 80%。

左侧装订,确保不掉页。无坏钉、漏钉、重钉,钉脚平伏牢固;后背不可散页。裁切成品尺寸误差为 ±1 mm,四角成 90°,无毛茬或缺损。

(二)格式规范

一般由密级和保密期限、紧急程度、发文机关标志、发文字号、签发人、标题、主送机关、正文、附件说明、成文日期、印章、附注、抄送机关、印发机关和印发日期等部分组成。各个要素在排版标识时应当遵守相应规则,样式示意如图 2-0-1 所示。

公文版式重要性

1. 版头部分

位于公文首页红色反线以上,主要包括份号、保密等级和期限、紧急程度、发文机关标志、发文字号、签发人等。

(1)份号、保密等级和期限、紧急程度。份号位于版心左上角,即该公文在总印数中

的序号或流水号。当该文件密级为"绝密"和"机密"时需要标明份号,普通公文无份号。份号一般用6位数字表示,2200001开始编号。

图 2-0-1　公文格式示意图

保密等级和期限位于版心左上角。密级分为绝密、机密、秘密。密级和期限之间用实心"★"隔开。紧急程度位于密级下方,分为特急、紧急、急件。密级和保密期限用3号黑体字。

(2)发文机关标志。发文机关即制发公文的单位,必须标注。发文机关标识由发文机关全称或规范的简称和"文件"组成,上行文和普发性公文不加"文件",标识位于文头正中。发文机关常用红色字体印刷,俗称"红头"。联合行文主办机关在前,其他机关在下方依次对应排列,机关名称后"文件"居纵向中央。

发文机关标识的大小不超过 22 mm×15 mm(高×宽)。平行文和下行文的发文机关标识上边缘距离版心上边缘为 25 mm,上行文的这一距离为 80 mm。

(3)发文字号。发文字号一般位于机关标识下方空2行的位置,距下方的红色反线4 mm,党的公文发文字号可以在版头的左下方。在报刊上发布文件时将发文字号标注在标题下面。

发文字号是发文机关在一年之内所发公文依次编排的序号,由机关代字、年份和序号组成。机关代字即机关名称缩写,由领导部门统一编订,不得随意更改。年份用阿拉伯数字完整写出并用〔 〕标注。而令的序号,不加"第"字,也不用0补位,如"国发〔2012〕1号"。

联合行文只标注主办机关的发文字号。上行文如注明签发人，则发文字号和签发人处于同一行，发文字号位于左侧且左空一字的位置。发文字号使用三号仿宋体字。

（4）签发人。代表发文机关核准并签发公文文稿的领导人姓名。一般公文不必有签发人，上行文中要标明，请示应当在附注处注明联系人姓名和电话。

签发人位于发文字号右侧，右空一字。"签发人"三字用三号仿宋体字，后标全角冒号，冒号后用三号楷体字注明签发人姓名。如为联合行文则需要多个签发人，主办单位签发人姓名置于第1行，其他签发人从第2行起在下面依次排列，下移红色反线使发文字号与最后一个签发人姓名处于同一行并使红色反线与之的距离为4 mm。

（5）红色反线。红色反线的作用是将版头和主体部分隔开，一般放在发文机关标识和发文字号下方，长短同版心的横向尺寸。

2. 主体部分

主体包括标题、主送机关、正文、附件、发文机关、发文日期、印章等。

（1）标题。标题是文件的名称，由发文机关名称、发文事由和公文种类组成，事由前常加"关于"，某些情况下可省略机关名称或事由。

标题位于红色间隔线下方空2行，居中，二号小标宋体字。标题中除法规、规章名称加《 》外，一般不加标点符号。标题如果较长可分行排列，分行要保持词意完整、排列对称。

（2）主送机关。主送机关是负责处理公文的主要受理机关。除面向全社会或普发性公文外，一般应注明主送机关。上行文、平行文一般只有一个主送机关，下行文可有多个主送机关。

主送机关位于标题左下方顶格书写，不同类且非并列关系的机关中间用逗号隔开，同类中间用顿号隔开，末尾加冒号，如"各省、自治区、直辖市人民政府，国务院各部委、各直属机构："。

（3）正文。正文是文件的核心，一般包括缘由、事项、结尾三部分。不同文种写法不同。正文使用仿宋体三号字印刷。

（4）附件说明。附在正文之后的一些补充材料称为"附件"，有的公文没有附件。附件说明位于正文下一行左空2字后标注"附件："，再标顺序、名称和份数。多个附件每个独占一行。字体字号与正文相同，附件名称后不加标点。附件文件应按标注的顺序与正文一起装订，效力和正文相同。

（5）发文机关与印章。如版头或文件标题已经标明发文机关，文末可以不标；但大多数文件需标注发文机关，尤其是无版头的普发性公文且标题中无发文机关的文件。联合行文的，主办机关排在前面，其他机关在下依次独行排列。

有发文机关署名的，应当加盖发文机关印章，并与署名机关相符。有特定发文机关标志的普发性公文和电报可以不加盖印章。

加盖印章应上距正文2~4 mm，端正、居中、下压成文时间，印章用红色。当印章下弧无文字时，采用下套方式，即仅以下弧压在成文时间上；当印章下弧有文字时，采用中套方式，即印章中心线压在成文时间上。

联合上报的公文，由主办机关加盖印章，联合下发的公文，发文机关都应加盖印章。当联合行文需加盖两个印章时，应将成文时间拉开，左右各空7字；主办机关印章在前；两个印章均压成文时间。只能采用同种加盖印章方式，以保证印章排列整齐。两印章间互不相交或相切，相距不超过 3 mm。

当公文排版后所剩空白处不能容下印章位置时，应采取调整行距、字距的措施加以解决，务必使印章与正文同处一面，不得采取标识"此页无正文"的方法解决。

（6）成文日期。是公文生效的法定时间。一般以签发日期为准，会议通过的文件以通过日期为准，联合行文以最后签发机关领导签发日期为准。发文日期位于发文机关下方。字体字号同正文，用阿拉伯数字，如"2019 年 10 月 11 日"。

3. 版记部分

版记部分主要包括附注、抄送机关、印发标记等。

（1）附注。无须特别说明的可以不注，内容一般为印发传达范围或联系人。位于末页日期下 1 行居左空两格并加小括号标注。附注用小于正文的 4 号或小 4 号仿宋体印刷。

（2）抄送机关。抄送机关是需要了解公文内容，但不负责处理和执行的机关，可以是上级、下级或不相隶属的机关。抄送的目的是与有关方面沟通情况，以便取得了解、理解、支持和配合。选择抄送机关要注意不可随意扩大范围或漏送，也不可将领导个人作为抄送机关。

抄送机关左右各空 1 字，3 号仿宋体标识"抄送"，后标全角冒号。抄送机关名称之间用逗号隔开，最后加句号。

（3）印发标记。印发标记由印发机关、印发日期、印制份数组成，位于公文末页下端。印发机关一般为发文机关的办公厅（室）。印发日期指实际印刷的时间，不同于成文日期，用阿拉伯数字注明年月日。印发机关和印刷日期同一行，左右各空 1 格。印刷份数同为最末一行。

版记中的抄送机关、印发标记等项目之间需加一条黑色反线，宽度同版心，可以使各要素清晰区分同时，又美观易读。版记位于最后一页的最下面，最后一个要素位于最后一行。版头与版记之间的所有部分都是文件不可或缺的组成部分，标志着一份文件的完整性。

（三）财经管理文书的特定格式

行文过程中，除了采用上面介绍的通用格式外，某些特定文体需要采用特定格式，主要有信函式、命令式和纪要式三种类型，其中命令式使用较少，此处不再介绍。

1. 信函式格式

发文机关名称上边缘距上页边的距离为 30 mm，用小标宋体字，字号由发文机关酌定；距发文机关全称下 4 mm 处为一条武文线（上粗下细），距下页边 20 mm 处为一条文武线（上细下粗），两条线长均为 170 mm。发文机关名称及双线均印红色。每行居中排 28 个字。首页不显示页码。发文字号置于武文线下 1 行版心右边缘顶格标识。发文字号下空 1 行标识公文标题。如需标识秘密等级或紧急程度，可置于武文线下 1 行版心左边缘顶格标识。两线之间其他要素的标识方法与通用格式相似。

2. 纪要格式

纪要格式主要是针对国家党政机关的办公会议纪要而言，至于用作公文种类的会议纪要，可用"文件式"或"信函式"公文形式来发。会议纪要标识由"××××××会议纪要"组成。其标识位置和上面介绍的通用格式相同，用红色小标宋体字，字号由发文机关酌定。

会议纪要不加盖印章。其他要素标注与通用格式相似。

（四）其他应用文的格式

与财经行政管理文书相比，其他应用文的格式呈现出了明显的多样性。首先，大多数应用文没有版头、主体、版记这样严格的三大区域；其次，其他很多应用文大多具有各自特定的格式规范与要求，如请柬、合同等有特定格式，学习者在学习过程中应当掌握不同文体的特定格式。

活页："一图看懂写作技法"

活页更多精彩内容

北京理工大学出版社《财经应用写作》活页式配套资料
韦志国　宋少净　原创制作

一图看懂写作技法

附件说明规范

附件，即正文的说明、补充或者参考资料。如果带有附件，应当在正文之后加以说明。附件全文于正文落款（版记）后另起一页排印。

常用附件文件

 计划 方案 规划 要点
 表格 报表 图表
 名单 名录
图纸 照片 图片

 上级文件 下级文件
 领导讲话
 法律 法规 规章 制度
 合同 协议

注：附件如果为上级文件、领导讲话或其他重要文件，常不加说明，但仍附后

附件说明规范

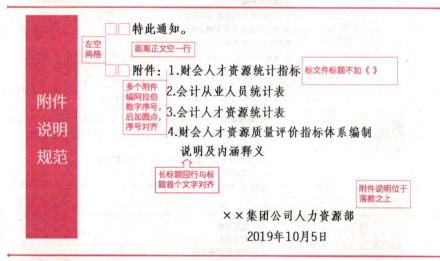

□特此通知。　　　距离正文空一行

左空两格

□附件：1.财会人才资源统计指标　　标文件标题不加《》
　　　　2.会计从业人员统计表
多个附件编阿拉伯数字序号，后加圆点，序号对齐
　　　　3.会计人才资源统计表
　　　　4.财会人才资源质量评价指标体系编制
　　　　　说明及内涵释义

长标题回行与标题首个文字对齐

附件说明位于落款之上

××集团公司人力资源部
2019年10月5日

常见不规范附件说明

附件：1.财会人才资源统计指标　　仅一份附件无需标序号

附件：《财会人才资源统计指标》　　附件标题无需书名号

附：财会人才资源统计指标　　"附件"误为"附"

附件1：财会人才资源统计指标
附件2：会计从业人员统计表　　多个附件只需一个"附件"

附件：一、财会人才资源统计指标
　　　二、会计从业人员统计表　　序号应为阿拉伯数字

附件：表彰名单：赵明、马明、刘明　　只需标题，误标内容

项目一 财经管理文书写作

任务一 撰写通知

教学目标

1. 了解通知的含义、特点;
2. 理解通知的类型;
3. 掌握通知的结构与写作方法,能够拟写通知。

任务引入

××总公司为贯彻市政府安全工作会议精神,研究落实总公司所属的各分公司及各分厂的安全生产事宜,决定召开2019年度安全生产工作会议,需下发一份会议通知,领导将撰写该通知的任务交给了总公司办公室主任肖琳。

该通知应当符合以下三点要求:① 由于该会议规模较大、内容重要,应以书面形式行文;② 写作内容应周全具体,事项明确;③ 条理清晰、格式规范。

相关知识

一、通知例文评析

【例文】

关于召开夏季粮油收购工作座谈会的通知

各省、自治区、直辖市粮食局,中国储备粮管理总公司、中粮集团有限公司、中国华粮物流集团公司、中国中纺集团公司:

经研究,定于2018年5月16日在安徽省合肥市召开夏季粮油收购工作座谈会,学习贯彻《2018年小麦最低收购价执行预案》和油菜籽托市收购政策,研究分析今年夏季粮油生产和收购形势,安排部署收购工作,现将相关事宜通知如下:

一、请按以下内容准备书面材料:本省(区、市)今年夏季粮油生产、收购、销售形势及价格走势分析(包括小麦和油菜籽产量、商品量、国有企业及多渠道收购量预计等情况),夏季粮油收购工作准备情况以及做好夏季粮油收购和市场调控工作的有关意见和建议。有关中央企业请参照以上内容准备相关材料。

二、会议时间:2018年5月15日报到,5月16日开会,会期1天。

三、会议地点：合肥市××会馆（合肥市××路××号，电话：××）。

四、参会人员：会议由我局领导主持，请各有关省（区、市）粮食局分管局长、调控处处长以及有关中央企业相关负责人参加会议。

请将参加会议人员名单（姓名、性别、民族、职务）及到达航班、车次于5月11日前传真至安徽省粮食局（传真：××），会务组将安排接站。

国家粮食局（公章）
2018年4月26日

例文评析： 这是一则会议通知。正文写作规范，会议目的、会议内容、会议时间、会议地点、参会人员、联系方式、所带材料等会议要素齐全，语言简明扼要，条理清晰。特别是关于接站的说明，充分考虑了外地与会人员的乘车方便问题，既实际又体现了会议主办方的细致周到。

二、通知文体概述

（一）通知的文体含义

通知使用范围广泛，是各级党政机关、社会团体、企事业单位在公务活动中最常使用的一种文书，大多属于下行文。

通知是上级机关批转下级机关的公文、转发上级机关、同级机关或不相隶属机关的公文、发布规章、传达要求下级机关和有关单位需要周知或共同执行的事项、任免或聘用干部时使用的一种公文。

（二）通知的特点

1. 应用广泛，使用频率高

通知不受发文单位级别、性质的限制，不论是国家最高领导机关还是基层企事业单位，不论是国家大事还是单位内部的具体事务，都可以使用通知行文。通知也不受内容繁简的制约，可用于传达重要指示、布置工作，也可用于通知一般事项，写作比较灵活，使用方便。

2. 行文方向兼具下行、平行两种方向

通知绝大多数属于下行文，是上级机关单位向下级机关单位的行文；但有时也作平行文，即平级单位之间或不相隶属单位之间用通知行文。

3. 带有明显的时效性

通知所涉及的事项，一般不容拖延，要求立即办理或执行。有些会议通知还指定有效期，即在指定的一段时间内有效。

4. 多具有指导性

通知大多属于下行文，通知中的下行文明显体现出指导性。上级机关单位向下级机关单位用通知行文，尤其是布置工作、批转文件等的通知，都要明确处理某些问题的原则和方法，说明需要做什么，怎样做，达到什么要求等，这些通知对下级机关单位的工作起指挥、指导作用，对有关人员有较强的约束力。

当然，通知作平行文或上行文时，由于受文单位不是下级单位，此时通知内容则不带有指挥、指导性，一般只表述告知性或周知性的内容。

三、通知的类型

(一) 事项性通知

上级机关单位要求下级机关单位办理某些事项,除交代任务外,通常还会提出工作的原则和要求,让受文单位贯彻执行,具有强制性和行政约束力。有些工作任务是采用命令或意见行文的,但有些则不宜采用命令或意见行文,而是用通知行文,事项性通知则是属于这种通知。故此,事项性通知又称为工作通知。

(二) 指示性通知

上级机关对下级机关某项工作做出指示和安排,内容包括有关行政法规、规章、办法、措施等,不宜用命令或令发布的,可使用这类通知行文。指示性通知兼有"命令"和"指示"的双重特点,往往带有明显的强制性、指挥性和决策性。

(三) 批转、转发性通知

批转性通知用于上级机关对下级机关的文件加批语下发,在标题中需加注"批转"两字。转发性通知则是转发有关文件的通知,在标题中要注明"转发"字样。批转、转发性通知用于批转下级机关的公文以及转发上级、同级或不相隶属机关的公文。

(四) 知照性通知

知照性通知是用于告知有关单位或有关人员某些事项或某些信息的通知,如成立或撤销机构、调整办公时间、更改电话、更正文件差错、告知放假时间等,均使用知照性通知。

(五) 会议通知

会议通知是告知有关单位或个人参加会议的通知。

(六) 任免通知

任免通知是告知有关单位或个人关于人事任免的通知。

四、通知的结构与写作方法

通知的结构包括标题、主送机关、正文、落款四部分,主送机关和落款与其他行政管理文书的要求相同,这里只侧重介绍各种通知标题和正文的写法。

(一) 标题

通知的标题有完全式和省略式两种。完全式标题是三要素齐全的标题,即由发文机关、事由、文种构成;而省略式标题则根据需要省去其中的一项,由事由和文种两要素构成;或省略其中的两项,只写文种"通知"二字。但有一点需要注意,如果是两个及两个以上单位联合发文,则不能省略发文机关。

(二) 正文

通知的正文包括缘由、事项、要求三部分,其中事项是主体部分。不同种类的通知,其正文的写法不尽相同。

1. 事项性通知

事项性通知一般用于传达、安排事务性工作,要使受文单位了解通知的内容即事项以及做什么、怎样做、有什么具体要求等,所以这类通知的正文一般包括三部分。

开头部分，说明下发通知的背景、根据或目的，应简明扼要，让受文单位清楚该项工作的意义。

事项部分，如果内容较多，则要分条列项来写，将通知的具体内容一项一项列出，把布置的工作阐述清楚，并讲清要求、措施、办法等。

结尾部分，多提出贯彻执行要求，用"请遵照执行""请贯彻执行"等习惯用语，但也有不写惯用语的。

写事项性通知，一定要开门见山，突出重点，把主要内容写在前面，切忌转弯抹角，让受文单位摸不着头脑。要详略得当，根据需要，主要内容可详写，讲清道理，讲明措施，次要内容则应尽量简略，扼要交代即可。在语言表达方面，多使用说明手法。当然，在对下级单位提出要求时，也可做适当的说理、分析，但不宜过多。

2. 指示性通知

指示性通知的正文，开头部分要用简洁明了的语句将发布通知的缘由、目的或背景、依据交代清楚，然后通常使用过渡句"现将有关事项通知如下"或"现通知如下"引出下文，即通知事项和要求。

事项部分，或写发布行政法规、规章制度、办法、措施，或写带有强制性、指挥性、决策性的原则或指示性意见等。这部分内容是通知的主体部分，是受文单位执行的依据，必须明确具体地交代应知应办的事项，要条理清晰，重点突出，使其充分发挥指示性通知的指挥、指导作用。事项部分的结构安排，可根据通知内容的繁简，灵活掌握，或分条列项，或使用小标题，或自然分段均可。

要求部分，是对受文单位提出的具体工作要求，应切实可行，便于受文单位遵照执行。

3. 批转、转发性通知

批转、转发性通知的正文写法大致相同。从构成上看，这种通知由批语部分和批转或转发的文件两部分组成，不能单独行文，二者缺一不可。我们可以把这两种通知称为"批语"，把被批转、转发的文件看做是通知的主体内容，要作为附件随通知一起下发。故此，写这类通知主要是写批语。

批语主要包括三方面内容：一是批转的目的、原因或转发的理由，要在开头部分用简明扼要的文字予以表述；二是具体要求，经常使用"现转发给你们，请认真贯彻执行""现转发给你们，请结合实际情况参照执行"等惯用语，对受文单位提出贯彻执行的具体要求；三是补充规定，有时候结合本单位的具体情况，对通知的主体内容还可做出一些补充性的规定。

4. 知照性通知

知照性通知的正文，格式多样，写法比较灵活。根据通知的内容，交代清楚行文的依据、目的和事项即可，要求文字简练、明晰。

5. 会议通知

会议通知，由于类型不同，其正文的写法不尽相同。

本机关单位内部使用的会议通知，内容比较简单，在通知事项中只需说明会议内容、具体时间、地点、出席人员、需准备材料等即可，语言力求简短明白。

通过文件传递渠道发出的会议通知，则比较复杂，与会方一般分属不同的机关单位，此时会议通知的要素应力求全面，表述准确清楚，不产生歧义。一般应写明会议名称、召开会议的原因、目的、主要议题、与会人员、报到及会议时间地点、乘车路线、需要的材料等，有时还要写明会务经费、食宿标准、是否有回执、会议联系人、联系电话等内容。为保证条理清晰，这类会议通知通常采用条文式写法。

6. 任免通知

任免通知的写法比较简单，格式相对固定，写明任免依据和任免事项、人员即可。如果一份任免通知中，既有任职的同时又涉及免职，按照惯例，应先写任职，后写免职。为醒目起见，通常每个任免事项均单独作为一个段落行文。

任务实施

一、工作指导

在拟写会议通知之前，首先应讨论会议的具体时间、地点、日程安排、与会人员数量与信息等内容，明确会议的目的任务。然后拟定会议人员名单。最后是确定合适的时间、地点。

二、写作指导

该会议规模较大、内容重要，应以书面形式行文。

标题：不能仅写"通知"二字，还要表明通知的事由。该事由要结合会议的目的、主要议题等来确定，表述要简练。

正文部分：写作内容要具体周全，应包括会议目的、主要议题、参加会议人员、会议时间、报到时间、地点、应携带的材料、联系人的相关信息等。

尾部：以"特此通知"作结，成文日期写发布该通知的日期，采用汉字小写。

三、参考范文

关于召开安全生产会议的通知

各分公司、各厂：

为贯彻市政府安全工作会议精神，研究落实我公司安全生产有关事宜，总公司决定召开××年度安全生产工作会议，现将有关事项通知如下：

一、参加会议人员：各车队队长，修理厂厂长。

二、会议时间：5月6日，会期1天。

三、报到时间：5月5日至5月6日上午8时前。

四、报到地点：第三招待所××号房间，联系人：××，联系电话：××。

五、各单位报送的介绍经验材料，请将电子版于4月25日前发送至××邮箱。

特此通知。

××总公司（公章）

2019年4月19日

实训练习

一、根据以下材料拟写一份通知，要求格式规范，内容明确，通知事项具体、切实可行，字数为200～300个。

××市统计局所属单位，存在工作人员上班时间饮酒的不良现象，影响了员工及单位的形象，耽误了正常工作，个别严重的还造成了经济损失。为杜绝该现象，××市统计局决定向所属各单位，下发一份关于禁止工作人员上班时间饮酒的通知。

二、根据以下材料拟写一份通知，要求格式规范，内容明确。

××公司经过选举，产生了新的经理和副经理；原任经理和副经理由总公司安排其他工作。请你以总公司的名义拟写该通知。

任务二 撰写通报

教学目标

1. 了解通报的含义、特点；
2. 理解通报的类型；
3. 掌握通报的结构和写作方法，能够拟写通报。

任务引入

××机械厂采取有力措施，切实贯彻《安全生产条例》，建立安全生产岗位责任制，实现2014年全年生产无事故，成为××县第一个安全生产年企业。为此，××县政府决定对××机械厂进行通报表彰。领导将撰写该通报的任务交给了县政府办公室的李克。

该通报应当符合以下三点要求：① 符合表彰通报的一般写法，写作内容应周全；② 条理清晰、格式规范；③ 表彰的事项明确，能充分发挥表彰通报的指导作用。

相关知识

一、通报例文评析

【例文1】

关于表彰2018年度投资及重点项目
建设先进单位和先进个人的通报

各区、县（市）人民政府，市政府各部门、各直属单位：

2018年，各级有关部门认真贯彻市委、市政府提出的加快转变经济发展方式、注重可持续发展、扎实推进投资和重点项目建设的要求，精心组织，统筹安排，主动协调，积极做好服务工作，有力地推动了投资和重点项目建设，并涌现出一批克难攻坚、锐意进取、团结拼搏、勇于创新的先进单位和先进个人。为激励先进，促进我市2019年固定资产投资持续平稳增长和重点项目建设目标顺利完成，市政府决定，对在2018年度投资及重点项目建设中作出突出贡献的下城区人民政府等11个管理优胜部门、杭州市发展和改革委员会等8个优质服务单位、上城区重点工程协调管理办公室等9个前期工作先进单位、杭州龙翔商业发展有限公司等34个先进集体和吴永达等102名先进个人予以通报表彰。

希望受表彰的单位和个人珍惜荣誉，再接再厉。各级有关部门及相关人员务必要求真务实，开拓创新，扎实工作，为调结构促转型谋发展、抓统筹保民生促稳定、促进杭州经济持续稳定较快发展和打造东方品质之城、建设幸福和谐杭州作出更大的贡献。

附件：杭州市2018年度投资及重点项目建设先进单位和先进个人名单（略）

杭州市人民政府（公章）
2019年3月28日

例文评析：这是一份内容比较完整的表彰通报，写作规范，条理清晰。正文先说明了发文原因，即概括叙述了发文背景和取得的成绩；在"为了……"目的句之后，写受表彰单位、个人的信息及嘉奖形式；最后对受表彰单位提出希望，对各级有关部门及相关人员提出要求。由于受表彰的单位和个人数量多，不宜在正文中一一列举，用附件的形式表现最为恰当。

【例文2】

对××建筑公司拖欠工人工资行为的批评通报

各建筑企业：

××建筑公司在承建××有限公司工程的施工过程中，分别在2018年6月和8月拖欠工人工资16.8万元和27.36万元，严重侵害了建筑施工工人的合法权益，引发工人集体上访，给社会造成了极大不良影响。在××市劳动和社会保障局、××市建设局两部门的强力督促下，施工单位最终支付了拖欠的工人工资及利息。

为规范企业的工资支付行为，严格按照有关规定依法及时支付工人工资，对××建筑公司拖欠工人工资的行为予以通报批评，并将该企业拖欠工人工资的行为记入企业诚信档案。

希望××建筑公司引以为戒，规范经营，保护职工的工作积极性，切实维护职工的合法权益。为杜绝类似事件的再次发生，各建筑企业要认真吸取教训，加强管理，建立健全各项规章制度，对任何损害职工合法权益的行为都应严肃处理。

××市建设局（公章）
2019年3月6日

例文评析：这是一则批评通报。正文第一部分先叙述当事人的错误事实、危害及结果，材料具体，清楚明白；第二部分说明处分目的及处分决定，能够注意掌握分寸，评论恰如其分；第三部分对被通报批评的企业提出希望，同时对相关企业提出要求，以杜绝类似事件的发生。全文结构严谨，层次清晰，措辞得当。

【例文3】

2013年全国物流运行情况通报

2013年，我国物流运行总体平稳，物流需求规模保持较高增幅，物流业增加值平稳增长,但经济运行中的物流成本依然较高。

一、社会物流总额较快增长

2013年全国社会物流总额197.8万亿元,按可比价格计算,同比增长9.5%,增幅比上年回落0.3个百分点。分季度看,1季度增长9.4%,上半年增长9.1%,前三季度增长9.5%,呈现由"稳中趋缓"向"趋稳回升"转变的态势。

从构成情况看,工业品物流总额181.5万亿元,同比增长9.7%,增幅比上年回落0.3个百分点。进口货物物流总额12.1万亿元,同比增长6.4%,增幅比上年回落1.3个百分点。农产品物流总额同比增长4.0%,增幅比上年回落0.6个百分点。受电子商务和网络购物快速增长带动,单位与居民物品物流总额保持快速增长态势,同比增长30.4%,增幅比上年加快6.9个百分点;受绿色经济、低碳经济和循环经济快速发展带动,再生资源物流总额快速增长,同比增长20.3%,增幅比上年加快10.2个百分点。

二、社会物流总费用增速放缓

2013年社会物流总费用10.2万亿元,同比增长9.3%,增幅比上年回落2.1个百分点。社会物流总费用与GDP的比率为18.0%,与上年基本持平。

其中,运输费用5.4万亿元,同比增长9.2%,占社会物流总费用的比重为52.5%,与上年基本持平;保管费用3.6万亿元,同比增长8.9%,占社会物流总费用的比重为35.0%,同比下降0.2个百分点;管理费用1.3万亿元,同比增长10.8%,占社会物流总费用的比重为12.5%,同比提高0.2个百分点。

三、物流业增加值平稳增长

2013年全国物流业增加值3.9万亿元,按可比价格计算,同比增长8.5%,增幅比上年回落0.7个百分点。物流业增加值占GDP的比重为6.8%,占服务业增加值的比重为14.8%。

其中,交通运输物流业增加值同比增长7.2%,增幅比上年回落1.5个百分点。贸易物流业增加值同比增长9.5%,增幅比上年回落0.3个百分点。仓储物流业增加值同比增长9.2%,增幅比上年回升2.4个百分点。邮政物流业增加值同比增长33.8%,增幅比上年回升7.1个百分点。

国家发展改革委
国家统计局
中国物流与采购联合会
2014年3月7日

例文评析:这是一则情况通报。导语部分概括地介绍了通报的总体情况,包括三个层次;正文则从导语的三个层次出发,作为三方面分别说明通报的具体情况,有观点,有材料,观点统领材料,材料说明观点,二者相辅相成。例文有理有据,语言精练,思路清晰,层次分明,值得借鉴。

二、通报文体概述

(一) 通报的文体含义

通报是用来表彰先进,批评错误,传达重要精神或者情况的文书。通报作为一种宣传教育、通报信息的工具,有表彰、惩戒、知照等作用,这一文体肩负着特殊的使命,具有其他文种不可替代的功用。

（二）通报的特点

1. 真实性

真实是通报的生命，是制发通报的重要前提。通报的任何事实、情况，都必须是真实的、准确的，不能有差错，更不能编造虚假情况。对先进事迹的通报表彰，要实事求是，对先进人物不能任意拔高，更不能借贬低他人来提高先进的形象；批评错误，对反面典型予以揭露，也要对有关事实核实清楚，做到准确无误，没有水分。真实性对情况通报而言，其重要性更是不言而喻。

2. 导向性

通报作为表彰先进，批评错误，传达重要精神或情况的文书，其价值并不单纯在于发布动态信息、宣布处理事件的结果，对相关单位和个人还具有导向性作用。表彰通报，用来在一定范围内表扬好人好事，其价值还体现在对被表彰单位和个人是一种鼓舞和激励，而对其他单位和个人则是一种教育，对后进单位则是一种鞭策，引导其寻找差距，激励其学习先进，迎头赶上。批评性通报用于在一定范围内批评错误，其目的是让有关当事人吸取教训，改正错误，引以为戒，对其他单位和个人提供反面典型以资借鉴，使其在思想上得到教益，进而影响其行为。情况通报是以指导工作为目的的，使有关单位或组织了解工作进程、工作重点，从而树立整体观念，妥善安排和部署自己的工作。

3. 及时性

通报所涉及的事实是在具体的时间、地点条件下发生的，与当时的情况或普遍存在的问题和现象存在着必然的联系。不论是先进事迹、典型经验、重要情况还是坏人坏事、反面典型，都必须及时通报、及时制发，才能达到行文目的，发挥通报的作用。

三、通报的类型

通报根据内容和作用，分为以下三种类型。

（一）表彰通报

表彰通报用来在一定范围内表扬好人好事，通过表彰先进，树立典型，弘扬正气，促使有关单位和人员学习先进，更好地完成本职工作。

（二）批评通报

批评通报用于在一定范围内批评错误，纠正不良倾向，通过批评后进，起到告诫和教育作用，促使有关单位和人员引以为戒，尽力避免类似问题的再次发生。

（三）情况通报

情况通报用于在一定范围内传达重要情况和动向，即向有关方面知照应该了解和掌握的信息、动态，以指导工作为目的。

四、通报的结构和写作方法

通报一般由标题、主送机关、正文、发文机关、签署和时间等部分组成，这里主要看一下标题和正文的写法。

（一）标题

通报的标题通常由发文机关、事由和文种三要素构成，即完整式标题，标题要准确、简明地概括是由，如例文1的标题《关于表彰2014年度投资及重点项目建设先进单位和先进个人的通报》。有时也使用省略式标题，即标题中省略发文机关，如例文2的标题《对××建筑公司拖欠工人工资行为的批评通报》；也有个别情况下，只保留文种，即只写"通报"二字的。但比较重要的通报一般均使用完整式标题。

（二）正文

不同类型的通报，其正文的写法不尽相同。

1. 表彰通报

表彰通报的正文一般包括三部分。第一部分写通报缘由，即概述先进事迹，包括时间、地点、人物、事迹、怎么做、结果等，既要清楚完整又要中心突出，作为制发本通报的依据；第二部分要对先进事迹进行分析评议，要客观中肯、实事求是，或指出其典型意义，或概括其主要经验；第三部分提出表彰，对先进人物或先进单位给予什么样的表彰，或精神奖励或物质鼓励或二者均有；同时提出希望和要求，号召大家向先进学习。

2. 批评通报

批评通报的正文一般也包括三部分。第一部分写通报缘由，即将事故或错误事实的经过情况、时间、地点、事故、后果等交代清楚。如果是对个别人员的错误进行通报，则首先要交代清楚其姓名、工作单位、所任职务等个人信息。第二部分要对事故进行分析评议，重点分析事故发生的原因，指出事故的性质及其危害，这是严肃处理的关键所在。根据评议结果和处理依据，提出相应地处分决定，轻者一般只给"通报批评"；重者如果是个人的话，还要给予相应地处分，对单位则要写明纠正错误的具体措施。第三部分写明防止此类事故或错误再次发生的措施，要对症下药，对人们提出告诫，或重申某一方面的纪律，避免重犯类似错误。

3. 情况通报

情况通报正文的撰写，关键在于对情况的掌握要真实全面。首先，要客观叙述有关情况；其次，在此基础上，再进行深入分析，或阐明意义，或预测其发展趋势；最后，结合通报情况，对今后工作提出前瞻性要求。

任务实施

一、工作指导

就该企业的业绩来看，确实具有很强的典型意义，通报既可以说明该企业安全生产年的基本情况，也能说明表彰奖励决定，同时也能发挥较强的教育警示作用，所以应当采用通报行文。写作时应当注意以下两点：一是了解该企业实现安全生产年的主要做法和经验；二是了解表彰奖励的具体情况，对其成绩进行准确的深入分析和定性。

二、写作指导

从资料上看，该通报是一篇表彰通报。按照表彰通报的结构要求，其正文先写通报缘由，这部分内容资料中叙述的比较清楚；其次要对先进事迹进行分析评议，指出其典型意义，再提出具体的表彰形式，最后提出希望和要求。对这部分内容，写通报作者要根据表彰对象的具体情况，合理设想，既要切合实际，又要指明方向。

三、参考范文

关于对××机械厂实现安全生产年的表彰通报

××机械厂采取有力措施,切实贯彻《安全生产条例》,建立安全生产岗位责任制,2014年实现全年无生产事故,成为我县第一个安全生产年优秀企业。为此,县政府决定对××机械厂给予通报表彰,奖给锦旗一面,奖金 20 000 元。

县政府号召全县各类企业要以××机械厂为榜样,建立健全安全生产岗位责任制,扎扎实实抓好安全生产,争创安全生产年企业,使我县安全生产迈上一个新台阶。

××县人民政府(印章)
2019 年 1 月 25 日

实训练习

一、请根据下列材料,以××物业管理总公司的名义拟写一份批评性通报,下发所属各分公司。

2019 年 1 月,××物业管理公司受××小区开发建设单位委托,负责该小区前期物业管理。从 2019 年 1 月 4 日起,在该小区物业未选聘新物业管理企业的情况下,××物业管理公司擅自停止对该小区的物业管理服务,导致该小区居民生活受到极大影响。××物业管理总公司经过研究决定,给予××物业管理公司相应处理。包括限期 3 个月的整顿;将××物业公司的违规行为记入公司警示档案。

二、中通公司建立了健全的员工考勤制度,每月末都定期公布该月员工的迟到、早退、请假情况。五月份共有 8 人迟到,6 人早退,10 人请假,另有 2 人旷工。请根据以上情况介绍,撰写一份五月的考勤情况通报,要求概括情况简要、语言准确、结构严谨、希望和要求贴切。

任务三　撰写报告

教学目标

1. 了解报告的含义、特点;
2. 理解报告的类型;
3. 掌握报告的结构与写作方法,能够拟写报告。

任务引入

某民营公司董事长要在年度职工代表大会上通报公司一年来的工作,旨在总结成绩,查找问题,正视不足,展望未来。该报告包括两大部分:一是 2018 年工作回顾;二是 2019 工作安排。公司将撰写该报告的任务交给了办公室主任小王。

该报告应当符合以下三点要求:① 由于该报告是公司年度工作报告,总结一年来的工作既要全面又要实事求是,肯定成绩,客观对待不足;安排下一年度的工作任务,也要从实际出发,切忌好高骛远;② 条理清晰、层次明了、格式规范;③ 语言流畅,适合在大会上宣读。

相关知识

一、报告例文评析

【例文】

<h3 style="text-align:center">关于我省清理整顿公司工作的报告</h3>

国务院:

我省自××年×月清理整顿公司以来,坚持坚决稳妥的方针,抓紧清理整顿方案的拟订和实施,积极查处了公司违法违纪案件,努力加强公司的建设和管理,完成了党中央、国务院赋予我们的任务,达到了预期目标。现将这项工作的有关情况报告如下:

一、撤销、合并了一批流通领域的公司,解决了公司过多过滥的问题(略)
二、查处公司违法违纪案件共××起,整顿了公司经营秩序(略)
三、认真做好撤、并公司的各项善后工作(略)
四、加强了公司管理和法规、制度建设(略)

××省人民政府
××年×月×日

例文评析:这是一篇工作报告,此为节选稿。正文开头概括介绍了清理整顿公司的基本做法和取得的成效;在过渡句"现将这项工作的有关情况报告如下"之后,从四个方面,报告了清理整顿公司具体的工作情况;最后自然结尾。全文结构合理,值得借鉴。

二、报告文体概述

(一)报告的文体含义

报告是下级机关向上级机关汇报工作、反映情况以及答复上级机关询问时使用的一种行政管理文书,一般不需要上级机关给予答复,大多属上行文。

(二)报告的特点

1. 陈述性

报告在向上级汇报工作、反映情况时,所表达的内容和使用的语言都是陈述性的,多用叙述和说明的表达方式。本单位做了什么工作、如何做的、效果怎样、还存在哪些问题和不足等,都要向上级机关一一陈述;而且这种陈述是概括性的、粗线条的,不必详述过程,不要求铺排大量细节。

2. 灵活性

报告材料的选择权在发文单位,写什么、不写什么、怎么写,由发文单位来灵活掌握。发文单位可以根据实际情况,挑选其最有特色、最有价值、最有新意的材料来写。

但灵活性并不意味着可以弄虚作假、无中生有，撰写报告必须以实践为依据。当然，答复报告必须按上级的要求来写。

3. 已然性

机关工作中有"事前请示、事后报告"的说法。只有做过的工作或已经发生过的情况，才能写进报告，怎样做的就怎样写，做得好的总结经验，做得不好的吸取教训。没有做过的不能作为报告的材料。

三、报告的类型

（一）工作报告

工作报告用于下级机关向上级机关汇报工作，侧重于陈述工作的开展情况及主要做法，便于上级机关全面指导工作。比如，汇报某一阶段工作的进展情况、存在问题，汇报上级交办事项的办理结果，汇报对上级某一指示传达贯彻的情况等。

（二）情况报告

情况报告指向上级机关反映情况及动态的报告。下级单位在工作中出现了重大事件或重大问题，应及时向上级领导机关反映，便于上级机关了解事实真相，采取合理措施，控制或引导事态发展，使相关事件或问题得以顺利处理或解决，这类报告即属于情况报告。情况报告与工作报告相比，突出的特点是方式灵活、反应迅速，要求以最快的速度撰写并上报，以免贻误时机，造成不必要的损失。

（三）建议报告

建议报告是指汇报或提出工作建议、措施的报告。下级机关向上级机关汇报工作、提出工作建议，或贯彻某文件、某指示的意见，或解决某问题的措施、工作方案等，均属于建议报告。建议报告根据作用不同，又分为两种。

1. 呈报性建议报告

一份建议报告只要求上级机关认可，并不要求上级机关批准并转发给下级机关执行，这类建议报告则为呈报性建议报告。

2. 呈转性建议报告

一份建议报告不仅要求上级机关认可，同时要求上级机关批准并转发给下级机关遵照执行，这类报告称为呈转性建议报告。在这类报告中，下级单位的工作意见或解决问题的办法措施，一经上级机关批准并转发，就成为上级机关领导意志的体现，对下级单位的工作发挥指导作用。这类报告突出的特点是政策性强，类似批复发挥的作用。

（四）答复报告

答复报告是指答复上级机关询问事宜的报告。上级机关对文件材料中反映的问题，批示下级机关查办；或上级机关向下级机关询问有关情况，下级机关办理完毕，需用书面形式答复上级机关等，上述情况下均要使用答复报告。

四、报告的结构与写作方法

一般来讲，报告包括标题、主送机关、正文、结尾、落款五部分。落款和其他行政管理文书相同，这里不再赘述。

（一）标题

报告的标题由三要素组成，发文机关、事由和文种，三要素齐全则为完整式标题；有时根据需要可省略发文机关，此时则为省略式标题，但事由和文种一般不能省略。

（二）主送机关

报告一般都有受文机关，但在会议上作的报告则只写"各位代表"或"各位来宾"几个字即可。

（三）正文

正文是报告的中心内容，但不同类型的报告，其正文的结构和写作方法不完全相同。

1. 工作报告

其正文内容一般分三部分来写。第一部分概述工作的基本情况，可简要交代时间、背景、总体情况等；第二部分写工作的具体情况，包括工作过程、具体内容、主要成绩、存在问题、经验教训等；第三部分写今后改进工作的意见或提出开展工作的建议，或今后的工作计划、设想。

工作报告一般篇幅较长，根据内容要恰当安排其层次结构，可分条列项陈述，也可列小标题或分成几部分来写。

2. 情况报告

情况报告的写法不强求一致，总的要求是必须把情况和问题讲清楚，把事情的经过、原委、结果、性质写明白，便于上级机关掌握和处理；如果在报告中，还提出了处理意见和建议，要写得具体、明确、简要。

3. 建议报告

建议报告的正文可分为情况分析和意见措施两部分。

（1）情况分析部分或介绍情况，或肯定成绩，或指出不足，或说明提出意见、建议的目的、原因和依据，一般比较简要，常用"特提出如下建议""拟采取如下措施"等过渡句引领下文。

（2）意见措施部分是建议报告的重点，在情况分析的基础上，提出做好某项工作的意见、建议和措施。为条理清晰，主次分明，常采用条文式写法。

4. 答复报告

答复报告的正文包括答复依据和答复事项两部分内容。答复依据指上级要求回答的问题，要写得简要。答复事项指针对上级所提问题答复的意见或处理结果，要实事求是，叙述周全，避免答非所问。

答复报告的内容要体现针对性，做到答其所问、有问必答，语言要准确得体，态度要明晰，表述要准确，不可含糊其词、模棱两可。

（四）结尾

在报告的结尾经常使用一些惯用语，不同类型的报告使用的惯用语不尽相同。呈转性建议报告常以"如无不妥，请批转有关单位执行"的请求式用语作结，其他各类报告常以"特此报告""专此报告""请审阅""请批示"等用语作结。但有一点需要明确，报告结尾使用的惯用语不是必需的，有时正文结束，自然结尾。

任务实施

一、工作指导

撰写工作报告，尤其是在会议上宣读的工作报告，是一件非常严肃的工作。首先，组建一个专门小组，负责工作报告的起草，如果不具备这一条件也可由专人负责；其次，起草者应当收集大量的资料，尤其是过去一年中取得的各项业绩的资料；最后，在撰写过程中需要列出提纲，并此提纲先得征求领导和同事的意见，待提纲确定后才能写作具体内容。

二、写作指导

该报告是公司年度工作报告，既要回顾一年来的工作，又要安排下一年度的工作任务；既要看到成绩，又要发现不足；为保证条理清晰、层次明了，分条列项安排内容；为适合在大会上宣读，语言要流畅，要能鼓舞士气，发挥凝聚群心的作用。

三、参考范文

××公司 2018 年度工作报告

各位职工代表：

现在，我代表公司党委、董事会、经营层向各位职工代表通报公司一年来的工作，中心是总结成绩，查找问题，正视不足，展望未来，团结和带领全体股东、员工向民营企业更高的发展目标迈进。

第一部分　2018 年工作回顾

2018 年公司完成了新站建设启用及平稳过渡、新站场经营格局构建、商贸业市场的升级改造和联合开发、辅助产业经营基地定位、客运经营规模扩张及资源整合等对公司未来发展产生深远影响的工作，其间遇到诸多矛盾、困难、压力，但在全体股东的关注、支持下，在全体员工的团结协作、奋力拼搏、不懈努力下，公司董事会、经营层、领导层能够迎难而上、攻坚克难、苦干实干、化被动为主动、变危机为机遇，完成了年初确定的各项目标和任务，企业呈现持续、稳健的发展态势。全年工作如下：

一、主要指标完成情况（略）

二、员工收入取得突破性增长（略）

三、新北站顺利建成、如期启用（略）

四、辅助产业经营基地得以确定（略）

五、各产业加快内部调整，极力扩展经营空间，保持效益稳定增长（略）

六、各专业管理推进改革、创新机制、努力提高管理水平（略）

七、存在问题与不足（略）

第二部分　2019 年工作安排

一、进一步提高员工工资收入和福利待遇（略）

二、进一步明确加快发展、超前发展、跨越发展的民营理念（略）

三、推进四大经营基地的基本建设，合理配置辅助产业布局（略）

四、集约资源、优化重组，打造客运综合产业链（略）

五、挖潜与升级联动，提高商贸经营的市场化水平（略）

六、完成制度修订，加快机制改革，满足调整和发展的需要（略）

各位代表，在新的一年里，加快发展的任务和各种困难考验着我们，改革创新的责任和"追求共同发展"的使命激励着我们。在新的发展起点上，不允许我们有丝毫懈怠，我们将不负全体股东和员工的厚望，保持和发扬吃苦不叫苦、知难不畏难的工作作风，以更振奋的精神，更昂扬的斗志，更有效的管理，推动公司又好又快向前发展！

××公司（公章）
2019 年 2 月 15 日

任务四　撰写请示

教学目标

1. 了解请示的含义、特点；
2. 理解请示的类型；
3. 掌握请示的结构和写作方法，能够拟写请示。

任务引入

××建筑工程有限责任公司具有工业与民用建筑工程施工一级资质，资金雄厚，人力资源丰富，设备精良，顺利通过 ISO 9002 国际质量体系认证，多次获得省级以上奖励。为拓展经营渠道，搞活国有企业，提高国有资产增值率，公司现向××建工集团申请对外承包劳务经营权资格。领导将撰写该请示的任务交给了公司办公室主任张铭铭。

该请示应当符合以下三点要求：① 符合请示的一般写法，格式规范；② 条理清晰，层次分明；③ 请示的事项明确，语言得体。

相关知识

一、请示例文评析

【例文】

关于××县列为国家级有机产业示范区建设试点的请示

环境保护部：

××县地处我省钱塘江源头，生态资源和生态环境优势明显，是国家级生态示范区。近年来，××县委、县政府高度重视发展有机产业，将有机产业发展作为促进农村经济结构调整、推动农业转型升级、帮助农民增收致富、提高农业整体效益的重大举措。××县人大通过了《关于加快发展原生态精品农业的决定》，××县政府制定了原生态农产品发展规划和扶持政策，规范了原生态农产品生产技术标准。建立了原生态农产品生产基地和生态农产品种养殖模式，开拓生态农产品新型营销模式，打响了区域生态农产品品牌，生态农业已成为县域特色优势产业，为××县有机产业发展奠定了重要基础。我厅认为，××县已基本具备国家级有机产业示范区建设试点的基础条件。

现将《××县人民政府关于将××县列为国家级有机产业示范区建设试点县的请示》（××〔××〕23号）报上，恳请环境保护部予以批准。

特此请示。

附件：××县人民政府关于将××县列为国家级有机产业示范区建设试点县的请示

××省环境保护厅（公章）
2019年6月7日

例文评析：这是一则请求批准的请示。请示主题集中明确，事项单一。先说明请示的背景，次阐述请示的理由，具体、充分、有力；然后阐明自己的意见，引出请示事项；最后以"特此请示"固定结束语作结。原请示作为附件一同上报，保证了资料的完整性。例文把"为什么要请示"和"请示什么问题"说得清清楚楚，值得借鉴。

二、请示文体概述

（一）请示的文体含义

请示是机关单位经常使用的一种请求性上行文，是下级机关向直属上级机关或业务主管部门请求指示、批准用的公文。

在实际工作中，可能会遇到这样或那样的问题，比如，从本地区、本单位的实际情况出发，需要对上级的某项政策、规定做出变通处理，有待上级重新审定，明确作答的；工作中出现了新情况、新问题需要处理，但无章可循、无法可依，需要上级机关做出明确指示的；本地区、本单位在生产经营过程中，遇到了具体问题和实际困难，需要请求上级机关帮助解决的；按上级机关和主管部门有关政策的规定，不经请示有关部门、未得到有关批准，无权自行处理的问题；工作中出现了一些涉及面广而本部门无法独立解决的困难和问题，必须请示上级机关单位或综合部门，以求得他们的协调和帮助等。以上这些情况，都要使用请示行文，待上级机关单位明确答复后，下级机关单位才能遵照执行。

（二）请示的特点

1. 一文一事

一份请示只能写一个问题、一件事，这是《党政机关公文处理工作条例》的规定，也是实际需要。如果把性质不同的问题、事项写在同一份请示里，很可能导致上级机关无法批复，贻误工作。如果性质相同的几件事确实需要写在一份请示中，则必须是同一机关可以批复的。一文一事，使得请示的内容比较单一，一般篇幅较小。

2. 事前请示

请示必须在事前行文，待得到上级肯定批复方可行事。不能边办理边请示，或干脆"先斩后奏"。

3. 单头请示

一份请示，只能有一个主送机关，由该主送机关负责审批；同一份请示，不能同时请示两个或两个以上的领导机关或主管部门，以免出现相互推诿、扯皮的现象，延误请示的批复，影响正常的工作。只有一个主送机关，也可以避免发生因上级机关答复不一致而使请示主体无所适从的现象发生。

当然，对于一些受双重上级领导的单位，写请示时则应该本着"谁有权批准就向谁请示"的原则，将另一领导单位列为抄送单位，以便其了解情况。

4. 不得越级

与其他公文一样，请示一般不越级。在个别情况下，如果因特殊情况或紧急事项必须越级请示时，要同时抄送越过的机关。

另外，请示一般不直接送交领导个人，而是由单位的秘书相关部门等统一办理，除非是领导直接交办的事项。

三、请示的类型

（一）请求指示的请示

下级机关单位针对某一具体问题或某项工作，向上级机关单位请求指示，需要上级机关做出明确答复，这类请示即属于请求指示的请示。

（二）请求批准的请示

下级机关限于自己的职权，无权自己办理或决定某些事项，需向上级机关请求批准，这类请示即属于请求批准的请示。

（三）请求批转的请示

下级机关就某一涉及面广的事项提出处理意见和办法，需有关各方协同办理，但按规定又不能指令平级机关或不相隶属的部门办理，需上级机关审定后批转执行，这类请示即属于请求批转的请示。

四、请示的结构和写作方法

请示包括标题、主送机关、正文和落款四部分，主送机关和落款的写作与其他行政管理文书基本相同，这里不再赘述。

请示事由概括

（一）标题

请示的标题一般由发文机关、事由和文种三要素组成，而发文机关有时可以省略，此时则为两要素标题，即事由和文种。标题中语言要简明、事由要明确。请示的标题一定是"……请示"，而不能写成"……报告"或"……请示报告"的字样。

（二）正文

请示的正文包括请示缘由、请示事项、请示要求三部分。

1. 请示缘由

请示缘由要写在正文的开头，是提出请示的背景、理由及原因。这部分内容既要条理清楚、开门见山，又要实事求是、有理有据、说明充分。缘由是写作请示的关键所在，因为缘由直接关系到请示的事项能否成立；关系到上级机关的审批态度；关系到请示的要求能否被批准。

2. 请示事项

请示事项指请求上级机关批准、帮助或解答的具体事项。请示事项必须写的具体、明确，如果请示事项的内容比较复杂，则要分清主次，分条列项来写。请示事项如果不明确、不具体，容易使上级机关不得要领，进而影响其审批态度。当然，也不能把缘由、事项混在一起，必须分开来写。

有的请示行文中，可能还会提出处理意见，甚至几种意见，即列举出几种方案供上级参考，同时表明自己的倾向性意见。

3. 请示要求

为保证请示事项得到答复，发文机关必须提出要求，该要求一般很简单，但却是写请示必不可少的内容。请示常用结语表达要求，常用的写法有："以上请示，请批复""以上意见当否，请指示""以上请示，请审批""特此请示，请予批准""妥否，请批复""请批准""请审批""请指示"等惯用语。

请示少讲理论

任务实施

一、工作指导

撰文者首先应当广泛收集相关文件，深入了解对外劳务经营权资格的具体条件。其次还应当对本企业的经营业绩非常熟悉，尤其是和申请事项相关的经验、资质，只有这样才能在写作中做到有的放矢。

二、写作指导

标题：语言要简明、事由要明确，一定是"……请示"这种结构，不能写成"……报告"或"……请示报告"。

正文部分：请示缘由既要实事求是、有理有据，还要说明充分，缘由直接关系到请示的要求能否被批准；请求事项必须具体、明确，由于本例事项内容比较复杂，要分条列项来写。

在结尾处一定要写"以上请示，请批复"或"特此请示，请批复"等惯用语，不能省略。

三、参考范文

关于对外承包劳务经营权资格的请示

××建工集团：

我公司是经国家建设部核定的工业与民用建筑工程施工一级资质企业，成立于2003年6月。公司注册资本××万元，现有职工××人，其中高级职称××人，中级职称××人，机械设备1 200余台，总功率2.2万千瓦。公司在区内外设有土建、设计、装饰、机械施工、设备水电安装、房地产、建筑工程监理、电脑软件开发等10个分公司。近几年，公司生产经营实现跨越式发展，主要经济技术指标位居我省同行业前列，被评为我省最大经营规模建筑企业十强第六名、连续5年被评为"省重合同、守信用企业"，荣获"全国先进建筑施工企业""全国施工技术进步先进企业""全国工程质量管理先进单位"等光荣称号，两次荣获中国建筑工程质量最高奖"鲁班奖"。公司现年施工能力可完成工作量××亿元，竣工面积××万平方米以上。

2014年，我公司通过了ISO 9002国际质量体系认证，取得了走向国内外市场质量保证的通行证，企业管理与国际接轨。为拓展经营渠道，搞活国有企业，提高国有资产增值率，我公司现申请对外承包劳务经营权资格，申请对外经营范围为：

（1）承包境外工业与民用建筑工程及境内国际招标工程；
（2）建筑材料（产品）、设备出口；
（3）对外派遣实施境外工程需要的劳务人员。

特此请示，请批复。

××建工集团××建筑工程有限责任公司
2019年2月16日

实训练习

一、阅读下文，指出不当之处，并写出修改稿。

××省进出口分公司关于请求允许本公司购买卡车的报告

总公司：

目前，我们公司只有卡车一辆，我们出口任务十分繁重，不能完成上级交给的任务。

几年来，在党的对外开放政策的正确指引下，经过本公司的齐心协力，我们的出口任务完成很好，基本落实了计划，公司形势像春天越来越喜人。但是发展外贸，扩大出口，没有卡车不能保证出口任务完成。为此请求增加两辆卡车。

上述意见如无不当，请批示。

××省进出口分公司
2019年5月16日

二、根据以下材料拟写一份请示，要求格式规范，内容明确。

××分厂青年工人田秦，自2009年入厂以来，虚心好学，刻苦钻研技术，2019年完成了3项技术革新，给企业带来了上百万元的经济效益，他本人也被评为局系统的技术革新能手。故此，厂里决定将其工资由二级晋升为四级，但晋升工资一事需向××总厂请示。

撰写批复

任务五　撰　写　函

教学目标

1. 了解函的含义、特点；
2. 理解函的类型；
3. 掌握函的结构和写作方法，能够拟写函。

任务引入

卓越房地产公司最近新招聘了10名大学毕业生作为公司总部、各项目部和各部门的文员。这批新员工在大学就读期间没有系统地学习过秘书岗位的相关知识，工作中经常出现失误现象。公司办公室领导了解到××大学中文系的李×教授对秘书行业有很深的研究，多家企业曾经聘请李教授进行员工培训。办公室领导也打算有偿邀请李教授到公司对这10名新文员进行培训。

请根据以上介绍，代表公司办公室向××大学中文系去文提出如上设想，要求：① 文种恰当；② 缘由明确，事项清楚；③ 语气和婉，结构完整。

相关知识

一、函例文评析

【例文】

关于请求解决我县枯水期用电指标的函

××市供电局：

前年以来，我县利用本地水力资源发展小水电，每年丰水期输入国家电网的电量达5 000万~7 000万度，而到枯水期我县则缺电严重，虽购进3 000万度，但仍不能保证城镇居民正常生活用电。目前已有5家水泥厂、糖厂因缺电而停产。为此，我县请求从今年起在每年11月1日至次年3月31日的枯水期内，每天能支持配送我县基数电10万度。

请予函复。

××县人民政府

2019年7月1日

例文评析：这是一份申请函。县人民政府与市供电局并没有隶属关系，但供电局是业务主管部门。因此，请求批准解决用电指标应该用函行文。函中提出的要求理由充分，合情合理，语言得体；全文虽不长，但思路清晰，环环相扣，逻辑性强，值得借鉴。

二、函文体概述

（一）函文体的概念

函，是用于不相隶属机关、平级机关之间商洽工作、询问和答复问题，或请求批准和答复审批事项的公文。函大多属于平行文。

实际工作比较复杂，可能遇到一些问题和困难，例如，自己单位独立解决有一定的障碍，需要与不相隶属的机关或平级机关进行联系，请求他们协助才能完成和解决；或业务主管部门答复或审批无隶属关系的机关请示批准的事项等。在这些情况下，都要使用函这一文种。

（二）函的特点

1. 使用范围广泛

函的使用灵活方便，不受机关级别高低、单位大小的限制。上至国家机关，下至基层组织、企事业单位、社会团体等都广泛使用函。

2. 一事一函

函一般内容单一，语言简洁明了。从篇幅上看，短小精悍，有的函甚至只有三言两语。

3. 用语谦敬

函的用语注重谦恭有礼，尊重对方，以求得到对方更多的支持和理解。

三、函的类型

（一）根据行文目的划分的类型

1. 商洽函

商洽函主要用于平级机关或不相隶属机关之间商洽工作、联系有关事宜、请求解决或办理某一问题的函，多用于商调干部、洽谈业务或联系活动等。

2. 询问函

询问函主要用于不相隶属机关之间互相询问情况、问题或征询意见时使用的函。

3. 答复函

有关主管部门对不相隶属的机关单位批准某些业务事项，如经费拨付，要使用答复函，此时答复函与批复有相同功效。答复是主管部门对某些业务事项的态度，既可表示同意，也可表示不同意；或者是不相隶属机关之间针对询问函进行回复，此时也要使用答复函。

4. 申请函

有关机关、单位，对于某些事项，需要向不相隶属的业务主管部门请求批准，此时不宜用请示行文，而应该用申请函。申请函指向不相隶属的业务主管部门制发的请求批准事项的函。

5. 告知函

告知函主要用于平级机关或不相隶属机关之间相互告知有关工作或活动情况使用的函。

（二）根据行文方向划分的类型

来函也叫去函，是一方给另一方主动发出的函；复函是针对来函所提出的问题或事情，给予答复的函。

四、函的结构和写作方法

函讲求快捷，是一种比较简便的行政公文，一般篇幅短小。所以，函在写作时应简明扼要，开门见山，切忌含糊其词、空话、套话连篇。函的正文应写明需要商洽、询问、联系、请求批准或答复审批的事项及情况。来函和复函在结构与写作方法上有所不同。

（一）来函

来函一般由缘由和请求两部分构成。正文的开头，先写商洽、请求、询问或告知事项的依据、背景或缘由，次写请求的具体事项。如果事项简单，可一气呵成在一个段落中完成；如果事项较复杂，或请求内容较多，为了明确起见，则需单列一段甚至分条列项来写。来函如果要求对方回复，需明确提出"请函复""请复"之类的结语。

（二）复函

复函用于答复对方机关的来函，其正文的写法同批复基本一样，通常由引语和答复意见两部分组成。引语就是引述来函，包括来函文号、来函标题或内容要点。答复意见是针对来函所提出的商洽、询问或请求的问题等予以的答复，表示同意或不同意、不同意的原因以及对询问问题做出说明等，常用"特此函复""此复"等结语作结。

函在行文时，务必要尊重对方。其语言要规范得体，必须礼貌、谦和、态度诚恳，不能使用生硬甚至是命令性的语言，像"必须""应该"等。对上应尊重谦敬，但不逢迎；对下应严肃宽厚，但不傲训；对平级单位、不相隶属的单位，也应以礼相待，不盛气凌人。

任务实施

一、工作指导

首先，应当了解这批新员工的业务素质状况，找出其薄弱环节，有针对性地拟订培训计划；其次，需要筛选培训教师，了解当地培训市场情况，尤其是要了解培训内容及价格等信息；最后，要充分认识到本公司和大学中文系为无隶属关系的单位，只能采用函来行文。

二、写作指导

标题：应当点明发函的事由，不可将其省略，以利于对方阅读和处理。对事由的概括要准确，把握住邀请李×教授进行员工培训这一核心。

正文：应当从己方和对方两个方面分别阐述发函目的和背景。应当开门见山直奔主题，直接说明己方所存在的培训需求。对于李教授可做适当贴切的评价，不宜大篇幅地吹捧。提出的商议事项既要明确，也要留有空间，由对方或双方协商安排。

三、参考范文

<h3 style="text-align:center">关于聘请李×教授开展文员培训的函</h3>

××大学中文系：

我公司最近新招聘了10名应届大学毕业生从事文员工作。这批新员工所学并非秘书专业，也未曾接受过相关培训，业务素质有待提高，一定程度上影响了我公司的办公质量。欣闻贵系的李×教授对秘书学有较深的造诣，多次为各类机构中的文员授课，具有丰富的企业文员培训经验。我们拟邀请李教授到本公司对新任文员进行业务技能方面培训，具体时间可另行协商，所需费用将如数拨付。

盼予函复。

卓越房地产公司办公室
2019 年 7 月 9 日

实训练习

一、阅读下文，回答下列问题。

（1）市发改委与省编制委员会并不是平级单位，却使用函行文，是否应使用请示行文？为什么？

（2）如果省编制委员会进行答复，应使用什么方式行文？

××市发改委关于增加编制的函

省编制委员会：

  为了进一步做好节能降耗工作，根据市政府机构调整方案，拟成立市节能办公室，需要增加人员编制12人。

  妥否，请审批。

××市发改委（公章）
2019年7月9日

  二、根据以下材料拟写一份函，要求内容明确，格式规范，措辞得体。

  ××通信公司准备在5月23日到军营开展一次党员军事教育活动，项目有打靶、联谊等，32名党员参加。这次活动的主要目的是增强公司全体党员的国防观念，加强军民共建工作。公司办公室写了一份文件给××市××区人民武装部，请根据实际情况予以安排，地点在××区范围，并且留有公司办公室的联系人和电话号码。

模块二　财经通用文书写作

活页:"一图看懂写作技法"

活页更多精彩内容

北京理工大学出版社《财经应用写作》活页式配套资料
韦志国　宋少净　原创制作

一图看懂写作技法
通知适用情况及主要内容

通知是使用频率最高的文体之一。适用于发布、传达要求下级机关执行和有关单位周知或者执行的事项，批转、转发公文。任免基层负责人也可使用。通知行文方向主要下行，也可平行。

 适用情况

部署日常工作
就某具体工作作出安排，告知下级单位或相关部门，例如开展工作检查、卫生检查、文体活动等

召开会议
召开中大型会议，告知参会人员相关情况和要求，如表彰会议、经验交流会、座谈会、研讨会等

发布文件
上级或其他单位给本单位发来的文件，需要向下级传达。本单位印发新制定的规章或重要文件

任免职务
任免本单位基层负责人职务

主要内容
不同类型的通知根据发文意图、工作需要，确定具体内容

意义　作用
价值　重要性
目的　意图

措施　要求
注意事项

指导思想
工作思路

时限　时间
进度安排

目标　效果
成果

背景　原因
现状

通知内容比较繁杂，不同类型通知的内容差异较大，一般包括原由、事项、要求三部分，根据具体情况灵活组合。所有内容要求条理清晰、表述准确、语言简练。

北京理工大学出版社《财经应用写作》活页式配套资料

韦志国　宋少净　原创制作

一图看懂写作技法

报告与请示的差异

报告与请示都是典型的上行文，是下级呈送给上级领导的文稿。报告适用于向上级汇报工作，反映情况，答复上级机关的询问。请示适用于向上级机关请求指示、批准。两种文体行文方向相同，部分内容一致，很容易混淆。

	报　告	请　示
行文意图	对上级无诉求，只是单向地向上级传递信息或情况	对上级有诉求，遇到困难或疑惑，希望得到上级明确支持帮助
行文时机	工作开展一段时间或结束之后	工作开展之前
内容范围	可集中综合也可专项汇报主要陈述情况 **不可夹带请示事项**	针对某一单项事务专门请示，陈述原因理由、困难困惑，说明主要要求
结构框架	篇幅一般较长，主要采用总分式结构	根据需要篇幅可长可短，大多简短。主要包括请示缘由、请示事项两部分内容
结束语	特此报告　专此报告 以上报告请审阅 **不用：以上报告妥否，请批示（请批复）**	妥否，请批复 可否，请批示 少量使用：专此请示
报送制度	根据工作需要和上级要求定期报告，还存在"零报告"情况	无固定期限根据工作需求制发

报告和请示的差异主要集中在以上方面，另外还有其他一些差异，例如处理方式、追责方式等方面也存在不同。

北京理工大学出版社《财经应用写作》活页式配套资料
韦志国　宋少净　原创制作

一图看懂写作技法

请示适用情况与写作技法

请示适用于向上级机关请求指示、批准。

？ 对有关政策、法规、规章不够明确或有不同理解，需要上级给予明确解释或答复。

→ 工作中遇到新情况、新问题，无章可循，无法可依，需要上级作出指示方可办理。或因特殊情况难以执行原规定，需要变通时，有待上级做出指示的

难 本地区、本单位的困难需要上级帮助解决。

✓ 按规定不得擅自解决须经上级批准方可处理的问题。

⚖ 遇到超出本单位职权范围的事项。出现涉及面广，本单位、本部门无法协调或单独解决的问题，需要上级协调和统筹安排。

[标题采用公文式，事由点明问题]

关于《会计人员职权条例》中"总会计师"
是行政职务或是技术职称的请示

[主送机关为上级主管部门，有且只有一个，不可多头主送]

财政部：

[介绍背景事实和遇到问题，便于上级了解问题出现的来龙去脉]

　　国务院颁发的《会计人员职权条例》规定，会计人员技术职称分为总会计师、会计师、助理会计师、会计员四种；其中"总会计师"既是行政职务，又作为技术职称。在执行中，工厂总会计师按《条例》规定，负责全工厂的财务会计事宜；可是每个工厂，尤其大工厂，授予总会计职师称的人员有四、五人，究竟由哪谁负责全厂的财务会计事宜、执行总会计师的职责与权限？ [请示缘由]

[针对问题提出解决建议，并说明依据，便于上级决策参考。不可只提问题而无倾向性意见]

　　我们认为应将行政职务与技术职称分开。总会计师为行政职务，不再作为技术职称。比照最近国务院颁发的《工程技术干部技术职称暂行规定》，将《条例》第五章规定的会计人员职称中的"总会计师"改为"高级会计师"。 [请示事项]

　　以上认识是否妥当，请迅速指示。

××省财政厅
××××年×月×日

项目二　财经事务文书写作

任务一　撰写计划

教学目标

1. 了解计划的含义、特点；
2. 理解计划的类型；
3. 掌握计划的结构与写作方法。

任务引入

××电力设备企业为了提高经济效益，计划在 2019 年产量增加 30% 以上，节约费用 30 万元。为了实现这一目标，该企业准备采取调整增加产量、减少返修、降低能耗、节约办公经费、挖掘劳动潜力及减少事故损失等几项重大措施。

根据以上材料，撰写一份增产节约计划，该通知应当符合以下三点要求：① 目标明确、合理；② 措施得当、清晰；③ 结构完整，符合写作规范。

相关知识

一、计划例文评析

【例文 1】

多佳公司 2019 年度工作要点

一、年度目标

初步具备核心竞争力，拥有自主品牌，拥有省内最优秀的业务、实施和服务团队，寻找和建立 1~2 个新业务增长点，初步具备研发能力。

二、企业文化

品牌建设是 2019 年度企业文化建设关键的一步，创 ×× 品牌的意识要从管理层到每位员工在思想上认识清楚。"××理念"是我们企业的灵魂，应将"××理念"正式写入公司章程。完善福利待遇，管理层必须善待员工，消除大家的后顾之忧，员工才能安心工作、善待工作。倡导建立学习型公司，团队共同发展，创造发展气氛，让员工们在工作中得到愉悦，在奋斗中得到发展。

三、管理工作

加强公司的管理,逐步建立现代有限责任公司管理模式,实现公私分离,建立董事会监督、评价及制约总经理的工作,监督公司任免人事事项和重大风险行为。建立和健全岗位职责,建立和健全责任和事故追究制度,建立探索多种奖励办法。转变公司的工资及人员评估模式,提高及时性。加快涉密资质的第二阶段申报工作。

四、人力资源

公司的人才战略决定公司命运,拥有一批高素质的人才队伍是公司发展的必然要求,拥有省内最优秀的业务、服务和实施团队是我们最紧迫的任务。一方面对现有人员加强培训,提高综合素质;另一方面大力引进各类专业人才和有识之士,以更宽广的胸怀和包容性来对待每一个有发展理想的人。公司着力改善员工待遇福利的同时更加重视人的发展将是今年的主基调。

五、财务管理

财务负责人要了解公司其他业务的发展情况,合理调配资金,提出预警和规划,及时为管理者和相关人员提供各种报表,包括人员、项目、行业等投资收益比分析,以便及时提供决策信息;及时兑现公司奖励和业务提成、尽量按时发放工资;做好财务保密和安全工作;依法完成包括所得税在内的税费报缴工作。

六、技术与服务

公司将提高员工专业技术水平,培养一名 CCIE 工程师、两名机器设备与数据库维护工程师,建立按照思科银牌标准和华为四星服务要求的专业的服务团队,用好公司 2.5 万元购置的 CASE 售后服务系统,规范施工和服务标准,培训合作工程队伍素质,优化技术工程知识库,落实项目总结,试点项目评价制度。继续推行项目经理负责制度。加强公司的技术研发和创新能力。重新确立最优秀实施和服务队伍的位置。今年重点做好服务产品化、软件部实现利润增长、AT 产品和无线视频等技术的掌握与应用。

七、质量管理

加强质量监管和保证工作,对质量保证加大投入力度,不折不扣地执行公司的质量方针。

八、加强售前支持工作

扩大售前支持的范围,协助业务人员做好产品选型及项目布局工作,真正作为业务人员的好帮手、好军师。加强与项目实施、技术服务部门沟通与协作,售前工作要为实施与服务提供良好的基础。

九、业务工作

严格执行项目立项制度和试点重大项目参谋分析制度,巩固政府行业现有根据地,适时向外扩展范围。巩固教育行业霸主地位,教育行业重点由扩大占有率转变为孕育需求,提高项目含金量,保持与军队、税务行业的良好合作,进军其核心领域服务是今年的一项战略重点。增加增值业务及服务产品等新业务所占比重。

十、厂商合作

实现 1~2 个自有品牌产品建设,改善和加强公司与厂商的关系与合作,优化上游资源,改善我们的利益着眼点,妥善处理长期利益与短期利益之间的关系。

十一、做好宣传培训工作

做一到两次市场宣传和技术培训工作,参加和赞助主要行业的重要典型会议。做一次大型的技术专业培训来回馈老客户。

2018 年 12 月 25 日

例文评析：这是一份政策型计划，主要是明确工作总体目标和要求，为公司各基层党组织开展工作指明方向。文章开头简要阐述计划制定的目的和依据，主体以条款的形式，明确了 2015 年公司的主要任务和方法途径。

【例文 2】

××公司 2019 年销售工作计划

在过去的一年中，××公司在市场拓展、新客户开发等方面取得了显著的成绩，××品牌产品在国内市场已经占据了一定份额。产品销售额逐月增长，客户数额稳步增加，市场已由原来的华东地区扩展到东北地区，并已着手向西南、西北地区拓展。在总结 2018 年度工作的基础上，坚持以"内抓管理、外拓市场"的方针，开展 2019 年度的销售工作，特提出如下计划：

一、指导思想

坚持创新求实的指导思想开拓国内市场。

二、年度目标

（1）全年实现销售收入 2 500 万元。利润：100 万~150 万元；
（2）盛天产品在（同行业）国内市场占有率大于 10%；
（3）各项管理费用同步下降 10%；
（4）设立产品开发部，在总公司的指导下，完成下达的开发任务；
（5）积极配合总公司做好上海盛天开发区的相关事宜及交办的其他事宜。

三、主要措施

1. 统一市场形象

针对国内市场的特点，对公司的销售形象进行专门设计，提高××品牌产品在市场的统一形象，为今后更有力地提高知名度奠定了稳定的基础。

2. 建立健全的销售网络

建立健全的销售网络体系，拟在 3 月初招聘 7~8 名业务员，全面培训业务知识和着力市场开发。

3. 细分销售区域

全国分 7~8 个区域，每个区域下达指标，用考核的方式与实绩挂钩，奖罚分明。根据销售总目标 2 500 万元，分区域下指标，责任明确，落实到人，绩效挂钩。

4. 充实代理商队伍

依照销售网络的布局，要求大力推行代理商制，争取年内开辟 15~20 个省会和首府城市的销售代理商。

5. 增强研发能力

设立开发产品研发部，力争上半年在引进技术开发人员 3~5 人的基础上，下半年初步形成新产品开发能力。

6. 加强内部管理,提高经济效益

着重从成本核算、人力资源等方面加强内部管理,促进经济效益的提高。

××公司
2019 年 1 月 10 日

例文评析:这是一份方法型计划,内容比较有针对性。开头简要说明"为什么做",即制定计划的目的,主体分条列项地将"任务目标""方法措施"加以说明,层次清晰。在内容安排上,先将总目标分解为若干项,每项子目标下又明确具体措施,让人一看就知道每项目标该怎么实现。

二、计划文体概述

(一)计划的文体含义

计划是各类单位、部门或个人以书面文字的形式,对未来一定时期内的工作或活动提出设想、作出安排的应用文。

计划是一个较为宽泛的文种概念,因为内容及涉及的范围、时限等不同,所以还有其他一些名称,常见的有规划、方案、要点及安排等。

规划是指具有全局性的、较长时期的长远设想,一般应在三年以上;方案是对某一具体事务从目的、要求、工作方式和工作步骤等方面详细作出部署与安排的计划;要点是仅仅说明主要工作目标的较为简略的计划;安排是指对短期内某项具体事务进行基本布置的计划。

计划对开展工作具有指导作用。一份合理可行的计划,能够使工作有序开展,提高工作的自觉性和预见性。事先制定的计划对工作还具有一定的约束作用。计划制定后就要认真地贯彻执行,而且计划可以作为评价的依据来对工作进行检查督促。

(二)计划的特点

1. 预见性

预见性是计划最明显的特点之一。计划不是对既成事实的反应,而是着眼于未来,因此需要对将来的目标、方法和措施做出明确而恰当的预见性确认。

2. 针对性

计划,一是根据党和国家的方针政策、上级部门的工作安排和指示精神而定;二是针对本单位的工作任务、主客观条件和相应能力而定。

3. 可行性

可行性即要求计划在现有条件下能够得到实现。如果目标定得过高,无力实施,这个计划就毫无价值;反之,目标定得过低,措施、方法都没有创新性,实现虽然很容易,但是并不能因此取得有价值的成就,那也降低了计划的价值。

4. 约束性

计划一经通过、批准或认定,在其所指向的范围内就具有了约束作用,在这一范围内无论是集体还是个人都必须按计划的内容开展工作和活动,不得违背和拖延。

三、计划的类型

(一)按照计划时间长短划分

可以分为长期规划、中期计划和短期计划。一般企业编制的长期规划,至少以 2 年为限，普遍的为 3~5 年期限；中期计划为 1~2 年期限；短期计划通常为半年或 1 年期限，至少也要一个季度。

(二) 按照内容性质划分

可以分为有政策型计划和方法型计划。政策型计划往往是总体目标和要求，是指导单位各部门制定决策、明确方向、增强行动一致性的指导性计划。它通常是由一个组织机构的最高管理层制定的。

方法型计划是描述为业务单位或部门为完成具体的目标任务而实行的措施、步骤等，往往是指导个体工作步骤的明确表述。

四、计划的结构与写作方法

(一) 标题

1. 完整式标题

计划的完整式标题构成是：单位名称+适用期限+计划内容+计划。例如，"××市腾飞公司 2015 年财政计划""××省 2011—2020 年高等教育发展规划"。需要注意的是计划文种应根据实际需要恰当地运用计划、规划、要点、方案、安排及设想等具体文种名称。

2. 省略式标题

计划的省略式标题即视需要省略某些标题要素。例如，省略适用期限的"××市园林局公园建设及管理工作计划"；省略计划单位名称的"2015 年工会工作要点"（注：上报的计划，必须有计划单位；不上报的计划可以省略计划单位，不过必须在正文后署名）；省略计划单位和适用期限的"新产品销售计划"。

3. 公文式标题

计划的公文式标题即由发文机关名称+事由+计划文种构成。例如，"××总公司关于 2019 年机构改革工作的部署"。

计划未经会议讨论正式通过，要在标题之后括号内或正下方标明"讨论稿""初稿"或"征求意见稿"；不成熟的计划用草案、试行的字样。

(二) 正文

计划的正文一般包括导言、主体和结语三部分。它是对计划四要素（指导思想、任务目标、方法措施以及具体步骤）的具体阐述。

1. 导言

计划的导言可以提纲挈领简明扼要地说明制定计划的依据（通常是有关方针政策、上级指示及指导思想等），通常以"为了……，根据……"或"按照……结合……"的句式来展开；导言还可以交代完成计划指标的意义或总目标、总任务；有时为了提出充分的依据，还需要对计划产生的基础加以介绍，这一类导言通常通过简要分析前一段工作，总结它的经验教训，对完成计划的有关条件和问题进行分析来展开。以上内容作者可根据实际选择性地写作。有时，也可以直接进入主体部分的写作。导言往往以"为此，特制订计划如下"或"特制订本计划"的句式为过渡语，引出主体部分。

2. 主体

主体是计划的核心部分，写法灵活多样，常见的结构有表格式、条文式和文表结合式。

不管采用哪种结构，一般必须写清目标、措施及步骤等内容。

（1）目标：即某一时段内要完成的工作任务，也就是"做什么"。目标任务一般采取分条列项的方法，用小标题或段首主旨句的形式来加以叙述。

（2）措施：实现目标的具体方法，包括举措、分工、岗位职责及协作等，可以概括为"怎么做"。

（3）步骤程序：写清楚实现目标分几个步骤或几个阶段，各个阶段的时间安排，先干什么，再干什么。

需要注意的是时间安排要合乎本项工作自身的客观规律。主体部分材料的安排，可以是递进式的，几项内容分列环环相扣；也可以是并列式的，把目标、措施、步骤及责任者等内容结合成一体，各条内容按一定的逻辑顺序前后排列。

根据计划的内容和表述需要，选择写条文式、表格式或条文表结合式。条文式计划适用于时间较长、范围较大的计划，其特点是通过书面文字分条列项地将整个计划的内容反映出来。表格式计划一般适用于涉及数量、实效的工作，具有易归类、易填写、易于对照和检查等特点。

3. 结语

计划的结语可以说明计划的执行要求，也可以提出希望或号召，也有的计划不专门写结语。

（三）附件

有的计划还有附件，附件是计划的重要组成部分，一般将那些不便在正文中逐条表达的材料放在附件中，存在附件的计划附件名称应注于正文之后、署名的左上方。

（四）落款

落款包括署名和成文日期两项内容。署名写上制订计划的单位名称，位于正文右下方、成文日期之上。标题中标明单位名称的，落款处可以省略单位名称。时间写计划通过或批准的时间，应年、月、日齐全。

任务实施

一、工作指导

制定工作计划是管理的一项职能，也是做好管理工作的基础。通常工作计划中都应明确未来一段时期预先决定做什么，怎么做。为使工作计划切实可行，应注意以下四个方面：第一，应当了解该项工作的总体目标和要求，并进行量化；第二，在往年的业绩指标基础上，明确今年的工作目标；第三，总目标进行细分，明确不同工作所贡献的数字；第四，计划制订后需报请主管领导审核。

二、写作指导

标题：可按照单位名称、计划期限、计划内容+计划种类来写，如"××电力设备公司2019年增产节约工作计划"。

正文：开头可简要说明制定计划的目的、依据及总体目标等。主体部分应明确具体的工作措施与目标。形式上可采用条款的形式。结尾视情况而定，可提出执行要求或希望，也可将主体内容写完就结束。

落款和成文时间：按规范要求操作。

三、参考范文

××电力设备公司2019年增产节约工作计划

为发动全体职工深入、广泛地开展增产节约运动，以促进公司经济效益的快速增长，提高产品质量，降低消耗，增加积累，特制定增产节约工作计划。

一、总体目标

全年生产量比去年增长30%以上，节约费用30万元。

二、增加生产，产量增加30%

在去年完成变压器×万千伏安基础上，今年计划完成××万千伏安，增产××万千伏安，增长率为37.5%。具体措施是：

（1）调整管理机制，提高员工的责任感，加强对技术改造工作、企业管理和生产指挥系统的管理（略）。

（2）向专业化方向努力，鼓励全体员工积极创新，提高生产能力（略）。

（3）按照工时定额、设备能力和工艺装备组织生产，加强科学管理（略）。

（4）狠抓关键，集中力量攻克高电压、大容量变压器的技术生产难题（略）。

（5）深入开展以优质、高产、低耗、安全及多积累为主要内容的劳动竞赛（略）。

（6）严格执行奖惩制度，公司总部与各车间签订合同，多做贡献多得奖（略）。

三、提高产品质量，减少返工损失费5万元

（1）组织全体职工学技术、学管理和提高技术水平，使每个操作工人都能掌握先进的生产技术，以适应生产发展和提高产品质量的需要。

（2）完善产品工艺，制造专门机械和工夹模具，保证产品质量的提高，争取全年减少返工工时6 000个，节约返工损失5万元。

（3）在质量管理中做好三接三检工作，做到不合格零件不到下道工序，不合格产品不出门。进行用户访问，实行三包，不断改进产品设计，不断提高质量，稳定一等品水平，争取创优质产品。

四、努力降低消耗，全年节约材料费用20万元

从我公司变压器成本的构成因素来分析，原材料比重已占××%，因此，今年我们要把降低消耗、节约原材料作为增产节约的一个重要方面来抓。具体措施是：（略）。

五、努力节约用电，全年力争节约电力4万度，金额4 000元

去年我公司变压器每万元产值用电量降为××度，今年计划再降低23.94度，使每万元产值用电量降到950度，全年节约用电4万度。具体措施是：（略）。

六、开源节流，争取节约费用16 000元

（1）节约利息支出（略）。

（2）节约差旅费（略）。

（3）节约办公费（略）。

（4）节约仓库费用（略）。

七、挖掘劳动潜力，增产工时 1.5 万个，多作贡献 6 万元（略）

八、搞好安全生产，加强安全教育，采取必要措施，消灭隐患，减少事故损失 1 500 元

××电力设备公司

2018 年 12 月 20 日

实训练习

一、世纪酒店人力资源部准备对新招聘的 100 名员工进行入职培训，培训的主要内容有外语、礼仪、沟通、消防、急救、文化素养及各岗位服务标准等，时间为一星期。培训采用集中授课、网络培训和员工自学等多种形式，培训结束后要进行书面考核。根据以上介绍，请代人力资源部制订本次培训的工作计划，要求工作目标明确，采取的方法、措施切实可行，计划采用条文式、表格式或两者结合的形式，力求条理清晰，便于实施。

二、请撰写一份今年的个人学习或工作计划，要求目标明确、措施可行，采用条文式，语言简洁准确。

任务二　撰写总结

教学目标

1. 了解总结的文体含义、特点；
2. 理解总结的类型；
3. 掌握总结的结构和写作方法，能够拟写工作总结。

任务引入

××厂在 2018 年中较好地完成了上级下达的生产经营任务，全年生产编织袋 1 500 万个，内袋 700 万个，完成销售收入 700 万元，完成利润 300 万元。这些成绩得益于多种措施的实施。该厂首先强化生产经营管理基础工作，建立并完善各项考核管理制度，提高产品质量；其次，重视安全生产工作，强化安全意识，落实安全生产工作，同时加强设备维护管理，降低生产成本，规范和加强劳务用工管理，稳定劳务工队伍。在未来的工作中，准备进一步强化内部管理，深化改革，抓好安全、优质、高产及低耗等工作，调整生产流程和布局，确保产品质量，积极开拓社会市场，拓展市场空间。制定适合企业生产特点的劳动用工制度和劳资分配方案，建立健全各项管理制度。稳定员工队伍，做好员工思想工作，加强对劳务工的管理。增强对员工竞争意识、危机意识的引导和教育，确保改制的顺利实施和进行。加强对员工业务技能素质的培训，建立长期的培训考核制度。

根据以上材料，拟写该厂的生产经营工作总结，所需的相关材料可自行补充，要求：① 内容全面，重点突出；② 结构合理，符合总结的写作要求；③ 条理清楚，语言简洁。

相关知识

一、总结例文评析

【例文】

××市城市建设投资公司2018年工作总结

2018年是××市城市建设投资有限公司（以下简称建投公司）进入实质性运转的第一年。一年来，公司遵循"服务经济大局、实现跨越发展"的工作思路，在市委、市人大和市政府的亲切关怀下，在市政府性投资项目管理委员会办公室（以下简称投资办）的直接领导下，以加快城市发展为己任，拓展思路、抓住机遇、积极探索、锐意进取，全面完成了工作目标和各项工作任务，为城市建设和经济发展作出了一定贡献。回顾今年所做的工作，主要有以下几个方面：

一、主要工作

（一）明确思路

（1）明确建投公司投融资的主体地位（略）。

（2）明确建投公司政府性投资项目的实施主体地位（略）。

（3）明确建投公司的主要职能和任务（略）。

（4）明确工作思路（略）。

（二）完善机制

（1）完善法人治理结构（略）。

（2）完善规章制度（略）。

（3）完善内部运行机制（略）。

（三）规范运作

（1）规范2019年投资计划编制工作（略）。

（2）规范项目工程招投标（略）。

（3）规范项目实施和资金管理（略）。

（4）规范人员招聘程序（略）。

（四）抓住重点

（1）申贷工作取得重大成果（略）。

（2）融资工作取得重大突破（略）。

（3）推进城市重点项目建设（略）。

（4）做好开发区中小企业贷款试点工作（略）。

（五）搞好协调

（1）积极做好向各级领导的汇报工作，争取支持（略）。

（2）加强与各职能部门的协调配合，营造良好的工作氛围（略）。

（六）加强监督

（1）成立监督机构，加强项目招投标监督（略）。

（2）发挥监事会的监督职能（略）。

二、存在问题

2018年建投公司上下凝心聚力，开拓进取，取得了一系列融资成果，稳步推进项目建设，较好地完成了市委、市政府和市投资办交办的各项工作任务。但同时我们也要清醒地看到工作中还存在着一些不容忽视的问题，主要表现在：

（一）偿债机制尚未有效建立（略）。

（二）部门关系尚待理顺（略）。

（三）项目资金没有完全到位（略）。

（四）内部运行机制尚待完善、落实（略）。

新的一年即将来临，让我们振奋精神、坚定信心，以奋发有为的良好精神状态和扎扎实实的工作作风，正视、克服和解决公司起步阶段面临的诸多困难和问题。理清工作思路，推进项目建设，强化资金管理，完善运作机制，提高竞争实力，为全面出色地完成工作目标而努力奋斗。

2019年1月10日

例文评析：这是一篇综合性总结，前言简要概述情况，主体部分对"主要工作""存在问题"进行回顾，既全面具体，又突出重点，以条款的形式，将复杂的内容梳理得井然有序，结尾表明对今后工作的态度和决心，语调坚定昂扬，给人以激励和信心。

二、总结文体概述

（一）总结的文体含义

总结是单位或个人对过去某一阶段工作情况进行回顾、分析和评价，从中得出经验教训，为今后的工作提供指导和借鉴的应用文。

通过撰写总结，可以对过去的情况进行分析，从中吸取经验或教训，为下一步工作提供借鉴和指导；通过撰写总结，还可以发现事物的内在规律，提高认识水平，进而促进工作开展。

（二）总结的特点

（1）理论性。总结是人们对客观事物规律认识的反映，它并不是对工作实践作简单的复述，而是要求作本质的概括。总结要在对前一段工作的回顾和检查的基础上，通过分析、研究和评价，把感性认识上升到理性高度，得出规律性的结论。能否找出带有规律性的认识，用以指导今后的工作，是衡量一篇总结质量好坏的标准。

（2）客观性。总结是针对本组织或个人所制订的计划的总结，应该以客观事实为依据，真实、客观地分析情况、解决问题和总结经验，不允许虚构和编造。尤其是其中的相关数据信息，必须从实践出发，实事求是，因为数据是一篇总结得出正确结论的基础。

（3）指导性。总结的过程是对以往工作的全面系统的回顾、分析和检验过程，从以往实践活动总结出来的经验教训，对于未来的工作是非常宝贵的，是对今后工作的有力指导。

三、总结的类型

按照内容涉及的范围不同，总结一般分为综合性总结和专题性总结。

(一)综合性总结

综合性总结也叫全面总结,是一个单位或部门对某一时期各方面工作进行的总结。

(二)专题性总结

专题性总结也叫单项工作总结,是一个单位或部门对某项特定工作或某个方面的情况进行专门性的工作总结。

四、总结的结构与写作方法

(一)标题

1. 常规标题

采用"单位名称+总结时限+总结内容+总结"的模式,如"××公司2018年工作总结""××商场第四季度销售工作总结"。

2. 新闻标题

标题中不出现"总结"字样,而是概括主要内容或基本观点,如"只有激励机制才能增强企业活力";也可以采用设问的方式,如"我们是如何提高职工培训质量的";有时可以采用正副标题,正标题概括主要内容或揭示主题,副标题补充说明单位、时限、工作内容和文种,如"抓改革促管理增效益——××制药厂2014年工作总结"。

(二)正文

正文结构形式主要有两种:三段式、体会式。

1. "三段式"结构

综合性总结的常用形式,包括前言、主体和结尾。

前言总体概括介绍基本情况或工作全貌、综合成果等内容。

主体主要包括成绩与经验、问题与教训两种内容,用翔实的材料说明取得了什么成绩、怎样取得的,最好有实例、有数据、有体会。实事求是地写明工作中的问题和不足,分析原因,指出应吸取的教训。也可将解决问题的措施结合起来写。

结尾总括全文,强调主旨,也可简要提出改进措施或下一步努力的方向。

2. "体会式"结构

以经验体会(而不是工作过程)为主线来安排结构,以小标题来串联内容,经验性总结通常运用这种结构。

3. "阶段式"结构

根据工作发展过程中的几个阶段,按时间先后分成几个部分来写,每一阶段中都指出所取得的成绩、存在的问题等内容。这种结构方式可以看做是前两种方式的变种。

正文不论采用何种结构方式,都应当围绕三方面内容来写作,即工作概况、取得的成果与存在的问题、经验和教训,不能仅仅停留在对现象和事实的说明上,必须包含对事实现象的分析。

(三)落款与成文日期

总结的单位名称,如标题中已标明单位名称的可省略。常以部门或单位领导审阅批准日期为准,年、月、日齐全。

任务实施

一、工作指导

按照任务介绍，需撰写该厂年度生产与经营情况的专题工作总结。首先，要全面掌握过去一年中的工作情况，对于产量、质量及效益等信息的掌握必须准确无误；其次，对未来工作的指导思想、准备采取的措施应当注意归纳；再次，企业生产与经营工作虽然涉及面比较广泛，但主要集中在质量、安全、人员及管理等几个方面，对于材料中缺少的信息可以通过查阅资料等方法予以补充；最后，在写作总结之前应当查阅此前的工作计划，针对计划的内容安排总结的内容。

二、写作指导

标题：采用常规式标题即可。

正文：开头可简要概述总结写作的背景，工作完成的总体情况；所取得的业绩应当单列一部分，因为这是总结中比较重要的内容，数据必须准确；对于主要经验做法应当注意从不同方面分别表达，注意采用小标题或段旨句概括经验；对于未来的工作也应单列一部分，分条款表述。

三、参考范文

××厂2018年生产经营工作总结

××厂在上级领导部门的正确领导和各职能部门的大力支持下，通过全厂员工的共同努力，较好地完成了总公司下达的生产任务和经营承包指标。为总结经验，找出差距，搞好明年工作，现总结如下：

一、各项指标完成情况

（1）1~12月编织袋生产实际完成1 500万个，内袋实际完成700万个。

（2）1~12月内部完成销售收入700万元。

（3）1~12月完成利润300万元。

二、主要做法

1.强化生产经营管理基础工作，建立完善各项考核管理制度，为推动我厂的深化改革夯实基础

（1）提高产品质量，维护企业形象。为维护公司形象，我们把质量管理工作作为今年工作的重点。我们及时收集用户意见，积极适应市场要求调整包装袋颜色、规格，确保用户需求；在员工中牢固树立"质量是企业的生命"的意识，加强对各生产工序的管理、考核和监督。厂部要求各生产工段切实加强"三检制"层层把关；7月至11月厂部多次召开"质量专题会"，会上要求操作人员对提高质量，杜绝质量事故作出承诺；厂部把产品质量与员工个人经济效益挂钩，有效确保了产品质量。我厂产品合格率达到98%以上。

（2）强化安全意识，落实安全生产工作。年初，厂部与各工段签订了《安全责任书》，明确了工段责任区和目标管理，使厂部对各工段的安全生产、设备管理和清洁文明的考核权责明确、层层落实；及时传达集团公司安全会议的精神，坚持做好安全教育培训工作；厂部

每月组织两次安全卫生大检查，班组每周组织一次安全学习；厂部还利用办黑板报专刊、张贴标语和版画及组织员工投写安全稿件等形式，宣传《安全生产法》的内容。全年未发生安全事故。

（3）加强设备维护管理，积极开展修旧利废工作，切实降低生产成本。我厂今年节约聚丙烯原料20多吨，价值16万元，回收修复旧轴承6 000多个，圆织机主减速器输入轴28根，圆织机主轴3根，圆织机按钮500个，制袋机离合器3台，皮带轮42根，节约开支10多万元，对圆织机的润滑油在不影响质量、产量的前提下，进行了减少用量的摸索，从以前的每天用25 kg减少到每3天用25 kg，使生产成本得到较好的控制。

2. 规范和加强劳务用工管理，稳定劳务工队伍

今年1月我厂已经妥善解决了劳务工的养老保险问题，顺利完成了87名劳务工的整体转移工作。在按照公司要求采用劳务输入用工后，工作中我们及时与输出单位协调和联系，严格按照《中华人民共和国劳动用工合同》搞好劳务工管理工作。

三、未来的主要工作

（1）强化内部管理。以改制为契机，进一步推进我厂的深化改革，抓好安全、优质、高产及低耗等工作，调整生产流程和布局，确保产品质量。

（2）根据企业实际情况，制定出适合企业生产特点的劳动用工制度和劳资分配方案，建立健全各项管理制度。

（3）稳定员工队伍，做好员工思想工作，加强对劳务工的管理。

（4）加强对员工业务技能素质的培训，建立长期的培训考核制度。还应增强对年轻骨干队伍及管理人员的培养、锻炼，提高员工队伍整体素质。

2018年12月22日

实训练习

一、请根据自己过去一年的学习和工作情况撰写一份总结，要求指出取得的主要成绩以及经验，说明存在的问题并说明改进措施，条理清晰，语言简洁。

二、请根据以下材料，为××集团公司撰写一份年度宣传思想工作总结。要求内容翔实，重点突出，条理清晰，使用小标题概括。

2018年，××集团公司坚持用"三个代表"重要思想指导宣传思想工作，为企业快速发展提供了强大的舆论支持和精神动力。一年中共组织学习45次，参学率96%，撰写学习体会和理论文章16篇。党政班子成员每月下基层单位不少于2次。购买了100多本政治理论书籍，印制了学习材料50余份。开展的"四讲""四薄""四卡""四单"活动，制订了《基层党支部工作制度》《党员干部学习制度》等20多个规章制度。征集职工提出的合理化建议30多条。聘请了15位骨干通讯员，并进行了业务写作培训。制作了公司网站和宣传片，共制作了条幅20条，牌板8块，出简报20期，在全国各级各类媒体发布文章102篇。组织全体党员到××部队，接受革命党史教育。开展争创"学习型、公道型、创新型、服务型、自律型"的"五好部门（科室）"和"学习好、思想好、作风好、纪律好、工作好"的"五好干部"活动。基层车间开展"创水平，上台阶"劳动竞赛，开展了创建文明单位活动，抓好"文明职工""文明科室"的创建评选，深入开展了计划生育、环保和综合治理活动，制作了文明员工公约、不良陋习危害和健康文明生活常识提示语牌，组织参加了集团

公司百人大合唱活动，荣获了二等奖的好成绩。在全体员工中开展了准军事化训练，并在10月11日参加的集团公司准军事化训练会操表演中，荣获了三等奖的好成绩。投入10万元资金建成篮球场1个，乒乓球场1个，职工活动室3个，阅览室1个。购买了背投电视、影碟、麻将和扑克等娱乐设施。春节期间，组织开展了迎新春长跑、元宵大型灯展和燃放焰火等10多项活动，观看群众达2万多人次。多次举办了安全演讲赛、职工篮球赛、乒乓球、羽毛球、扑克和职工拔河赛等一系列体育活动。

下一年的工作打算主要有：建立科学、准确、完整，具有特色的企业文化理念体系；大力学习企业文化理念；牢固树立企业即人、企业为人、企业靠人的人本理念，将企业文化建设与解决实际问题结合起来；加强宣传教育工作，凝心聚力，确保各项工作目标顺利实现。

任务三　撰写规章制度

教学目标

1. 了解规章制度的文体含义、特点；
2. 理解规章制度的类型；
3. 掌握规章制度的写作规范，能够撰写简单的规章制度。

任务引入

××公司因业务需要，新组建成立了设计部，设计部有设计总监和设计师两种岗位。公司经理要求为设计部制定必要的管理制度。要求内容有针对性，明确且比较全面，文种恰当，符合规章制度的写作要求。

相关知识

一、规章制度例文评析

【例文1】

××有限公司章程

第一章　总　　则

第一条　为适应建立现代企业制度的需要，规范本公司的组织和行为，保护公司、股东和债权人的合法权益，根据《中华人民共和国公司法》和《公司登记管理条例》制定本章程。

第二条　本公司（以下简称公司）依据法律、法规和本章程，在国家宏观政策指导下，依法开展经营活动。

第三条　公司的宗旨和主要任务是通过合理有效地利用股东投入到公司的资产，使其创造出最佳经济效益，目的是发展经济，为国家提供税收，为股东奉献投资效益。

第四条　公司依法经公司登记机关核准登记，取得法人资格。

第二章　公司名称和住所

第五条　公司名称：××有限公司。
第六条　公司住所：××市××路×号。
第七条　公司经营场所：××市××路×号。

第三章　公司经营范围

第八条　公司的经营范围：××××、××××、××××。
第九条　公司的经营范围以登记机关依照有关法律核准为准。
第十条　公司的经营范围中有法律法规规定必需报经审批和须领取经营许可证的，已经批准，并领取了经营许可证。

第四章　公司注册资本

第十一条　公司的注册资本为人民币××万元。
第十二条　公司的注册资本全部由股东投资。
第十三条　公司的注册资本中：货币××万元，占注册资本总额的××%。

第五章　股东姓名或名称

第十四条　公司由以下股东出资设立（略）。
第十五条　公司的股东人数符合《公司法》的规定。

第六章　股东的权利和义务

第十六条　公司股东均依法享有下列权利（略）。
第十七条　公司股东承担下列义务（略）。
第十八条　公司设置股东名册，记载下列事项（略）。

第七章　股东出资方式和出资额

第十九条　公司股东出资方式和出资额如下：

姓名	出资方式	出资额	签名
××	货币××	××万元	
×××	货币××	××万元	

第二十条　公司经公司登记机关注册后，股东不得抽出投资。
第二十一条　公司有下列情形的，可以增加注册资本（略）。
第二十二条　公司减少注册资本只能是经营亏损。公司减少资本后的注册资本不得低于《公司法》规定的最低限额。
第二十三条　公司减少注册资本，自作出减少注册资本之日起十日内通知债权人，并于三十日内在报纸上至少公告三次。债权人自接到通知之日三十日内或自第一次公告之日九十日内，有权要求公司清偿债务或提供相应的担保。

第八章 股东转让出资的条件（略）

第九章 公司的机构及其产生办法、职权、议事规则（略）

第十章 公司的法定代表人（略）

第十一章 公司利润分配和财务会计（略）

第十三章 股东认为需要规定的其他事项（略）

第十四章 附　则

第七十三条　本章程未规定到的法律责任和其他事项，按法律、法规执行。

第七十四条　修改本章程必须经出席股东大会的股东所持表决权三分之二以上通过。

修改本章程，由股东大会作出决议。股东大会通过的有关本章程的修改，补充条款，均为本章程的组织部分，经公司登记机关登记备案后生效。

股东签名：

××有限公司

××年×月×日

例文评析：这是一份公司章程，章程是规章制度的一种形式，是公司、组织机构的纲领性文件，一般应由全体股东大会或股东代表大会讨论通过。本章程依据有关法律法规，对公司的性质、经营宗旨和范围、组织机构、财务制度及公司的变更等内容逐一作出规范要求，全面细致、规范严谨。

【例文 2】

××公司员工辞职管理办法

第一章　总　则

第一条　为保证公司人员相对稳定、维护正常人才流动秩序，特制定本办法。

第二章　辞职程序

第二条　员工应于辞职前至少 1 个月向其主管及总经理提出辞职请求。

第三条　员工主管与辞职员工积极沟通，对绩效良好的员工努力挽留，探讨改善其工作环境、条件和待遇的可能性。

第四条　辞职员工填写辞职申请表，经各级领导签署意见审批。

第五条　员工辞职申请获准，则办理离职移交手续。公司应安排其他人员接替其工作和职责。

第六条　在所有必需的离职手续办妥后，到财务部领取工资。

第七条　公司可出具辞职人员在公司的工作履历和绩效证明。

第三章　离职谈话

第八条　员工辞职时，该部门经理与辞职人进行谈话；如有必要，可请其他人员协助。

谈话完成下列内容：
（1）审查其劳动合同；
（2）审查文件、资料的所有权；
（3）审查其了解公司商业秘密的程度；
（4）审查其掌管的工作、进度和角色；
（5）阐明公司和员工的权利和义务。

记录离职谈话清单，经员工和谈话经理共同签字，并分存公司和员工档案。

第九条 员工辞职时，人事经理应与辞职人进行谈话，交接工作包括：
（1）收回员工工作证、识别证、钥匙及名片等；
（2）审查员工的福利状况；
（3）回答员工可能有的问题；
（4）征求对公司的评价及建议。

记录离职谈话清单，经员工和谈话经理共同签字，并分存公司和员工档案。

第十条 辞职员工因故不能亲临公司会谈的，应通过电话交谈。

第四章 辞职手续

第十一条 辞职员工应移交的工作及物品：
（1）公司的文件资料、电脑磁片；
（2）公司的项目资料；
（3）公司价值在 40 元以上的办公用品；
（4）公司工作证、名片、识别证、钥匙；
（5）公司分配使用的车辆、住房；
（6）其他属于公司的财物。

第十二条 清算财务部门的领借款手续。

第十三条 转调人事关系、档案、党团关系和保险关系。

第十四条 辞职人员若到竞争对手公司就职，应迅速要求其交出使用、掌握的公司专有资料。

第十五条 辞职人员不能亲自办理离职手续时，应寄回有关公司物品，或请人代理交接工作。

第五章 工资福利结算

第十六条 辞职员工领取工资，享受福利待遇的截止日为正式离职日期。

第十七条 辞职员工结算款项：
（1）结算工资；
（2）应得到但尚未使用的年休假时间；
（3）应付未付的奖金、佣金；
（4）辞职补偿金。按国家规定，每年公司工龄补贴 1 个月、最多不超过 24 个月的本人工资；
（5）公司拖欠员工的其他款项。

须扣除以下项目：

（1）员工拖欠未付的公司借款、罚金；

（2）员工对公司未交接手续的赔偿金、抵押金；

（3）原承诺培训服务期未满的补偿费用。

如应扣除费用大于支付给员工的费用，则应在收回全部费用后才予以办理手续。

第六章　附　　则

第十八条　公司辞职工作以保密方式处理，并保持工作连贯、顺利进行。

第十九条　辞职手续办理完毕后，辞职者即与公司脱离劳动关系，公司亦不受理在 3 个月内提出的复职要求。

第二十条　本办法由公司办公室主任解释、补充，经公司总经理批准颁行。

××有限公司

例文评析： "办法"是规章制度中的一种常用形式，主要是针对某项工作或某一方面活动的具体方法、步骤和措施等作出规定，是为了加强管理而实行的有效举措。本办法是针对公司员工辞职、离职而制定的，全文采用章条形式，总则说明办法制定的目的、依据及适用范围等，分则就员工辞职、离职中的具体事项逐一加以规定，内容明确具体，层次结构清晰。

【例文 3】

财务部部长岗位职责

1. 主持计划财务部的工作，领导财务人员实行岗位责任制，切实地完成各项会计业务工作；

2. 执行总经理和总会计师有关财务工作的决定，控制和降低公司的经营成本，审核监督资金的动用及经营效益，按月度、季度、年度向总会计师、总经理和董事会提交财务分析报告；

3. 筹划经营资金，负责公司资金使用计划的审批、报批和银行借、还款工作；

4. 定期或不定期地组织会计人员对下属公司、企业进行财务检查，监督下属公司、企业执行财经纪律和规章制度；

5. 协助总会计师编制各种会计报表，主持公司的财产清查工作；

6. 参与公司新项目、重大投资和重要经济合同的可行性研究。

例文评析： "岗位职责"是规章制度中的一种常用形式，主要是对某一特定岗位的工作内容与要求做出的明确说明。该例文对财务部部长这一部门领导岗位的具体工作内容与要求进行了详细说明，内容明确具体，层次结构清晰。

二、规章制度文体概述

（一）规章制度的文体含义

规章制度是对各种规定、办法及章程等文体的统称，是国家行政机关、社会团体和企事业单位为实施管理、开展工作，依照国家法律、法规和政策而制发的对一定范围内有关工作、活动及人员的行为作出规范要求并具有约束力的应用文书。

规章制度的应用范围非常广泛，在各类组织中均有使用。合理、科学、严谨的各类规章制度对于保证生产经营等工作的顺利进行，规范人员的行为，加强科学化的管理发挥着极为重要的作用，也是衡量组织管理水平的重要标尺。

（二）规章制度的特点

1. 规范性

规范性是规章制度最显著的特征。规章制度具有严格规范的表现形式，一般都应以条文的方式表达。规章制度在内容上一般也应按照法律规范的逻辑结构。规章制度的制定、颁布、修改和废止应严格按有关规定的程序进行。

2. 权威性

权威性是规章制度在效力上的特征。规章制度作为行为准则、办事依据，具有和法律一样的权威。其他文件不得与规章制度抵触和冲突。不经过规定的程序任何部门和人员都不得对规章制度随意废止和更改。

3. 强制性

强制性是规章制度在执行上的特征。凡是规章制度的规定，都应遵照执行，违反规章制度的规定都应受到相应的批评和处罚。

三、规章制度的类型

规章制度的使用范围极广，大至国家党政机关、社会团体、各行业、各系统，小到各单位、部门、班组都可以使用。规章制度根据制作权限和使用范围的不同可分为行政法规、章程、制度和公约四大类。

（一）行政法规类

1. 条例

条例是由国家最高机关、党的中央组织和地方立法机关制定（国务院各部委和地方人民政府制度的规章不得称"条例"）的具有法规性的文件。它可以规范组织的工作与活动也可以规范其成员行为，还可以用以贯彻实施法律或对某一重要工作做出规定。例如，《中华人民共和国进出口关税条例》《中国共产党机关公文处理条例》及《失业保险条例》等。

2. 规定

规定是国务院各部委、各级人民政府及其所属机构为实施贯彻某一法律、法令和条例，或为加强某一项管理工作而制定的要求所属部门和下级机关贯彻执行的法规性公文。例如，《中共中央纪委关于严格禁止利用职务上的便利谋取不正当利益的若干规定》《关于出版物上数字用法的试行规定》等。

3. 办法

办法是各级领导机关（国务院各部委、各级人民政府及其所属机构）对有关法令、条例、规章或针对某项工作的具体方法、步骤及措施等做出具体规定的法规性公文。例如，《化妆品广告管理办法》。

4. 细则

细则也称实施细则，是各级机关或部门为使下级机关或人员更好地贯彻执行某一法令、条例、规定、办法，结合实际情况，对其所做的详细的、具体的解释和补充。细则一般由原法令、条例、规定、办法的制定机构或其下属职能部门制定，与原法令、条例、规定、办法配套使用，是主体法律、法规和规章制度的从属性文件。例如，《〈对外汉语教师资格审定办法〉实施细则》与《对外汉语教师资格审定办法》配套使用。

（二）章程类

章程是政党、社会团体和企事业单位为保证其组织活动正常运转而制定的用以说明该组织的性质、宗旨、任务、组织原则、机构设置及职责范围等的应用文书，章程对其组织成员具有制约作用。例如，《中国共产主义青年团章程》《大学生艺术团章程》。

（三）制度类

1. 制度

制度是党政机关、社会团体和企事业单位针对某项具体工作、具体事项制订的要求有关人员共同遵守的准则。例如，《值班制度》《保密制度》。

制度具有很强的强制性和约束力，一经颁布，要求有关人员必须遵守，否则就要按照制度规定受到相应的处罚。

2. 规则

规则是国家机关、社会团体和企事业单位为保证工作顺利开展有序进行，针对某一事务或活动的工作原则、方法及手续等制作的要求大家共同遵守的条规。例如，《交通规则》《育英学校图书馆阅览规则》。

规则具有很强的针对性，针对某项具体的管理工作或某项公务活动而制定，例如，《图书馆阅览规则》是针对阅览而制定的，要求阅览者必须遵守；规则具有可行性，规则的每一条规范事项都必须明确具体，可以直接付诸实施。

3. 规程

规程是机关团体、企事业单位及其部门为保证工作按程序进行而制订的一些具体规定。例如，《税务稽查工作规程》《安全生产操作规程》。规程具有具体性和可操作性的特点。

4. 守则

守则是国家机关、社会团体和企事业单位为维护公共利益而制定的要求其成员自觉遵守的行为准则。例如，《国务院工作人员守则》《汽车驾驶员守则》和《中小学学生守则》。

守则具有约束性和规范性，守则可以规范相关人员的思想和行为，对其思想和行为具有约束性。需要注意的是守则不具有强制力和法律效果，只是通过制定守则对相关人员加以教育从而使其能够自觉遵守。

5. 须知

须知是有关单位、部门为了维护正常秩序，搞好某项具体活动，完成某项工作而制订的具有指导性、规定性的应用文书。例如，《考研须知》《职称等级考试报名须知》。

（四）公约类

公约是国家机关、社会团体和企事业单位的成员以及人民群众为了维护公共秩序和公共利益，经协商决议制订出的要求大家共同遵守的准则。例如，《××市居民文明公约》《中国金融行业自律公约》。

公约具有公众约定性，是订约人集体约定形成的，反映全体订约人的意志，对所有订约人具有道德约束力；公约具有集体监督性，订约的成员之间可以相互监督；公约具有相对稳定性，一经公布就会在一定时间内发挥效用。

规章制度的文体种类比较多，某些文体具有相似性，而且同一事务可供选择的文体往往不止一种，在这种情况下就需要根据需要确定文体名称。一般而言，章程规定的都是根本性的内容，办法规定的是具体事务措施，岗位职责适用于客观化的工作岗位的说明，规程经常用在机械操作等标准化的工作中。

四、规章制度的结构与写作方法

（一）标题

规章制度的标题通常是由制定和发布规章制度的单位名称、事由和文种组成。

1. 完全式

构成方式采用"单位名称+事由+文种"的模式。如"民政部立法工作程序规定"，也可用"关于"引出事由，如"全国人民代表大会常务委员会关于惩治走私犯罪的补充规定"。

2. 省略式

构成方式采用"单位名称+文种"或"事由+文种"的模式。如"××会计师协会章程"和"档案室借阅管理办法"。

规章制度如果是暂行或试行的，应当在标题中注明"暂行"或"试行"字样，如"档案室借阅管理试行办法"，也可以在标题后面加圆括号注明，如"档案室借阅管理办法（试行）"。

（二）题注

题注的内容一般是说明该规章制度发布的单位名称、会议名称、会议讨论通过的时间。题注在标题之下用圆括号。例如：

档案室借阅管理试行办法
（2019年6月10日经理办公会讨论通过）

（三）正文

1. 结构形式

规章制度的正文结构一般有两种形式：章条式和条款式。

（1）章条式：将内容分"章"和"条"两级，章下设条。一般第一章是总则，中间各章内容是分则，最后一章是附则。

总则一般写明制定规章制度的依据、目的、宗旨、背景、基本原则、意义、适用范围等。分则指接在总则后的具体内容，通常按事物之间的逻辑顺序，或按工作活动程序分条列项，表明规定、要求、过程、构成、奖罚等具体内容。附则说明规章制度的制定权、修订权、解释权的归属，与其他相关的规章制度的关系，施行日期等。

（2）条款式：内容只分条目，没有"章"，适用于内容比较简单的规章制度。一般开头条款说明制定的目的、依据、适用范围等，主体部分分条列出具体内容。其第一条相当于总则的写法，最后一条相当于附则的写法。

不论采用何种形式，都需要对"章""条"编排序号。章的序号全篇统一，章下的条款应承接上一章的条款编号，这样全篇每一条款都有唯一的序号。如例文1中，第一章包含四条，第二章就从第五条开始编号。

2. 内容要求

规章制度是人们的行为规范，因此其内容应当与党和国家的法律法规、方针政策保持一致，规章制度的制定应在广泛、深入调查的基础上，认真分析研究，防止偏颇疏漏，保证文件的相对稳定，做到合情、合理、合法。

规章制度是规定人们应该做什么，怎样做，不能做什么，如有违反将怎样处理，对这些内容都应当直接提出，至于"为什么"则不必说明，不摆事实，不谈道理，一切都直接说明，这样才便于执行。

任务实施

一、工作指导

在本任务案例中，新成立的部门往往首先要实现对"人"的管理，而人则是依附于一定的岗位的，所以该部门首先应当制订各岗位的职责。其他管理制度可以根据工作的需要逐渐完善。

制定岗位职责应当考虑以下三点：第一，对设计总监、设计师这两种岗位的属性、工作内容、职责范围要有明确的了解；第二，应根据本企业和部门的具体情况或有关规定，考虑执行的可行性；第三，由于是初次制定这类制度，可以先"暂行"或"试行"并在制度中注明，为将来完善修改做好准备。

二、写作指导

标题：可以采用省略式标题，如"设计总监岗位职责"。

正文：岗位职责的内容一般不会繁杂，篇幅也比较简短，因此不采用章条式，而是采用条款式，对岗位的具体工作提出要求。

三、参考范文

设计总监岗位职责

1. 与市场部门、销售部门和客户进行需求沟通，准确掌握客户需求。
2. 参加与客户的谈判，精准地向客户阐述出设计理念。
3. 组织市场调研，掌握市场需求与流行动向。
4. 根据企业和品牌的整体发展战略，制定年度设计产品发展目标。
5. 制订产品设计项目，策划、组织和实施设计项目。
6. 独立实施产品设计方案。
7. 审核下属设计师的设计作品。
8. 培训本部门下属设计师，协调下属之间工作上的问题，充分调动下属专业方面的最大创意能力及创意效率。

9. 组建产品设计团队，并拟定人才梯队培养计划。

10. 考核部门内部员工的业绩、态度和潜力。

11. 建立设计部产品规划文档及部门开发过程中的各种规定。

12. 部门财务预算制定、控制以及完善激励考核制度。

设计师岗位职责

1. 设计师在设计总监的领导下工作，服从工作安排，并按时、按量、高标准完成设计任务。

2. 坚守工作岗位，以规范的语言、礼貌的态度、诚信的服务精神迎接前来咨询的客户。

3. 不得粗暴无礼、衣冠不整，损坏公司形象。严禁设计师在公司做公司以外的其他业务设计。

4. 设计师在出施工方案前必须去现场实地测量、感觉，以确保准确性。

5. 完成的设计方案应图形表达完整，点、线、面精确无误，材料及色彩标明清晰，并附有详细的文字说明。

6. 设计师应按照客户要求完成设计工作。当本人设计构想与客户的设计要求发生矛盾时，在经过耐心解释后仍不能与客户达成一致时，应满足客户的要求，并按照客户要求设计出合理的方案，不得强行要求客户接受自己的设计方案。

7. 在设计图完成后应提交设计总监审核。

8. 协同配合采购部门的工作。

9. 对公司的发展提出合理化建议和意见。

实训练习

一、请根据自己掌握或了解的档案管理方面的知识，制订一份企业档案管理制度。

二、××大学新成立了戏剧表演社，请为该社团制定章程。

撰写述职报告

活页:"一图看懂写作技法"

活页更多精彩内容

北京理工大学出版社《财经应用写作》活页式配套资料
韦志国　宋少净　原创制作

一图看懂写作技法
计划、方案目标写作技法

计划(方案)中,工作目标是必备内容之一。目标,即期待未来某个时刻出现的某种结果,是对活动预期结果的主观设想。目标不同于目的。

 目标
行动效果,是活动的直接结果,更具现实性。直接说明,不用"为了"引出,一般位于正文

 目的
行动意图动机,与行动保持距离,更具主观性、抽象性、原则性。"为了"引出,一般位于前言

公关工作目标:公司的社会美誉度进一步提升,网络负面舆情事件降为零。

为了塑造更加良好的公关形象,为公司发展营造和谐的外部环境,特制定本计划。

今年发展主要预期目标是:

国内生产总值增长6.5%左右;居民消费价格涨幅3%左右;城镇新增就业1100万人以上,城镇调查失业率5.5%以内,城镇登记失业率4.5%以内;居民收入增长和经济增长基本同步;进出口稳中向好,国际收支基本平衡;单位国内生产总值能耗下降3%以上,主要污染物排放量继续下降;供给侧结构性改革取得实质性进展,宏观杠杆率保持基本稳定,各类风险有序有效防控。

2018年政府工作报告

结果特征

多角度多维度
GDP CPI 就业 ……

定量界定

定性界定
国际收支基本平衡

主谓句式
主语:宏观杠杆率
谓语:保持基本稳定

不当目标表达

一、主要工作目标任务。认真履行岗位职责,努力提高工作业绩。业余时间加强学习,将现代金融知识作为学习重要内容,进一步丰富知识结构。培养团队合作精神,向领导学习,向同事学习,为部门作出更大贡献。

没有体现结果特征
无法衡量

2019年综合部将认真贯彻执行公司下达的各项工作任务,具体工作目标如下:
1.建立和完善公司组织架构

动宾句式无法体现最终结果

参考修改:公司组织架构进一步优化健全,形成设置合理、功能高效、协作顺畅的组织体系

项目三　财经会务文书写作

任务一　撰写会议通知

撰写会议方案

教学目标

1. 了解会议通知的文体含义、作用、特点；
2. 了解会议通知的类型；
3. 掌握会议通知的拟写要求，能够拟写中小型会议的通知。

任务引入

某电子科技有限公司准备召开代理商工作会议，参加会议的有全国各地的代理商代表、本公司各部门的负责人。会议时间为2019年5月10日至5月12日，地点为××市××宾馆。请根据这一介绍撰写会议通知，将会议信息告知参会单位和人员。要求如下：

① 通知内容全面、准确；② 通知能够为参会人员和会务组织者开展工作提供便利；③ 结构完整，语言简洁，条理清楚。

相关知识

一、会议通知例文评析

【例文1】

各部门负责人会议通知

事由：为讨论今年第一季度生产计划完成情况及主要问题，特召开会议，请准时出席。
受文者：各部门负责人
时间：4月10日下午2:00—3:30。
地点：第一会议室
如无法出席，请于4月9日前电话告知刘××，电话12345678。

总经理办公室
2019年4月8日

例文评析：这份一份卡片式会议通知。这种会议通知的载体为一张特制的卡片，适用于在单位内部传达会议信息，内容比较简单，将会议的议题、时间、地点以及参加人等信息说明即可。

【例文2】

××港务分公司关于召开班组建设工作座谈会的通知

各队部、班组：

　　为进一步推动班组建设工作，总结经验，相互学习，更好地促进公司的发展，现决定召开班组建设工作座谈会，现将具体事项通知如下：

　　一、会议时间、地点：5月12日下午2:00，在分公司二楼会议室召开会议。

　　二、参加会议人员：各队部负责人、班组长。

　　三、会议内容：各班组介绍工作情况，交流经验，提出意见和建议。

　　请相关人员安排好工作，准时到会，班组长做好会议发言的准备。

　　四、联系人：吴××　　电话：12345678

　　特此通知。

××港务分公司办公室
2019年5月12日

例文评析：这份一份公文式会议通知，按照党政公文的要求撰写，主要用于单位对外召开会议的情况。全文结构完整，条理清晰，语言庄重简洁。

二、会议通知文体概述

（一）会议通知的文体含义

会议通知是将会议召开的信息、要求向参会者传达的工作，同时也指承担这一功能的书面文件。

会议通知是与会者组织会议的重要凭据。会议通知是会议组织者同与会者沟通的重要渠道，与会者可以通过会议通知了解会议召开的具体情况。

书面通知是一种传统的方式，适合大型会议。如由于书面通知在传递过程中需要一定的时间，所以要提前准备，如果在预定的时间里对方没有收到，还需要及时采取补救措施。书面通知比口头通知和电话通知更加庄重严肃，显示出对被通知者的尊重和重视，常分为便条式或卡片式。

向参会者发出会议通知是会前筹备工作的重要环节，对于会议能够如期召开起着决定性的作用。发会议通知应做到以下两点：一要及时迅速，保证与会人员提前收到并有时间进行必要的参会准备工作；二要谨慎细致，防止重发、错发、漏发。

（二）会议通知的特点

1. 严谨性

召开会议是一项严肃的工作，主办方需要经过必要的筹备工作，参会人员需要中断正常的工作专门出席会议，无论是主办者还是参加者都需要付出一定的经济成本和时间成本。因此，承担传递会议信息功能的会议通知务必要严谨，传达的时间、地点、要求等信息必须全面准确，以免造成延误和混乱。

2. 便捷性

会议通知应当及时撰写和发送，为参会人员留出必要的准备时间。会议通知在传递过程中，应当通过适当的途径及时送达参会者。如果参会者来源地域和单位比较广泛，为了提高筹备工作的效率，会议通知还应当带有回执由参会人向主办方反馈。

三、会议通知的类型

（一）卡片式会议通知

这种会议通知的载体为一张特制的卡片，适用于向内部人员传递会议信息，不适合对外正式行文。

（二）公文式会议通知

这种会议通知采用公文的形式，写明主送机关（普发性的也可以省略），具有明确的开头、主体和结尾。

四、会议通知的结构与写法

（一）标题

标题是会议通知不可省略的组成部分，有完全式和省略式两种基本形式。

1. 完全式标题

包括发文机关、事由和文种三项要素，如《××公司关于召开年终总结表彰大会的通知》。

2. 省略式标题

将发文机关或事由省略，例如《关于举行节能减排工作会议的通知》。如果为小型会议或日常例会，会议通知标题可简化为《会议通知》亦可。

标题下方左起顶格书写主送机关，可用统称或规范化简称，后加冒号，如"公司各部门："。如果是内部会议或常规例会，主送机关也可省略。

（二）正文

1. 前言

即制发会议通知的理由、目的、依据，例如"为全面了解上半年产品销售情况，准确把握客户反馈信息，总公司决定于4月6日（星期三）召开销售工作会议，现将有关事宜通知如下："。

2. 主体

会议的相关主要事项，应做到条理清晰、表述准确，主要包括以下信息：会议主题与内容、召开时间与地点、参会人员、参会要求、报到日期和地点、联系方法等。

3. 结尾

会议通知的结尾有两种写法：一是自然结尾，不专门写结束语；二是用"特此通知"结尾。

4. 落款

会议通知的落款在正文结束后下方居右侧书写，包括发文单位名称和发文日期两部分。发文单位名称应使用全称或规范化简称，如果是正式会议还应在名称上加盖单位印章。发文日期在发文单位名称下方，年月日齐全。

(三) 回执和附件

如果会议参加人员较多或者参会人员是从外地赴会，组织方为了准确掌握参会人员数量从而做好相应的会前准备工作，可以在会议通知正文后附上回执，由参会人员填写完成后通过邮件或传真方式反馈给组织方。回执一般采用表格的形式，主要包括参会人员姓名、性别、抵达时间、预订返程车票机票、联系方式等内容。回执可以帮助组织者准确统计与会人数以便安排食宿，并为参加人员提供车票预订等服务。回执样式参见表 2-3-1。

表 2-3-1　会议回执

单位			人数共计：	人
姓名	性别	职务	联系电话	
到达车次	到达车次：	到达时间： 月 日 时 分		
返程票预定				
车次（航班）	日期	到站	数量	
飞机票		月 日 时 分		
火车票		月 日 时 分		

请于×月×日前将回执寄至：××省××市××路×号 ××组委会收，邮编××××××

附件是在会议通知正文后附带的相关文件资料，一般是乘车提示、交通指南或报名表之类的文件，有助于收到通知的单位或个人顺利出行报到。

任务实施

一、工作指导

为了制订和拟写好这份会议通知，首先要认真领会好领导的意见，与领导和有关方面进行沟通，弄清召开本次会议的目的、意义和要求，明确本次会议的主要内容，确定哪些内容必须在会议通知中说明，哪些内容没有必要写入其中。其次，在会议通知定稿以后，应当于适当的时间发送给参会人员。

二、写作指导

标题：本文的标题可以由发文机关+事由+文种构成。例如：××电子有限公司关于召开代理商工作会议的通知

主送机关：根据需要写明两类主送机关。

正文：根据需要将会议目的、议题、时间、地点、参加人员等信息写明。由于参加人员来源广泛，因此需要设置回执。

三、参考范文

××电子有限公司关于召开代理商工作会议的通知

各地区代理商，本公司各部门：

为了保证××品牌电子产品在市场的领先地位，建立一个和谐顺畅而稳定坚固的销售渠道，给厂商、代理商和消费者带来更多的利益，本公司决定在××市召开2015年度代理商工作会议。现将有关事项通知如下：

一、会议议题

1. 总结各地区代理销售情况。
2. 讨论并解决各地区存在的销售矛盾。
3. 商讨建立顺畅稳固销售渠道的措施。

二、参加会议人员

各地区代理商及本公司各部门负责人。

三、会议时间

5月10日至5月12日。5月9日报到。

四、会议地点

××宾馆。地址：××市××区××路××号

五、其他事项

1. 大会将为各与会人员免费提供食宿。
2. 参加会议的代理商请按要求填写本通知所附的会议报名表，于4月20日前寄回会务组。需接车、接机及购买回程机票、车票的人员，务请在会议报名表中注明。
3. 请华东、华北及华南各代理商报到时向我公司提交一份销售情况报表。
4. 联系方式：

联系人：张××

联系电话：×××××××　电子邮箱：××××××@163.com

通信地址：××市××路××号××电子有限公司代理商工作会议会务组

邮编：××××××

附件：1. ××××电子有限公司代理商工作会议报名表（略）
　　　2. 会议日程（略）
　　　3. 会议宾馆地图及乘车指南（略）

××××电子有限公司（公章）

××××年4月18日

任务二 撰写讲话稿

任务引入

某建筑工程公司准备举行成立十周年的庆典活动，拟邀请上级领导和嘉宾以及本单位员工出席。在活动现场，公司董事长刘××先生将发表讲话。试为本次大会拟写这份领导讲话稿。这份讲话稿应当符合以下要求：

① 符合庆典大会召开的背景形势要求；② 内容全面，符合公司发展历史和现状，能够展示出发展的前景，起到鼓舞人心的作用；③ 符合庆典大会的主题宗旨和讲话人的身份特征。

相关知识

一、讲话稿例文评析

【例文】

在企业共青团工作会议上的讲话
×××

同志们、青年朋友们：

在全市上下认真贯彻十×届×中全会精神，以饱满热情投身经济社会各项事业建设之际，团市委在这里召开全市企业共青团工作会议，总结今年以来的主要工作，规划部署下阶段工作，进一步理清思路、明确目标、振奋精神，更好地团结带领全市各级团组织和广大青年职工，为××争创全省两个率先先导区和示范区的宏伟目标谋发展、献力量。会议开得很及时，很有必要。

市委、市政府通过的《××争创全省两个率先先导区和示范区行动纲要》，客观地分析了我市的现状和面临形势，科学地为××进行了城市定位，具体规划了发展的总体目标和实现步骤。全市富民强市的步伐随之不断加快，争创两个率先先导区和示范区的行动进入了一个全新的高度。

××的发展日新月异，这里面凝聚着全市各级团组织和广大企业青年职工的智慧和力量。但我们还应当清楚地看到：与省内外发达城市相比，与××争创两个率先先导区和示范区的目标要求相比，我们还存在着很大的差距，加快发展丝毫松懈不得。全市各级团组织要在"三个代表"重要思想的指引下，按照十×届×中全会的各项工作要求，从××争创两个率先先导区和示范区的实际出发，进一步团结和凝聚广大企业青年职工，努力做到服务大局要有新贡献、服务青年要有新作为，为推进××的跨越式发展作出更大贡献。下面，我再对今后全市的企业共青团工作讲几点意见。

一、围绕全市经济发展定位，争当推动企业做大做强的主力军

《行动纲要》为我市作了明确定位：××要成为全国重要的区域经济中心。这是将我市置身改革开放的大环境中，结合××的发展历史和现实实际，得出的具有时代特色的城市定位。

这一定位的体现，离不开数量多、实力强、后劲足的现代化企业的蓬勃发展，同时，也给企业的共青团工作交付了更为具体的时代责任，提供了更为广阔的展示舞台。要围绕企业的创新发展，激发青年职工群体的革新意识，不断地推进技术、体制等方面的创新工作；要围绕企业生产力的提升发展，发挥青年文明号等先进集体的作用，不断创造高效生产、良性管理和优质服务；要围绕现代企业文化的建设，不断探索和提炼企业内在的精神动力，进一步凝聚企业人心和塑造企业形象；要继续开发和利用好有效的活动抓手，追求经济效益、人才效益和社会效益的多赢局面，从而把企业的各项共青团工作带动起来。企业团组织和广大青年职工要把强烈的历史使命感和舍我其谁的魄力结合起来，成为企业自身发展壮大的支柱，成为我市经济发展潮头浪尖的活跃力量。

二、顺应企业改革的发展态势，巩固和扩大党团阵地建设（略）

三、紧扣人才强市的战略目标，壮大现代化青年人才队伍（略）

四、开展青春创业、建功××系统工程，形成创业奋斗新局面（略）

同志们，青年朋友们，××争创两个率先先导区和示范区的宏伟目标为广大青年施展才华、实现人生价值提供了广阔的舞台。全市各级团组织要进一步树立大有可为、大有作为的信念，担负起时代的使命，坚定目标和方向，团结带领广大团员青年在"三个代表"重要思想指引下奋勇前进，为谱写××发展的新篇章而不懈努力。

例文评析： 这是一份会议讲话稿。首先交待了讲话的背景，也是此次会议召开的背景，对当前形势和工作任务做了简明的分析和概括；然后围绕会议主题重点谈了今后做好全市企业共青团工作的四点意见，观点明确，条理清晰，进一步强化了会议的主题；最后以鼓动性的语言向与会者发出号召。

二、讲话稿文体概述

（一）讲话稿的文体含义

讲话稿通常是指各级领导在各种会议或活动上发表的带有宣传、指示、总结性质的讲话文稿。

领导讲话是领导参与公务活动的一种方式，是实施领导职能的重要途径。准备讲话稿不仅可以使讲话显得郑重和严肃，还能够使讲话更有条理和章法，使主题更加明确，使中心更加突出，能够更加有效地围绕议题发表讲话。除了某些即兴讲话外，在正式的会议或活动上的讲话一般需要事先拟写。

（二）讲话稿的特点

1. 针对性

讲话稿的内容要针对讲话对象的身份、职业、心理、文化程度、接受能力的不同而选择讲话的语言材料，做到因人而异。对文化程度低的听众，讲话要通俗易懂，明白晓畅；对文化程度较高的听众，讲话可引经据典，讲究逻辑，使讲话稿发挥其最大的宣传作用。

2. 鼓动性

讲话的目的在于将讲话者的思想、观点、情感传达给听众，使讲话起到教育、鼓舞的作用。所以讲话稿是以情动人，用真挚的感情感染听众，使讲话具有强烈的鼓动性和号召力。

3. 大众性

讲话稿的语言是生动活泼、简明准确的，戒用生僻字、艰涩隐晦的词语以及文言语句，使广大听众易于接受，达到讲话的预期目的。

三、讲话稿的类型

公务活动中的讲话稿的种类依以下不同的分类标准可分为不同的种类。

按传播媒介的不同有现场讲话、广播讲话、电视讲话、电话讲话等；按讲话者身份的不同有领导讲话、代表讲话等；按会议文书的不同有开幕词、闭幕词、大会工作报告、领导讲话稿、演讲稿等。

四、讲话稿的结构与写法

（一）标题

1. 单行标题

构成方式为：讲话人+会议或活动名称+文种。这种形式讲话人一般由其姓名和职务构成，"×××总经理在安全生产工作会议上的讲话"，也可以省略讲话人，直接由会议或活动名称和文种构成。

2. 双行标题

构成方式为：正标题+副标题。这种形式正标题一般用来概括讲话的主旨或主要内容，副标题则用来标示讲话人、会议或活动名称、文种等，如"积极开拓国内市场 有力应对金融危机——在企业发展战略研讨会上的讲话"。

（二）署名

从文本角度讲，如果标题中没有标示讲话人的姓名，则另起一行居中书写讲话人的姓名，在姓名前可以标示其身份。在姓名的上一行或下一行居中写上讲话日期，外加圆括号。

（三）称谓

在署名之下另起一行顶格书写对参加会议或活动的人员的称呼，一般是依据身份从高到低，性别先女后男，并尽可能覆盖全体参加对象。称呼对象较多时，可以分类别称呼并分行书写。称谓后加冒号。称谓也可以在讲话过程中多次出现，以便引起听众注意，或在讲话内容转入新的层次时起提示作用。

（四）正文

1. 开头

开头一般用简洁的语言引出话题，交代讲话背景，说明会议或活动的指导思想，明确讲话的缘由和主旨，强调讲话内容的重要性等。开头可以采用开门见山、提示说明、概括总结、表明态度等方式。

2. 主体

主体根据会议或活动的内容和发表讲话的目的，可以重点阐述如何领会文件、指示、会议精神，认识活动举办的目的、意义和要求；可以通过分析形势和明确任务，提出搞好工作的几点意见；可以结合本单位情况，提出贯彻上级指示的意见；可以对前面其他领导人的讲话做补充讲话；也可以围绕会议或活动的中心议题，结合自己分管的工作谈几点看法等。结构上可以围绕主题逐层论述，也可以分项阐述，要求言之有物，言之有序。

因为讲话具有现场性，所以讲话稿的语言既要准确简洁，又要通俗生动，这样才能够便于讲话者表达和听众接受。撰写讲话稿时必须提前考虑和把握现场气氛和场合，并注意条理清楚，层次分明，便于听众听清、听懂。

讲话往往是有时间限制的，因此对讲话稿篇幅的适宜性就要有特定要求，不能不顾具体情况长篇大论。一般来讲，表彰、通报、庆典等会议或活动上的讲话稿篇幅不宜过长，以免喧宾夺主，甚至因篇幅过长而淹没主题。

3. 结尾

一般用以总结全篇，对讲话进行简要回顾，并照应开头；也可以向与会者发出号召，提出希望；还可以征询对讲话内容的意见或建议，或表示敬意、勉励等。

任务实施

一、工作指导

为了拟写好这份庆典大会上的领导讲话稿，首先要认真了解公司的发展历程，对公司的主营业务、取得的主要业绩等情况掌握准确。其次，要能够深入理解公司的经营理念和指导思想，对公司的企业文化有深入的体会。第三，对庆典大会召开的基本背景、筹备情况等方面有所了解，对出席庆典的主要人员有所了解。第四，根据领导的意图和庆典活动的基调，能够突出团结、鼓舞、充满希望的情绪。

二、写作指导

标题：由于讲话的场合比较庄重，因此标题可以采用基本的简要形式，由会议名称和文种构成，写为"在公司成立10周年庆典上的讲话"。

署名：在标题下一行居中直接写上致词人的姓名即可。在署名的下一行或上一行居中标示具体的致词日期，年月日俱全，用圆括号括上。

称谓：称呼与会者，出席庆典的有上级领导和邀请的嘉宾以及本单位的员工，所以称谓可以写为"尊敬的各位领导、各位嘉宾、同志们"。称谓顶格写，后加冒号。

正文：这是一份清单活动的讲话稿，由于要在公司庆典上发表，所以应当注重礼仪性。开头对与会人员进行了问候和致意，结尾对与会人员表达了祝愿和感谢。由于发表的场合是庆祝公司成立十周年，所以主体部分介绍了公司的基本情况、主要成绩、基本经验，表达了对未来的展望，很好地展示公司形象。

三、参考范文

在公司成立10周年庆典上的讲话

刘××

（××××年4月18日）

尊敬的各位领导、各位嘉宾、同志们：

大家好。首先我代表公司感谢大家在百忙之中，参加我公司成立10周年庆典活动，对你们的光临，我们表示热烈的欢迎；对长期以来关心和支持我公司发展的各级领导和朋友们表示衷心的感谢；对为公司发展作出贡献的历届老领导、老同志、老职工及家属们表示崇高的敬意！

在公司迎来了企业成立10周年庆典之际，我们向奋战在各条战线上的广大员工表示热烈的祝贺。十年，在漫长的历史长河中，只是短短的一瞬间。然而，对于公司来说，却是一部充满机遇与挑战、拼搏与奉献的创业史。公司今天的成绩，是各级领导关怀支持的结果，是公司历届领导班子励精图治的结果，也是公司全体员工拼搏奉献的结果。

俗话说，"十年树木，百年树人"，经过十年的发展，公司从一个只有几台设备和几十名职工的工程项目部，发展成为如今拥有职工768人，其中高中级技术人员154人的独具特色的一级施工企业。公司施工范围涵盖了铁路、公路、市政、地铁等领域，除承建隧道与地下工程外，同时具备从事桥梁、土石方等综合性施工能力。作为隧道专业工程公司，十年中，共承揽任务26.7亿元，完成施工产值20.5亿元，建成隧道46座，总长达55.4公里。

自组建以来，公司始终坚持"以市场为导向，以项目为中心，区域经营，滚动发展"的理念，积极推行科技进步和现代管理。积累了在特软弱围岩、超浅埋、大跨度、富含水及岩溶、瓦斯、暗河、断层、软流塑等复杂地质条件下进行隧道施工的经验，在超前支护、光面爆破、监控量测、防排水等方面形成了比较完善的施工方法。在工程施工中，始终坚持"名牌战略"，在已竣工的工程中，质量合格率100%，优良率90%以上。其中，3项工程获国家建筑业最高质量奖——鲁班奖，1项工程获中国土木工程（詹天佑）大奖。

十年来，公司始终坚持以邓小平理论和"三个代表"重要思想为指导，紧紧围绕企业改革发展的主题，解放思想、与时俱进，大胆探索，认真实践，全面加强公司的各项建设和思想政治工作，为企业的改革发展稳定提供了强有力的制度管理保证和思想政治保证。经过十年的不懈探索，公司已经形成了一套制度健全、手段创新、形式多样的工作体系，使我们的企业成了一支具有生机和活力的市场主体，实现了企业的经营战略目标和员工自身发展目标，铸造了一支在激烈的市场竞争中立于不败之地的坚强团队。

公司努力实践"诚信、合作、创新、卓越"的企业精神，树立起了"经营求精、管理求严、用人求贤、交往求俭、为政求廉、领导求真"的企业风气，展现了公司作为现代企业的良好形象。20××年公司被评为"全国优秀施工企业"，同年被评为××省"省级文明单位"。公司及领导班子多次被上级表彰为"先进单位"和"四好领导班子"。

目前，我们公司坚持"以人为本"的发展理念，把"为国家做贡献，为企业长发展，为员工增收入"作为我们的工作目标，制订和完善了一系列的管理制度、办法，继续推进"两直管理、五大市场"，扎实有效、积极稳妥地开展各项工作，把公司建成一个基业长青、生机勃勃的企业。

十年的艰苦奋斗，十年的坎坷征程，圆了企业跨越发展的振兴梦，谱写了企业再创辉煌的光荣史。展望未来，让我们风雨同舟，携手共进，把目光更多地投向明天，去开拓更加壮丽美好的新事业。

最后，衷心地祝愿各位领导和同志们身体健康、工作顺利、万事如意！谢谢大家。

实训练习

一、请通过网络等媒介查阅有关消防安全方面的材料，然后试为某公司领导拟写一份其在公司消防安全工作会议上的讲话稿。内容上可以简要回顾前段消防安全工作的成绩，提出还存在的问题，重点阐述对今后消防安全工作的意见，可以从完善公共消防安全管理责任体系、加大消防安全投入、开展火灾隐患排查整治等方面着手。必要内容可以合理虚拟。

二、大学校园经常开展各种丰富多彩的活动，如迎新生大会、毕业典礼、先进表彰会、形势报告会、艺术节开闭幕式、阳光体育运动启动仪式等，往往都要有领导做一些重要讲话。请结合所在学校的实际情况，选取一个活动，为领导拟写一份讲话稿，要符合活动的具体特征和讲话人身份。千字以上。

任务三 撰写纪要

教学目标

1. 了解纪要的含义、作用、特点；
2. 了解纪要的类型；
3. 掌握纪要的结构和写作方法，能够拟写纪要。

任务引入

××医疗器械有限公司开发了几款新产品，准备参加即将召开的全国医疗器械博览会，因此，公司××××年4月17日在本公司二楼会议室开会，对新产品使用指南的编写任务进行分配和安排。会议参加人员有销售处处长及产品技术服务人员、生产处处长、企管处处长，主持人为×××，记录人是×××。

该纪要应符合以下两点要求：① 在全面掌握情况的基础上，突出会议主题和中心，如实反映会议精神；② 条理清晰，层次分明，语言表达要体现纪要的特点。

相关知识

一、纪要例文评析

【例文】

打击发票违法犯罪活动工作会议纪要

××××年11月5日上午，我局在301会议室召开打击发票违法犯罪活动工作会议。会议由市局党组成员、局长助理张××同志主持。市局办公室、征管处、票证中心、稽查局的相关负责人参加了会议。会议传达了市政府打击发票违法犯罪活动工作实施方案的相关精神，并就我局如何抓好此项工作进行了具体研究，提出以下意见。会议纪要如下：

一、关于组织领导

会议明确了市局打击发票违法犯罪活动工作领导小组及其办公室的组成架构及人员，在领导小组办公室下设综合组、行动组和管理组。会议要求相关处室要高度重视此项工作，要按照《××市国家税务局打击发票违法犯罪活动工作实施方案》的要求，明确各自的职责分工，密切配合，共同推进各项工作的开展。

二、关于工作职责

会议明确市局在做好全市打击发票违法犯罪活动牵头协调工作的同时，也要努力完成好自身的工作任务。会议要求综合组要建立健全工作协调机制，尤其要建立打击发票违法犯罪活动的信息宣传和报送机制，每两周汇编一份工作简报，及时反映主要工作情况和存在问题。行动组要积极配合公安机关的专项行动。管理组要强化对发票的日常管理和检查，通过采取自查与重点检查相结合的方式，重点对建筑安装、交通运输、餐饮服务、商业零售等重点行业的发票使用情况进行检查。

三、关于近期的工作安排

会议要求票证中心要对上述行业的专用发票、普通发票的检查，制定具体方案，包括重点检查企业名单、户数、检查要求及标准，在×月×日前报征管处汇总，征管处综合拟定全市国税系统发票管理检查工作方案，并上报领导小组研究讨论。会议决定，在×月末召开一次全市国税系统打击发票违法犯罪活动工作会议，布置下达相关的检查工作任务。

例文评析：这是一份条项式会议纪要。正文导言部分介绍了会议主题、会议时间、地点、主持人以及出席人。文种承启语之后，分条列项写了会议议定的三方面事项。全文层次清晰，语言精练，符合会议纪要写法的一般要求。

二、纪要文体概述

（一）纪要的文体含义

纪要是党政机关、社会团体和企事业单位共同使用的，用来记载会议主要情况、传达会议议定事项的公文。

纪要根据会议记录和会议文件以及其他有关材料加工整理而成，通过记载会议主要情况、传达会议议定事项，反映会议精神，统一与会者的认识，便于指导相关工作的开展。纪要在行文方向上，既可以被转发或批转，也可以直接发出，类似通知，作下行文；也可以上呈，报送上级机关，类似会议情况报告，作上行文；还可以发给有关平级机关，用于沟通情况，类似函。

（二）纪要的特点

1. 纪实性

纪实性是会议纪要的基本特点，也是撰写会议纪要遵循的基本原则。会议纪要必须忠实于会议精神，如实反映会议的真实情况，仅限于会议议及的内容，不能把没有经过会议讨论的问题、未经与会各方共同确认的结论性意见写进会议纪要中去，也不能掺杂执笔者的个人见解。纪要必须对会议情况进行综合整理，概括出主要精神，归纳出主要事项，分析出主要思想，要反映主要事项和主要精神，即有所综合、概括、选择和强调。只有确保纪实性，会议纪要才能传达会议精神并指导有关工作的顺利开展，充分发挥其作用。

2. 简明性

纪要不是会议记录。会议记录是会议内容的原始记录，要把会议进行情况、研究的问题、会上发言与报告的主要内容、议定的有关事项等如实、简要地记录下来，翔实具体。而纪要是对会议情况和内容进行概括、综合后，整理出的会议主要精神、归纳出的会议主要事项，具有简明性特点。

3. 约束性

纪要所记载的议定事项通常要求有关单位据此遵守或执行，是有关单位落实、执行会议精神的依据，对有关单位和人员具有一定的约束性，是开展工作的重要依据。纪要对与会单位和人员有一定的约束力，要求与会单位和有关人员共同遵照执行。

三、纪要的类型

根据撰写方法的不同，纪要分为条项式、综合式和摘要式三种类型。

根据会议性质的不同，纪要分为两类，办公会议纪要和其他会议纪要。常见的是日常性的办公会议纪要和专题性的工作会议纪要。其他会议纪要如专题讨论会、座谈会、学术研究会等会议纪要。

四、纪要的结构与写法

（一）标题

1. 单行式标题

这种形式的标题一般由会议名称和文种两部分构成，如"××公司党委推进学习型党组织建设工作研究会议纪要"，会议名称部分酌情可以包含或省略会议召开者的名称，这种结构形式是纪要标题最常见的写法。单项式标题有时也用会议内容替代会议名称，如"关于引进高级人才问题的会议纪要"。

2. 双行式标题

这种形式的标题即由正标题和副标题两部分构成，正标题一般说明会议主旨、意义或内容，副标题一般说明会议名称和文种，如"探索电子商务发展之路——××省电子商务研究会第六次学术年会纪要"。

（二）正文

1. 导言

导言，即会议纪要的开头部分，主要概括会议的基本情况，使阅读者对会议有一个总的了解。导言的具体内容，包括会议的名称、目的、重要性、必要性、会议内容、时间、地点、参加人员、主要议题、会议成果以及对会议的评价等。虽然包括内容较多，但从篇幅来讲，不能写得过长，必须简明扼要。

当然，以上内容并不是每一篇会议纪要都必须撰写的，可根据实际情况灵活处理，或省略部分内容，或将其放于主体中。

2. 主体

主体，即会议内容，是会议纪要的核心部分。这部分内容写会议研究、讨论的问题及事项；对工作的评价、会议报告的内容要点；贯彻会议精神所应采取的措施、办法，提出的要求等。主体部分的写法，有条项式、综合式、摘要式三种。

（1）条项式。条项式是把主体内容归纳、分类后一条条列出，多使用序号。这种安排条理明了，内容清楚，重点突出，便于阅读者理解、掌握和执行。

（2）综合式。综合式是一种比较普遍的写法，是把会议的内容或议定的事项综合概括后，按照逻辑顺序再分成若干个部分来写。这种结构安排，一般把重要内容放在前面，而且尽量详细、具体；次要内容一般放在后面，可适当简略。综合式利于分清主次，突出主要内容。

（3）摘要式。摘要式一般是按与会者的发言顺序，把其代表性发言要点即主要意见归纳、整理、摘录出来的形式。这种写法的最大好处，是能尽量保留发言人谈话的风格，千人千面，能如实反映会议的讨论情况和与会者的不同观点，多用于座谈会、讨论会等会议议纪的撰写。另外，发言者的姓名必须注明。

掌握会议的所有文件材料，参加会议的全过程，并认真做好相关记录。只有全面掌握情况，才能正确反映会议精神。会议纪要虽然是会议情况和结果的反映，但不能面面俱到，必须围绕会议主题和中心，把会议的主要情况简明、真实、准确地反映出来，把会议结论一一列举清楚。

会议纪要在语言表达上，以叙述为主，应尽可能简洁，切忌长篇大论；在段落安排上，要层次清晰、条理分明，篇幅一般不宜过长。撰写时使用会议纪要的惯用语，如"会议决定""会议认为""会议要求""会议号召""会议提出""与会者一致认为"等，作为段落的开头语。

3. 结尾

会议纪要的结尾部分不是必需的。有的结尾写对与会者的希望和要求，或提出今后工作的努力方向；也有的会议纪要不写专门的结尾，正文意尽自然结尾。

（三）成文日期

在正文之后的右下方写明成文日期，要求年月日齐全。也可以在标题之下写上成文日期，并用圆括号括入。如果是会议通过的纪要，注明会议名称与通过日期，即写成"××××年×月×日××××会议通过"。

任务实施

一、工作指导

根据会议纪要写作的注意事项，应着重了解以下情况：首先是召开此次会议的背景情况；其次是召开会议的具体时间、地点、参加人员情况、会议日程安排、应准备的材料等；再次是把会议纪要记录所需要的工具准备好，尽量把与会人员的发言全面记录下来，以备整理会议纪要之需；最后是会议纪要的制作要迅速，应当及时把公司的动态通报给公司各部门，以便公司上下行动一致，完成公司业务。

二、写作指导

标题：××医疗器械有限公司关于编写产品使用指南会议纪要

前言：时间、地点、主持人、参加人员、记录人、参加人员、会议形式以及会议主要的成果等基本情况。

主体：围绕会议的中心议题，把会议的基本情况、会议所形成的各种决定、决议准确地表达清楚。

三、参考范文

××医疗器械有限公司关于编写产品使用指南会议纪要

为了充分展示我公司产品优势，向顾客提供满意的产品和服务，2019年4月17日董事长×××召集有关单位人员召开会议，就编写我公司"产品使用指南"一事进行了研究讨论，参加会议的有销售处×××处长、生产处×××处长、企管处×××处长、产品技术服务人员任××、×××、×××等。现将会议内容纪要如下：

一、会议决定,由销售处产品技术服务员任××负责编写"产品使用指南"(要求按不同产品、品种单页设置)。其内容编写既要扬长避短,充分展示我公司产品优势,又要有针对性地满足不同层次用户的需求。

二、会议指出,各产品生产单位要积极配合大力协助,使"产品使用指南"编写任务能够及早完成。要求指定专人(技术人员)参与,认真负责、有的放矢地提供有关技术参数或质量指标。单位领导要严格把关,凡涉及我公司内部技术保密的有关内容不得入编。

三、企管处负责"产品使用指南"的备案工作。本着"追求卓越,用户至上"的原则,主动与销售处沟通,及时了解掌握国内外市场动态,并根据用户需求不断修订和完善企业产品标准。为"产品使用指南"的编写提供相关资料,使其能够从另一个侧面展示我公司独具特色的风采。

四、会议强调,"产品使用指南"编制完成后,销售处须妥善保管,有针对性地发放给公司有关用户。不得随意滥发,给公司造成不必要的损失。

2019 年 4 月 19 日

实训练习

××学院经济管理系营销专业××级 1 班近日召开班会,讨论组织全班同学游览市植物园。试根据此班会内容,写一份会议纪要。

活页:"一图看懂写作技法"

活页更多精彩内容

北京理工大学出版社《财经应用写作》活页式配套资料
韦志国　宋少净　原创制作

一图看懂写作技法

会议通知的类型与主要内容

制发通知是会前筹备工作的重要任务。不同类型的会议,通知的类型有所不同,但主要内容基本一致。

会议通知主要类型

 口头通知
小型会议、一般性会议参加人员较少可以采用电话、当面等形式口头通知

 邀请函
针对特殊身份的参会人员,为了突出尊重之意,专门制发

 卡片或短信
针对内部人员简便发布

 书面通知
中大型会议,参会人员较多,分布广泛,应当专门制发内容完备的书面通知文件

主要内容
不同类型的会议,通知根据发文意图、工作需要,确定具体内容

 会议名称
主题、议题
内容、议程

 具体时间、地点

 参会人员
主持人、演讲人
发言人、列席人等

 参会准备与要求

 食宿安排

 参会费用
商业性会议要写明参会者需支付的费用

 回执
联系人与联系方式

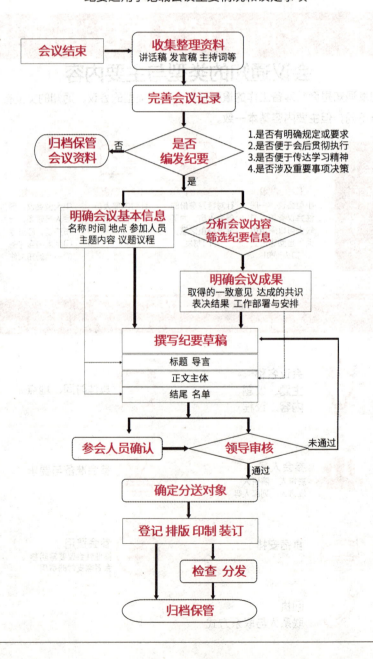

模块三

财经专业文书写作

前导知识

一、财经专业文书的概念、功能

财经专业文书是在财经业务工作中用来搜集分析财经信息、明确经济权利和义务关系、沟通联络商务活动而使用的一类应用文,其主要功能是保障财经活动的顺利进行,维护当事各方的合法权益,降低经营风险,提高经济效益。

二、财经专业文书的类型

根据财经业务工作的主要领域,可以将财经专业文书分为调研决策文书、招投标文书、协商契约文书、信息传播文书等类型。

(一)调研决策文书

在财经业务工作中,经常需要就某一课题或项目进行调查研究,了解市场现状和趋势,分析当前工作中存在的问题和原因,为最终决策提供充分的参考咨询。为了完成调研和决策任务,调查方案、调查问卷、市场调研报告、市场预测报告、可行性研究报告、经济活动分析报告等文体就可以发挥重要作用。

(二)招投标文书

在现代市场经济条件下,招标这种交易方式应用越来越普遍,在某些工作领域中甚至成为主导的方式。招投标这种竞争方式具有公开、公平和公正的显著优点,对于招标人和投标人而言能够显著降低经营成本和增加竞争机会。招投标工作过程中使用的文书主要包括招标公告、招标书、投标函、投标书等文体。

(三)协商契约文书

现代经济活动使得各类社会机构之间的联系日益紧密,在财经业务工作中同样如此。为了追求各自的利益,不同行业、不同地域、不同规模、不同性质的经济主体往往需要围绕某一项目进行频繁的沟通协商,达成一致之后还需要以书面形式确定各方的责任与义务。在沟通协商的不同阶段,会用到诸如商务信函、商务谈判方案、意向书、协议书、经济合同等文体。

（四）信息传播文书

财经业务工作也是一项信息密集型的活动，财经信息的传播极为活跃，既面向机构自身内部传播，更要面向社会公众对外传播。为了使财经信息传播更富成效，辐射面更广泛，各类文书就有了用武之地。在本书中，重点介绍了财经信息传播中经常使用的启事、简报、消息、产品说明书、营销策划书、广告文案等文体。

三、财经专业文书的写作要求

（一）严格符合国家政策

不论是对国家机关而言，还是对社会经济组织而言，财经业务工作都是政策性极强的活动，财经专业文书必须贯彻党和国家的路线、方针和政策，必须坚守住政策的底线。在财经专业文书的撰写、发布与执行过程中，必须严格地按政策办事，不能迎合任何人的主观心理和愿望。财经专业文书产生于经济活动的需要，而又接受各种经济活动的制约，写作时一定要以现行的经济政策、法规为准，不能用过去的经济政策来处理新出现的经济问题，以免造成工作失误。

（二）鲜明体现专业性

财经专业文书广泛地使用于经济领域和财政部门，涉及财政、金融、工商、税务、贸易等众多领域。财经专业文书必须符合各个领域的内在规律，遵守行业规范，确切地运用财经领域的专业知识，准确地使用专业术语。

（三）大力突出效益性

财经业务工作的根本目的在于创造经济价值和物质财富。财经专业文书体现了生产、经营以及管理活动中的价值追求。因此，突出的效益性也成为财经专业文书区别于其他应用文的显著要求。财经专业文书以直接的经济效益为目标，面向具体的经营任务，文中尽力避免抽象的理论表述，突出能够带来预期效益的实践措施。

（四）切实保证可靠性

财经专业文书直接面向实际工作，对内容的真实性要求极高。财经专业文书中的各种材料必须符合实际，所采用的数据必须准确无误。只有做到这一点，在实际执行过程中才能消除误导，减少失误，最大限度地避免损失。

活页:"一图看懂写作技法"

活页更多精彩内容

北京理工大学出版社《财经应用写作》活页式配套资料
韦志国　宋少净　原创制作

一图看懂写作技法

财经专业文书概念、作用与要求

财经专业文书是在财经业务工作中用来搜集分析财经信息、明确经济权利和义务关系、沟通联络商务活动而使用的一类应用文。

保障财经活动
顺利进行

维护当事各方
合法权益

降低
经营风险

提高
经济效益

财经专业文书写作要求

严格遵守法规和政策
财经业务工作都是政策性极强的活动,文书必须贯彻党和国家的方针、政策、法律、规定。以现行的经济政策、法规为准,不能用过去的经济政策来处理新出现的经济问题,以免造成工作失误。

鲜明体现专业性
财经专业文书广泛地使用于经济领域和财政部门,涉及到财政、金融、工商、税务、贸易等众多领域。财经专业文书必须符合各个领域的内在规律,遵守行业规范,恰切地运用财经领域的专业知识,准确使用专业术语。

大力突出效益性
财经业务工作根本目的在于创造经济价值和物质财富。财经专业文书体现了生产、经营以及管理的价值追求。财经专业文书以直接的经济效益为目标,面向具体的经营任务,文中尽力避免抽象的理论表述,突出能够带来预期效益的实践措施。

切实保证可靠性
财经专业文书直接面向工作实际,对内容的真实性要求极高。财经专业文书中的各种材料必须符合实际,所采用的数据必须准确无误。只有做到这一点,在实际执行过程中才能消除误导,减少失误,最大限度避免损失。

项目一　财经调研决策文书

任务一　撰写调查问卷

撰写调查方案

教学目标

1. 了解调查问卷的含义、特点；
2. 理解调查问卷的类型；
3. 掌握调查问卷的结构与写作方法。

任务引入

目前，"80后"年轻人已经组建了家庭，随着经济实力的提高，开始成为汽车消费的生力军。但是这批汽车消费者与年龄更长的"60后"和"70后"相比有着显著的差异。××汽车销售公司为了了解"80后"人群的汽车购买与消费状况，计划针对这批客户进行调研，请拟订一份调查问卷。

该调查问卷应当符合以下三点要求：①能够了解"80后"购买汽车的基本情况以及购车的信息渠道；②能够了解购车原因及喜好；③条理清晰、格式规范。

相关知识

一、调查问卷例文评析

××市绿道建设调查问卷

尊敬的市民朋友们：

为了了解绿道的开发、利用、建设给市民带来的价值，我们开展了此次的调查活动。希望您在百忙中可以抽出点时间，协助我们完成这次问卷调查。您的意见和建议，将对我们的工作和我们共同的家园××市的绿道建设至关重要！

调查单位：××市园林局　　时间：××××年九月

1. 您的性别：（　　）
   A. 男　　　　　　　B. 女
2. 您的年龄：（　　）
   A. 20 岁以下　　　B. 21~30 岁　　　C. 31~40 岁　　　D. 41~50 岁
   E. 51~60 岁　　　F. 60 岁以上

3. 您对××市大力发展绿道建设有何感想？（   ）
A. 支持   B. 反对   C. 无所谓
4. 您对现在××市绿道的设计、利用和维护是否满意？（   ）
A. 非常满意   B. 满意   C. 一般
D. 不满意   E. 非常不满意
5. 您每月使用绿道及其沿线的景观公共设施的频率？（   ）
A. 4 次以下   B. 5~8 次   C. 9~12 次   D. 13 次以上
6. 您觉得绿道及其沿线的景观公共设施给您带来便利吗？（   ）
A. 当然有   B. 一般   C. 很少
7. 您认为绿道沿线连接人文景点（古建筑、古村落等）对于你游览绿道的重要性？（   ）
A. 十分重要   B. 一般重要   C. 不重要   D. 很不重要
8. 您认为绿道沿线连接的人文景观（古建筑、村落等）的实际表现？（   ）
A. 非常满意   B. 满意   C. 一般
D. 不满意   E. 非常不满意
9. 您认为绿道沿线垃圾桶的设置对于你游览绿道的重要性？（   ）
A. 十分重要   B. 一般重要   C. 不重要   D. 很不重要
10. 您对绿道沿线垃圾桶的设置的实际表现？（   ）
A. 很满意   B. 满意   C. 一般
D. 不满意   E. 很不满意
11. 您到绿道游玩的主要目的是什么？（   ）
A. 休闲   B. 健身   C. 游览观光   D. 其他
12. 您觉得绿道沿线还需要增加什么设施？（   ）
A. 餐饮设施   B. 体育健身设施   C. 文化娱乐设施
D. 休闲座椅   E. 其他
13. 您觉得绿道对沿线环境最大的改善是什么？（   ）
A. 空气   B. 水源   C. 噪声   D. 其他
14. 您觉得绿道对提升城市的形象有没有作用？（   ）
A. 有   B. 没有   C. 不确定
15. 您觉得绿道对××市的旅游有没有作用？（   ）
A. 有   B. 有作用，但不大   C. 没有作用
16. 您觉得××市的绿道建设应该把重点放在哪些项目？（   ）
A. 植物种植   B. 休闲建筑   C. 特色标志
D. 沿途停靠站 E. 其他
17. 您觉得今后××市的绿道建设应该以什么为主？（   ）
A. 以自然生态绿化为主   B. 以沿途人文建筑为主
C. 自然与人文兼顾
18. 您对××市的绿道建设有何建议？

衷心的感谢您的理解和支持！

例文评析：这是一份××市园林局为了了解市民对绿道建设看法与态度的调查问卷，该问卷设计合理，层层深入，条理清晰、格式规范。题目设计紧扣目的，便于在调查中操作。

二、调查问卷文体概述

（一）调查问卷的文体含义

调查问卷是国家机关、企事业单位或个人在调研的具体执行过程中，为了了解公众的想法和意见，所使用到的一种应用文体。

使用调查问卷能够在较大范围内获取信息，而且便捷高效。由于问卷已经围绕调查目的和主题将问题固定下来，所以得到的信息比较全面，避免了其他信息获取方式带有的随机性的不利影响。

（二）调查问卷的特点

调查问卷的有很多，有优点也有缺点：调查问卷最大优点是突破时空限制，在广阔范围内，对众多调查对象可以同时进行调查，其覆盖面广；调查问卷同时也具有高效（省时间、节约经费和人力）、客观（结果容易量化）、便于统计处理与分析及匿名性（对事不对人）等优点。调查问卷的缺点是回收率低、质量不保证等，对结果也产生不利影响。

三、调查问卷的类型

（一）按照调查方式划分的类型

1. 自填问卷

这是由被访者自己填答的问卷。自填式问卷由于发送的方式不同而又分为发送问卷和邮寄问卷两类。发送问卷是由调查员直接将问卷送到被访问者手中，并由调查员直接回收的调查形式。而邮寄问卷是由调查单位直接邮寄给被访者，被访者自己填答后，再邮寄回调查单位的调查形式。

2. 访问问卷

这是访问员通过采访被访者并录音，由访问员填答的问卷。

（二）按照用途划分的类型

按用途来分可以分为甄别问卷、调查问卷和回访问卷（复核问卷）。甄别问卷是为了保证调查的被访者确实是调查产品的目标消费者而设计的一组问题。调查问卷是问卷调查最基本的方面，也是研究的主体形式。任何调查，可以没有甄别问卷，也可以没有复核问卷，但是必须要有调查问卷，它是分析的基础。回访问卷又称复核问卷，是指为了检查调查员是否按照访问要求进行调查而设计的一种监督形式问卷。它是由卷首语、甄别问卷的所有问题和调查问卷中一些关键性问题所组成。

（三）按照问题特点划分的类型

1. 封闭式调查问卷

封闭式调查问卷也叫结构式或闭口式调查问卷，这种问卷以封闭式的问题为主，答案是封闭式的，问题的答案范围早已经在问卷上确定，受访者只需要在给定的答案中做出选择即可。封闭式调查问卷，便于分析和统计。但有时不能全面了解受访者的真实态度和想法。

2. 开放式调查问卷

开放式调查问卷也叫开口式调查问卷，该类调查问卷问题主要是开放式的，不设置固定的答案，根据问题，受访者可以根据自己的理解，自由发挥。这种调查问卷可以全面了解受访者的真实想法，但不利于分析和统计。

3. 半封闭式调查问卷

半封闭式调查问卷也叫半结构式调查问卷，介于封闭式与开放式之间，其既有确定答案范围，让受访者选择的封闭式问题，也有没有答案，供受访者自由发挥的开放式问题。在实际使用中，由于半封闭式调查问卷既方便于分析和统计，又能了解受访者的真实想法，大多数调查问卷都是以半封闭式调查问卷为主；其次是封闭式调查问卷，方便于统计；由于统计比较难，纯开放式调查问卷使用的较少。

四、调查问卷的结构与写作方法

1. 标题

调查问卷的标题一般可以采用"调查主题+文种"的模式构成，例如，《消费满意度调查问卷》。也可以由"调查部门+事由+文种"构成。

标题下方左起顶格可以写明称谓，即对被调查者的称呼，例如，"尊敬的顾客："或"尊敬的客户："等，也可以省略称谓。

2. 前言

调查问卷的前言，也叫做说明，通常包括调查背景、目的、意义、填写要求和注意事项，有时致谢词也可以写在前言中，最后是调查单位与日期。它通常放在标题之后，主体之前，篇幅宜小不宜大。访问式问卷的开头一般非常简短；自填式问卷的开头可以长一些，但一般以不超过两、三百字为佳。在实际操作中，前言的项目并不是每次都要求全部具备，而是根据一次调查的实际情况而定，如注意事项需要写则写，不需要写则不写，致谢词如果写在后面，则这里不写，背景可以写也可以不写，这都要与一次调查需要达到的目的紧密相关。但前言中必不可少的是调查目的，如果后面没有致谢，则在前言中致谢也是必不可少，最后是调查单位与调查年月。

3. 主体

主体是调查问卷的核心部分，它是由问题和答案两部分构成。主体部分的问题要紧扣调查的目的设计，不能偏离目的。问题不能设计太多，一般以答题者平均十五分钟内能够完成为宜，最多不要超过二十分钟。问题设计应该由表及里，由浅入深，由简单到复杂，层层深入，环环相扣，符合答题者的认识逻辑。

（1）问题设置。调查问卷的问题设置必须紧紧围绕调查目的和主题，根据需要设计封闭问题或开放问题。封闭问题规定了一组可供选择的答案和固定的回答格式，答案是标准化的，对答案进行编码和分析都比较容易作答，有助于受调查者理解题意，有利于提高问卷的回收率，调查问卷中封闭问题占大多数。开放式问题无固定答案，应答者可以根据自身情况用自己的语言自由地发表意见。为了降低答卷难度，调查问卷的开放问题往往较少。

主体中的问题从内容上看，可以分为事实性问题、意见性问题、断定性问题、假设性问题和敏感性问题等。事实性问题主要是求取事实材料，需要被调查者回答一些有关事实的问题，如被调查者的基本情况。意见性问题是在调查中询问被调查者一些有关意见或态度的问题，这类问题主要调查被调查者态度的，如"你对我市的绿化道建设满意吗？"。断定性问题即是非问题，是预先断定被调查者已经具备某种态度，让被调查者回答"是"或"否"的问题，它不存在中间项目。假设性问题是先假定一种情况，然后询问应答者在该种情况下，他会采取什么行动，如"假如鸡蛋价格持续上涨，您会不会停止购买？"。敏感性问题也叫困窘性问题，是指被调查者不愿在调查员面前作答的某些问题，比如，关于私人的问题，或不为一般社会道德所接纳的行为、态度或属有碍声誉的问题，如"您喜欢打麻将吗？"、"您抽烟吗？"这类问题。一般在调查问卷中不设置困窘性问题，除非这类问题和本次调查的目的紧密联系，在调查这类问题时可以采用间接法，即在题旨中将别人的观点抛出，然后问他的看法如何？如想知道一个烟民一天抽多少支烟，问题可以这样设置"有人认为，少量抽烟，如一天抽烟不超过一盒，是有益于身体健康的，您同意他的看法吗？"

在主体问题的设计中，一般要封闭式问题和开放式问题兼备，以封闭式问题为主，开放式问题为辅，封闭式问题在前，开放式问题在后，开放式问题以不超过三个为宜。事实性问题、意见性问题、断定性问题、假设性问题要根据具体情况设计，有时一张调查表中这些问题皆有，有时只有两种，但敏感性问题一般不设置，或者放在后面或间接询问。

（2）备选答案项。封闭问题的备选答案应当全面概括所有可能情况，防止出现遗漏。如果情况十分复杂，难以将全部可能概括完整，则应当将主要情况设计成若干备选项，同时要设计"其他"项。备选项应当按照一定顺序排列并标注序号。

（3）问题排列与编号。调查问卷的若干问题应当按照一定的逻辑顺序进行排列，常用的顺序有时间顺序、类别顺序、先易后难顺序等，也可以先问基本情况再问主要问题。全部问题采用统一连贯的序号。

4. 附录

调查问卷的附录，一般包括被调查者的基本情况，如姓名、性别、年龄、受教育程度、职业、收入等基本情况。并不是说在调查问卷中，这些基本情况都需要具备，具体在一个调查问卷中设置哪些基本情况进行调查，这要由调查目的决定。附录中一般不对被调查者的工作单位、家庭住址、联系方式、身份证号码进行调查，被调查者一般也不愿意填写这些属于个人隐私的内容，除非调查伴随着抽奖，需要留下身份证号码作为凭证，留下联系方式以便联系。

在具体操作中，附录部分的内容有时可以作为主体内容放在前面，作为需要回答的问题由被调查者进行回答。

5. 致谢词

调查问卷的致谢词是向被调查者的合作表示感谢，它通常写在调查问卷附录的后面，即一份调查问卷末尾的部分。但在实际操作中，如果前言中已经有了致谢词，则不需要再写致谢词。

任务实施

一、工作指导

为了顺利完成撰写调查问卷的任务,秘书应在接受领导任务时须与领导进行充分的沟通和交流,了解调查问卷的目的,调查问卷面对的对象等内容,这样才能在制作调查问卷时得心应手。

二、写作指导

标题:本调查问卷标题既可以采用"事由+文种"构成,也可以由"调查部门+事由+文种"构成,如果采用前者,标题可以写为"'80后'车主购车调查问卷",如果采用后者,标题可以写为"××汽车股份有限公司关于'80后'车主购车行为的调查问卷"。

前言:本调查问卷的前言要写明调查背景、调查目的、邮寄地址,并向被调查者表示感谢。

主体:本调查问卷的主体要根据调查目的,了解"80后"车主的汽车型号、信息渠道等多方面的情况,问题数量宜在20个之内,要封闭式问题与开放式问题相结合。

附录:要了解被调查者的性别、受教育状况、年龄、职业和收入状况,这些信息和购车行为有密切关系,因此需要进行调查。

三、参考范文

"80后"车主购车调查问卷

一直以来,"80后"都是人们关注的焦点群体,时尚、前卫、个性……那么这些是否在你们所购的爱车中得以体现呢?今天我们就通过这一份小小的问卷来测试一下,看彼此在选车、购车、用车中有何共性和特性,期待您热情积极地参与。请参与调查的"80后车主"在××××年12月30日前,将调查问卷填写完毕,邮寄到××市××路××号××汽车股份有限公司销售部张××先生收,同时有很多小小的惊喜等着您,我们为您准备了精美的车模、钥匙链等各种小礼品,祝您好运!

调查单位:××汽车股份有限公司   时间:××××年10月

1. 您购买的车型是(如奇瑞QQ)_____,排量_____,是[手动挡 自动挡],是[二厢 三厢],购买时间_____年_____月,购车价格_____,车牌_____。

2. 您在选购该车时,通过以下哪些渠道获得车型信息?(多选,限三项)(   )

A. 汽车网站 B. 报纸书刊 C. 电视/电台广告 D. 去4S店了解 E. 朋友推荐 F. 户外广告(如楼宇广告) G. 车展现场

您最初是通过以上哪种渠道了解的?(   )

3. 请您对以下购车考虑因素排序:

A. 品牌 B. 价格 C. 油耗 D. 性能 E. 品质 F. 造型 G. 服务 H. 配置 I. 内饰 J. 车内空间

第一位是(   ),第二位是(   ),第三位是(   ),第四位是(   )。

4. 您当初如何想到去买车的？（　　）
   A. 事业发展的需要　B. 周边朋友、同事的影响　C. 提升生活的品质　D. 家庭结构变化　E. 扩大交际的范围　F. 彰显身份的必要　G. 出行的方便
5. 您最关注车辆哪些方面的性能？（多选，限三项）（　　）
   A. 动力性　B. 加速性　C. 操控性　D. 舒适性　E. 安全性　F. 制动性
6. 您心目中的爱车最应体现的元素是哪些方面？（　　）
   A. 时尚个性的造型　B. 颜色独特　C. 个性化的配置　D. 娱乐系统　E. 多功能方向盘　F. 新颖的仪表台　G. 运动座椅
7. 您喜欢下列哪种风格的造型？（　　）
   A. 小而精巧　B. 豪华大气　C. 动感十足　D. 绅士风范　E. 简洁大方　F. 成熟稳重
8. 你喜欢国产车还是进口车？原因是什么？

   _____

9. 你心目中车是什么样子？请你描述一下。

   _____

附录：
1. 您的性别：（　　）。
   A. 男　　　　　B. 女
2. 您是哪年出生的：（　　）。
   A. 1980—1983 年　　　　　B. 1984 年及以后
3. 您的家庭生活成员状况：（　　）。
   A. 单身及父母　B. 单身　　C. 夫妻/情侣　　D. 夫妻及小孩
4. 您的教育情况：（　　）。
   A. 大专以下　B. 大专　　C. 本科　　D. 硕士及以上
5. 您的个人月收入是：（　　）。
   A. 3 000 元以下　B. 3 001~4 000 元　C. 4 001~5 000 元　D. 5 001~8 000 元
   E. 8 001~10 000 元　　F. 10 000 元以上
6. 您的家庭年收入是：（　　）。
   A. 8 万元以下　B. 8 万~12 万元　C. 12 万~15 万元　D. 15 万~20 万元
   E. 20 万~25 万元　　F. 25 万元以上
7. 您的职业是什么？

   _____

实训练习

一、根据以下材料拟写调查问卷，要求内容明确，格式规范，可合理增删。

××酒业股份有限公司，是一家以生产酱香型白酒为主的大型酒业集团，其推出的××牌白酒，在全国市场上占有较大的份额，××××年该厂推出了新的白酒品牌"飞天"，主要针对市场中高端客户。此产品推出之后，喜忧参半，在南方市场销售较好，在华北与东北市场销售欠佳。为了了解华北与东北市场客户对酱香型白酒的喜好、对价格承受能力水平、白酒销售的渠道，公司准备在相关区域对代理商、销售商、消费者进行调查。

二、根据以下材料拟写调查问卷，要求内容明确，格式规范，可合理增删。

××研究机构准备对该城市"啃老族"进行调查，主要了解该市"啃老族"在年轻人中所占的比例、形成的主要原因以及由此带来的对养老和家庭结构的影响。

任务二　撰写市场调研报告

教学目标

1. 了解市场调研报告文体含义、特点；
2. 理解市场调研报告的类型；
3. 掌握市场调研报告的结构与写作方法，针对较为简单的项目拟写市场调研报告。

任务引入

××汽车股份有限公司，为了应对中国一二线城市汽车限购令的出台，准备开拓三四线城市的汽车销售市场，为此××汽车股份有限公司准备开发一款新型汽车，适应三四线城市消费者的需求。××××年6月5~15日，××汽车股份有限公司专门成立了调研组，奔赴多座三四线城市进行调研。通过问卷调查、现场访问等方式进行调研，认为三四线城市市场潜力巨大，消费者对小排量、外观大气、使用空间大、价格在7万~10万元的汽车需求量比较大，但三四线城市单点购车绝对数量低，原有的汽车销售方式对三四线城市不适应，需要重新开拓新的销售方式。调研完成后，公司领导让参与调研的小组人员执笔写一份市场调研报告。

该调研报告应当符合以下四点要求：① 写明实施调研的单位和部门，调研的时间、地点、方法等；② 写明调研所得到的基本事实；③ 写明调研得到的结论；④ 条理清晰，结构合理。

相关知识

一、调研报告例文评析

××省会展经济市场调研报告

××省会展协会

会展经济是通过举办各种形式的会议和展览展销，直接或间接带动经济效益和社会效益的经济现象和经济行为，也叫会展产业。其涉及服务、交通、旅游、广告、装饰、边检、海关、房地产以及餐饮、通信和住宿等诸多部门，带来大量的物流、人流、资金流、信息流、文化流，经济带动功能非常显著。据有关专家测算，会展业的产业带动系数为"1∶9"，展览场馆的收入系数如果为1，相关的社会收入系数为9，这样高的产业关联度使得会展经济成为带动城市和区域经济发展的新增长点。

为全面了解××省会展业的现状，经××省人民政府同意，中国贸促会××省分会会同国家统计局××省调查总队、××省会展协会在全省范围内开展了会展业调查。通过问卷调查的形式对全省3星级以上的178家酒店进行摸底调查,同时重点调查8家具有一定规模及代表性的展览企业。

一、××省会展经济发展的基本情况

近两年,××省会展经济发展较快。2016—2018年3年中,会议与展览的收入分别为3.69亿元、5.07亿元和5.79亿元,其中,会议经济比重占绝对多数,2016—2018年会议收入分别占会展总收入的98.1%、97.0%和96.0%。

(一)××省会议收入迅速增长,会议经营主体竞争力较强

2018年,××省会议收入4.9亿元,比上年增长36.11%;接待次数8 893次,比2017年增加2 200次;会议接待人数150万人,是2017年的2倍多;酒店平均会议收入为339万元。

××省酒店硬件设施具有竞争优势,会议接待整体竞争力较强。日前,××省六成以上(61.2%)的酒店是在2016年以后开业的,三星级以上酒店的硬件设施平均使用年限为6.5年;其中,超过四成的会议酒店的使用年限在5年以下,酒店硬件设施较新。调查发现,酒店的星级越高,其经营管理及创造的效益就越好。在调查的178家酒店中,四星级以上酒店占53.8%,三星级酒店占46.2%;20%酒店的客房在300间以上,会议室平均间数为4间;超过20%酒店有6间以上会议室,面积在1 000平方米以上,从业人员在300人以上。

(二)展览收入规模小但成长迅猛

××省的展览企业有20多家,且规模偏小。从注册资金上看,最大的500万元,最小的仅30万元;从人力资源上看,最多的75人,最少的仅5人。2017年,××省会展企业的展览收入1 508万元,比2016年增长118.6%;2018年会展收入2 310万元,比2017年增长53.2%。据调查,××省的展览举办时间主要集中在9月至来年的4月份。平均展览时间为3.8天。

总体来看,会展经济已成为××省经济发展的新增长点,××亚洲论坛、世姐赛事、海交会、欢乐节、车展、房展、异地展(如香港招商展、北京度假展)等会展经济发展良好,为拉动××省相关产业发展,推动××省经济社会发展作出了重要贡献。××省的星级酒店作为会展经济的经济主体也日益增加,档次、规模、效益一年上一个新台阶,展现了生机勃勃的兴旺景象。

二、××省会展经济发展中存在的问题

(1)对会展经济发展的重视程度不够。社会各界对××省会展经济发展的重视程度不够,认识上不够统一。

(2)经营中存在的问题。由于受国际航班少的影响,许多国际高端的人士无法来××省,使××省的国际会议受到一定的冲击,国际会议收入不大,会展企业在税收方面压力很大。

(3)会展规模的差距。××省举办的会展数量少和规模偏小,与会展相关的策划营销、会议接待、公关礼仪、展览装修、广告宣传、交通物流等相关产业配套有待提高,会展业还未形成专业化分工协作的格局,在承接国家级规模展会方面受到极大地制约。

(4)会展人才缺乏。会展运作人才,包括会展、语言、公关、营运服务、展示工程等人才。调查显示,××省会展经济最缺乏的是管理人才,其中具有系统思维和系统筹划能力的策划者、经营过大型项目展览展示的操作者,是日前××省会展业最缺乏的人力资源。

(5) 会展企业规模小，会展法律法规不健全，会展行业缺乏自律。××省展览企业的规模小，综合竞争力较弱。会展业法律法规不健全，会展企业之间存在无序竞争。会展行业缺乏自律。

(6) 信息不畅。调查表明，84.3%的酒店企业负责人表示"缺乏市场信息和机会"是开展会展经济的主要障碍。

三、加快会展经济发展的建议

(一) 制定科学的长远发展规划和总体发展目标

要制定以"节、会、展、演、赛"为主要内容的××省大会展发展战略；一是节庆品牌，重点搞好××省欢乐节，努力把"三月三""七夕嬉水节"做成更具地方特色的节庆；二是会议品牌，以××省亚洲论坛为标杆，进一步带动××省的主题会议、论坛的发展；三是展览品牌，重点搞好海交会，把房展、车展、国际海洋渔业展、高尔夫产业博览展、兰花展做精做美；四是演出品牌，全力打造"××省印象"，全面带领××省走出文化休闲娱乐新高地；五是比赛品牌，以世界小姐总决赛为起点，继续做好国际自行车赛、高尔夫球赛、国际滑轮赛，提高××省的知名度。

(二) 明确政府职能，继续完善市场化运作机制

现行由政府为主组织承办的节庆会展活动，要逐步向市场化运作转变。今后政府要把工作重点放在规划、指导和制定法规、政策上，使管理从审批制逐步过渡到登记制和备案制；要放权于市场，充分体现市场化管理的特点，使××省会展市场逐步形成政府指导协调、协会规范监管、企业组织承办、市场化操作运行、公平竞争、规范有序的运营体制。

(三) 加快制定和完善地方性行业法规

尽快出台有关会展业的法规，用法律制度有效规范会展业，规范招展与办展等经营行为，加强行政监管与协调，完善地方性行业法规。一是建立会展准入制度，二是建立约束机制，三是建立资质评定制度，四是搞好安全防范。

(四) 扶持一批龙头会展企业

大力扶持现有会展企业，促使其尽快上规模、上档次，提高招展、组展、办展能力。逐步形成以大型会展企业为龙头，以中小型会展企业为辅助，各类会展专业服务企业、宾馆酒店、旅游服务相配套的会展市场主体体系。凡注册资金在200万元以上的新办会议展览企业，自开办之日起若干年内免征企业所得税。凡能承办国际组织和国家有关部委举办的在国际国内有重大影响的综合性或专业性展会成功后，省会展业发展专项资金对承办者予以资金奖励。优先扶持规模大、影响大、定期举办的展会项目，优先扶持具有行业优势和办展经验单位举办的展会；对依托××省支柱产业举办的展会，对主办单位给予一定扶持；对成功举办的前三届展会，每届给予一定的资金支持。

(五) 加快会展特色建设，打造会展经济品牌

要积极寻找及形成鲜明的××省会展特色，要围绕热带农业、热带海洋、生态旅游、新兴工业等产业，积极培养本地民众的参观意识，打造会展品牌。会展业与旅游业相结合，实施会展业和旅游业的优化发展战略，借助旅游业的资源优势，促进会展业发展的专业化、规模化，并增强其经济拉动效应。

(六) 加大对外宣传促销的力度

要大规模对外宣传促销，政府和企业要联合促销，各级宣传部门要制定措施，积极鼓励和支持新闻媒体运用各种方式和渠道，大力宣传会展业。通过电视、网络、报纸等多种渠道宣传××省的特色形象，集中力量打造特色品牌的会展。

（七）积极发挥行业协会作用

行业协会要通过监督会展市场、制订行业规范、提高行业整体素质、加强信息交流、培养会展旅游专业人才等措施，来促进会展业的发展。协会还要尽快承担起会展行业的主要管理职责，以服务会展企业为出发点，致力保护会员的合法权益，构筑政府与企业之间沟通交流的平台，积极发挥"服务、代表、协调、自律"四大职能，协助政府从事行业管理，进行行业协调、申报代理，制订行业标准及行规行约，制订中长期发展规划、组织国际交流与合作，并为会员提供信息、咨询、人才培训、资质评定认证、评估、招商、年审、行业评估等服务，促进了会展行业健康、快速、持续地发展。

（八）加快人才培养，全面提高会展从业人员整体素质

××省会展业的发展需要大批高素质的掌握公关、广告、策划、礼仪、谈判、外语、网上展览等方面的专业技能人才。要通过在高等院校开设有关专业、组织专门培训、建立会展业的职业资格等级制等措施，培养社会急需的会展人才。要加强会展人才的引进力度，向全国公开招聘有专业办展经验、有较强组织策划能力的经理人才。

（九）加强会展场馆和配套设施的建设

加强对场馆建设的整体规划，提高××省会展业的硬件设施水平。场馆建设应以政府投入为主，企业化操作，要在完善配套设施和提高服务上多下功夫，加强交通、通信、酒店、餐饮和娱乐等配套设施的建设，展馆内要完善运输、展台设计、广告等一站式服务。

（十）推进会展业信息化建设

要建立起一个系统的、权威的会展资料数据库，用科学手段整合各会展企业的客户资源，满足会展业客户对互动性与个性化服务的需求。××省要将会展经济调查列入常规调查与统计范围，力争在会展业信息化建设方面走在前面。

（十一）加强与国内外会展业的交流与合作

××省应主动联合香港及广东等省市（区），挖掘区域合作潜力。同时，随着我省国际旅游岛的建设，我省会展业的国际合作空间将进一步提高。要加强与国内外会展公司在举办展会、兴建和经营展馆等方面的合作，学习和借鉴国内外同行先进的经营理念和管理模式，与他们在竞争中合作，在合作中竞争。

2019 年 4 月 10 日

例文评析：这是一份××省会展经济市场调研报告，该报告首先交代了调研的背景、调研的部门、调研方法、调研的范围，然后写明了调研的基本情况，存在的不足，最后提出了建议，结构合理，格式规范。

二、市场调研报告文体概述

（一）市场调研报告的文体含义

市场调研报告，也称为市场调查报告，是一种专题调查报告，是在对商品的市场情况进行调查、分析的基础上撰写的整理市场信息、揭示经营规律、提供决策参考的一种调查报告。

市场调研报告是企业为了推出某项服务或某种产品，对市场的需求和竞争展开调查，根

据调查资料进行研究而撰写的研究结果的书面材料。它是整个调查工作，包括计划、实施、收集、整理等一系列过程的总结，是调查研究人员劳动与智慧的结晶，也是客户需要的最重要的书面结果之一。市场调研报告的基础是深入扎实的市场调查，能够全面、准确地反映市场行情，如消费者的消费习惯、产品份额、经营策略等信息。其目的是将调查结果、战略性的建议以及其他结果传递给管理人员或其他担任专门职务的人员，为他们做决策提供必要依据。

（二）市场调研报告的特点

1. 针对性

针对性包括选题上的针对性和阅读对象的明确性两方面。

首先，市场调研报告在选题上必须强调针对性，做到目的明确、有的放矢，围绕主题展开论述，这样才能发挥市场调查应有的作用。

其次，市场调研报告还必须明确阅读对象。阅读对象不同，他们的要求和所关心的问题的侧重点也不同。比如，阅读者是公司的总经理，那么他主要关心的是调查的结论和建议部分，而不是大量数字的分析等。如果阅读的对象是市场研究人员，他所需要了解的是这些结论是怎么得来的，是否科学、合理，那么，他更关心的就是调查所采用的方式、方法，数据的来源等方面的问题。

2. 新颖性

市场调研报告的新颖性是指应从全新的视角去发现问题，用全新的观点去看待问题。市场调研报告要紧紧抓住市场活动的新动向、新问题等从而提出新观点。这里的新，更强调的是提出一些新的建议，即以前没有的见解。

3. 时效性

市场的信息千变万化，经营者的机遇也是稍纵即逝。市场调查滞后，就失去其存在意义。因此，要求调查行动要快，市场调研报告应将从调查中获得的有价值的内容迅速、及时地报告出去，以供经营决策者抓住机会，在竞争中取胜。

4. 科学性

市场调研报告不是单纯报告市场客观情况，还要通过对事实作分析研究，寻找市场发展变化规律。这就需要掌握科学的分析方法，以得出科学的结论，适用的经验、教训以及解决问题的方法、意见等。

三、市场调研报告的类型

（一）市场需求调研报告

这类报告主要反映市场对产品的需求量，并分析影响需求的主要因素，需要重点围绕购买力、购买动机和潜在需求三个方面展开分析。

（二）竞争对手调研报告

这类报告主要反映的是竞争对手的总体情况、竞争能力及其新产品的发展动向等，为企业制定竞争应对策略提供参考。

（三）经营政策调研报告

这类报告主要反映企业经营策略及其效果，主要包括产品定位、价格、广告、推销策略、销售和技术服务等方面，其目的是分析了解企业的销售行为是否适应消费需求，便于及时发现存在的问题并进行调整。

（四）市场综合调研报告

将以上三种类型的市场调研报告结合在一起，内容丰富，能够发挥多方面的作用。

四、市场调研报告的结构与写作方法

市场调研报告一般由首部、主体、尾部构成。

（一）首部

市场调研报告的首部一般包括标题页、目录、摘要。

1. 标题页

在大型的市场调研报告中，往往有专门的标题页，即封面页，包括标题、客户、调研公司、日期等内容。

市场调研报告的标题分为两种，一是由"事由+文种"构成，如"华北地区啤酒市场调研报告"；二是由"调查部门+事由+文种"构成，如"天华房地产公司关于××市房地产行业的市场调研报告"。

客户，即本调查报告的委托单位或委托人，一般大型市场调研往往委托给专门公司执行，然后由委托公司根据市场调研结果撰写市场调研报告，并报给委托单位或委托人。如果市场调研和市场调研报告是由公司自己所做，则没有客户这一项内容，客户和调研公司合二为一，直接写调研公司即可。

调研公司，即接受委托单位或委托人的委托进行市场调研的公司，正如上面所说，如果市场调研和市场调研报告是由公司自己所做，没有委托其他公司，则调研公司就是客户。

日期，即市场调研报告的成文日期，要年、月、日齐全。

2. 目录

在大型市场调研报告中目录一般包括章节目录、图表目录、附录目录。

章节目录包括标题号、标题、略号和页码四部分构成。标题号，即从上到下给本标题标注的次序号，即编、章、节等次序号；目录中的标题，即文本中的相应标题；略号用连续的点组成；页码，即本标题所在的页码数。

图表目录包括图表号、图表名、略号和页码。图表号，即从上到下给图表标注的次序号，图表名即正文中出现图表的名称，略号如上，页码，即本图表所在的页码数。

附录目录包括附录的文件次序号、附录文件名称、略号、页码。附录文件次序号，即在附录中文件从上到下的次序号，附录文件名称即附录中出现的文件名称，略号如上，页码，即本附录文件出现的页码数。

在一些大型市场调研报告中，有的只有章节目录，没有图表目录和附录目录，在简单的市场调研报告中，往往没有目录这一项。

3. 摘要

摘要是市场调查报告中的内容提要，是对市场调研报告的整体概述，让读者可以对整个市场调研报告有整体性认识。它一般由调查目的、调查对象和调查内容、调查研究方法等构成。

调查目的，即为什么要开展调研，为什么企业要在这方面花费时间和金钱，想要通过调研得到些什么，达到什么样的目的。

调查对象和调查内容，如调查时间、地点、对象、范围、调查要点及要解答的问题等。

调查研究的方法，如问卷设计、数据处理是由谁完成，问卷结构，有效问卷多少份，抽样的基本情况，研究方法的选择等内容。

在简单的市场调研报告中，这些内容一般作为主体内容的前言部分，而不单独列出摘要这一项。

（二）主体

主体是市场调研报告的主要部分，它是调研内容的详细信息和调研的结论与建议，大型市场调研报告包括前言、论述、结论和建议三个部分。

1. 前言

市场调研报告的前言部分的撰写一般有以下四种形式：

（1）开门见山，揭示主题。文章开始就先交代调查的目的或动机，揭示主题。例如：

我公司受北京电视机厂的委托，对消费者进行一项有关电视机市场需求状况的调查，预测未来消费者对电视机的需求量和需求的种类，使北京市电视机厂能根据市场需求及时调整其产量及种类，从而确定今后的发展方向。

（2）结论先行，逐步论证。先将调查的结论写出来，然后逐步论证。许多大型的调查报告均采用这种形式。特点是观点明确，使人一目了然。例如：

我们通过对天府可乐在北京市的消费情况和购买意向的调查认为它在北京不具有市场竞争力，原因主要从以下几方面阐述。

（3）交代情况，逐步分析。先交代背景情况、调查数据，然后逐步分析，得出结论。例如：

本次关于非常可乐的消费情况的调查主要集中在北京、上海、重庆、天津，调查对象集中于中青年。

（4）提出问题，引入正题。用这种方式提出人们所关注的问题，引导读者进入正题。

2. 论述

论述部分必须准确阐明全部有关论据，根据预测所得的结论，建议有关部门采取相应措施，以便解决问题。论述部分主要包括基本情况部分和分析部分。

（1）基本情况部分：对调查数据资料及背景做客观的介绍说明、提出问题、肯定事物的一面。对调查所获取的客观情况、数据、信息的叙述和说明，可利用图、表辅助说明，必要时还应对市场背景资料，如地理、气候、政治、经济、文化、社会潮流、政策、法律法规等做出说明。

（2）分析部分：市场调查报告不可仅仅罗列材料和数据，必须应当有鲜明的观点和结论，切忌观点和材料脱节。作者要在客观材料基础上提出有见地、有说服力的分析意见。分析部分包括原因分析、利弊分析、预测分析。在调查所获取的客观情况基础上，对这些信息的深入分析和探讨，一般采用议论的方式表达从调查中发现的问题、规律、结论。

客观情况信息和论述内容可以交叉来写，边介绍情况边进行分析，能够有效地增强说服力。市场调研的内容涉及的问题较多，在撰写调研报告时，要根据调研意图取舍材料，切忌面面俱到。

市场调研报告篇幅往往较长，正文需要将不同内容分解为若干方面，分别进行表述，因此一般应当划分多个小标题，这样能够使条理结构更加的清晰。

3. 结论和建议

结论和建议是针对上面对调查基本信息的分析，所做出的结论和建议。它一般包括以下四个方面内容：

（1）概括全文。经过层层剖析后，综合说明调查报告的主要观点，深化文章的主题。

（2）形成结论。在对真实资料进行深入细致的科学分析基础上，得出报告的结论。

（3）提出看法和建议。通过分析，形成对事物的看法，在此基础上，提出建议和可行性方案。

（4）展望未来、说明意义。通过调查分析展望未来前景。

简单市场调研报告主体的写法基本和大型市场调研报告的写法相同。

（三）尾部

大型市场调研报告的尾部一般由附录构成，由于标题页上已经有调研单位和日期，在这里一般不再署名和写成文日期。附录包括调研使用的调研问卷、技术性附录（如统计工具、统计方法），其他必要的附录（如调查地点的地图等）。

一般简单的调查问卷的尾部包括附录、署名与成文日期。附录内容如上，署名写上调研报告撰写的单位或个人的名字，成文日期是调研报告的完成日期，要年、月、日齐全。

任务实施

一、工作指导

为了顺利完成撰写市场调研报告的任务，撰文人员应在接受领导任务后和领导与调查组及分析组成员进行充分沟通，了解本次调查的目标、时间、地点、方法、调研得到的基本信息、结论和相关建议等内容，只有熟悉了这些内容，才能在写作时顺利完成。

二、写作指导

首部：由于本市场调研报告是由本公司自己进行的市场调研报告，所以调查单位与客户合二为一，只要写调查单位公司的名称即可，且调查单位可以在尾部署名的地方写明，所以在首部，这项内容可以不写，成文日期也是如此，这样首部只要写标题即可，本调查方案的标题可以采用"事由+文种"构成，也可以采用"调查单位+事由+文种"构成，由于后面署名是本单位，所以最好采用"事由+文种"构成，因此本调查方案的标题可以写为"三四线城市汽车需求情况的市场调研报告"。

正文：本市场调研报告的正文应由前言、论述、结论和建议构成。前言要写明调查的背景、目的、时间、调研单位、调研对象、调研方法等内容。论述部分要写明调查的基本情况以及相关情况分析，特别是原因分析、利弊分析、预测分析。结论和建议，针对前面的分析提出自己的结论，并提出相关的解决建议。

尾部：本市场调研报告的尾部包括附录、署名与成文日期。附录附上在主体中提到，没有写入主体的一些表格和文件，署名署上调查单位的名称，成文日期写调研报告的完成日期，要年、月、日齐全。

三、参考范文

三四线城市汽车需求情况的市场调研报告

中国经济的快速发展，促进了中国汽车制造业的飞跃，2010年，中国汽车年产量已经跃居世界第一位，百人拥有汽车数量也从2000年的12辆，上升到2010年的26辆。特别是在城市地区，汽车拥有量快速增加，给城市交通带来了巨大压力，在一二线城市，汽车造成的交通拥堵，已经变得越来越司空见惯。许多一二线城市已经开始出台汽车限购政策，这给汽车制造企业带来了新的挑战。

我公司自2000年成立以来，发展迅速，2013年在全国销售汽车16万辆，实现利润16亿元，已经成为我国汽车制造行业中一支重要力量。为了应对一二线城市汽车限购政策对公司汽车销售的影响，了解三四线城市汽车需求的基本情况，为公司研发汽车、开拓三四线城市的销售市场打下基础。从2014年3月5日至15日，我公司成立了调研组，奔赴徐州、德州、吉林市、郴州、南充等三四线城市，通过问卷调查、现场访问等方式对消费者进行调研。

调研报告如下：

一、三四线城市汽车需求的基本情况

(一) 总体供求量大

我国大多数城市都是三四线城市，这些城市也是我国今后进行农村剩余劳动力转移的主战场，而大多数进城买房定居的农民，往往也是一个地方相对富裕的人，他们通过发展村镇企业、经商、搞农业经济方式，积累了财富，然后进入城市，他们对汽车有购买能力。三四线城市的原有市民也有相当一大部分人，通过多年财富积累，也拥有了购买汽车的能力。而三四线城市数量占全国城市总量的70%，城市人口数量占全国城市人口总量的80%，如果按照30%比例算，三四线城市需要汽车数量是60万辆，总体供求量远远超过一二线城市，而现有数量是40万辆，缺口是20万辆，这是一个巨大的数字，对汽车制造企业来讲，三四线城市是一个巨大的市场。

(二) 地域分布不均衡

三四线城市汽车需求量地域差别大：华东地区三四线城市汽车需求量占第一位，占到全国三四线城市需求量的××；华北地区三四线城市汽车需求量占第二位，占到全国三四线城市需求量的××；华南地区占第三位，占到全国三四线城市需求量的××；东北地区三四线城市汽车需求量占第四位，占到全国三四线城市需求量的××；华中地区三四线城市汽车需求量占第五位，占到全国三四线城市需求量的××；西南地区三四线城市汽车需求量占第六位，占到全国三四线城市需求量的××；西北地区三四线城市汽车需求量占第七位，占到全国三四线城市需求量的××。并且地域需求量相差比较悬殊，占需求量第一位的华东地区是占第五位华中地区的×倍。

(三) 消费者比较关注汽车排量、外观和销售价格

三四线城市的消费者更多关注汽车的排量，他们一般比较喜欢小排量、低耗油的车，比较关注汽车的外观，希望外观看起来更加豪华和大气，他们对汽车的销售价格比较敏感，

据统计，三四线城市消费者对价格超过 10 万元汽车的接受比例为 25%，价格在 7 万~10 万元接受比例为 60%，价格在 7 万元以下接受比例为 15%。

（四）单个地区需求量少

相对于一二线城市而言，三四线城市，特别是四线城市单个地区汽车需求量比较小，很难形成规模销售。据统计，在华东地区三四线城市每个城市年平均汽车需求量是 12 万辆，只占华东地区一二线城市每个城市年平均汽车需求量的 22%，是非常小的比例。

二、三四线城市调研分析

（一）需求分析

三四线城市对汽车需求的总量巨大，但单个点的城市需求量相对较小，这就给汽车的销售与维护带来了新的挑战，需要我们寻找新的销售办法解决这个问题。且地区需求不均衡，这需要在销售过程中，侧重有所不同。

（二）消费者分析

三四线城市消费者对汽车排量、外表和价格的关注，要求汽车制造厂家要大力研发小排量、外观美、价格性价比高的汽车。

（三）竞争对手分析

对于三四线城市，大多数汽车生产厂家越来越关注，特别是限购政策出台之后，但大多处于初级阶段，还没有企业对三四线城市的汽车销售进行深耕，这对我们来说是一个有利时机，谁先占有市场，谁就赢得了先机。但也存在弊端，使得我们在三四线城市汽车销售中没有经验可以借鉴。

三、结论和建议

（一）加快研发速度，尽快占领市场

我公司应该加快研发的速度，争取在年底推出适合三四线城市消费者需求的汽车，在研发过程中，要采用小排量、低耗油的发动机，外观要做的华美，要努力控制研发与生产成本，每辆车成本控制在 4 万元左右，售价控制在 7 万~10 万元。

只要能够尽快占领市场，我公司将在三四线城市的汽车销售中占有先机，使得我公司的业务得到巨大的开拓，并在今后的竞争中处于优势地位。

（二）采用灵活的销售方式，适应三四线城市的特点

三四线城市由于单个点的销售量比较少，采用传统的汽车销售专营店的方式很难适应三四线城市汽车销售市场，传统方式在三四线城市使用，只是增加了销售成本，而售车辆数相对较少，往往出现利润被人力成本抵消，甚至亏本。因此可以采用在一个中心地区设立一个配送中心，同时对 4~5 个三四线城市进行汽车配送，具体销售可以设立流动汽车销售大篷车，在 4~5 个三四线城市进行流动销售，既降低了成本，又具有更强的流动性，适应单点销售量小的特点。

（三）加强重点地区的宣传，提高品牌的知名度

在三四线城市的重点销售地区加大宣传力度，提高产品的知名度，只有产品的知名度上去了，让品牌深入人心，才能增强我们公司品牌的竞争力和销售量。

鑫龙汽车股份有限公司市场调研工作小组
2014 年 5 月 8 日

实训练习

根据以下选题，选择其中一个拟写一份市场调研报告。
（1）自己所在社区周边居住房屋的市场价格走势。
（2）自己所在学校周边餐饮市场情况。
（3）自己所熟悉地区的服装零售市场情况。

撰写市场预测报告

任务三　撰写可行性研究报告

教学目标

1. 了解可行性研究报告的含义、特点；
2. 理解可行性研究报告的类型；
3. 掌握可行性研究报告的结构与写作方法，能够拟写小型商业项目的可行性研究报告。

任务引入

中泰机电公司为了顺应信息时代的发展要求，准备建设一个综合性的电子商务平台系统，易方网络科技服务公司有意承接这一项目。中泰公司要求易方公司提交一份可行性研究报告，要求说明实施这一项目的背景、设想和财务可行性。

易方公司在编制这份可行性研究报告时，必须符合以下四点要求：
（1）能够针对中泰公司的业务情况合理设计满足其需求的建设方案；
（2）对实施这一项目的经济效益前景进行分析；
（3）对这一项目的风险因素进行揭示；
（4）可行性结论应当明确可信。

相关知识

一、可行性研究报告例文评析

××广场项目可行性研究报告

一、项目的基本情况

（一）项目概况

××广场居住区由××××有限公司组织开发。某市城市规划局已批准了项目的建设用地，同意征用土地496.266亩①（33.08公顷②），并出了红线图。市国土局发出了该地块的建设用地通知书。有关该项目的征地工作，××××有限公司已着手进行。

---

① 1亩＝666.67平方米。
② 1公顷＝10 000平方米。

××广场项目位于该市东南部，距市中心区 30 多千米，该区的西面和北面为香蕉园和自然村用地，南面隔河为经济技术开发区的东基工业区，东面紧邻的 220 KVA 开发区变电站；××广场居住区规划总用地为 33.08 公顷。其中居住区用地为 24.77 公顷，地上总建筑面积 399 260 平方米，建筑密度为 20.76%，容积率为 1.61（详见规划设计要点）。

（二）可行性研究的主要技术经济指标

1. 本项目研究主要技术经济参数

总建筑面积：399 260 平方米

其中：住宅面积：351 476 平方米

公建面积：47 784 平方米

总投资：126 108 万元（不含贷款利息）

自有资金投入：25 222 万元

2. 经分析研究，本项目主要经济指标为

多层住宅得房成本：3 275 元/平方米　　高层住宅得房成本：3 925 元/平方米

税后利润：14 747 万元

全部投资净现值：1 430 万元　　自有资金净现值：3 172 万元

全部投资内部收益率：10.86%　　自有资金内部收益率：17.05%

总投资利润率：25.1%　　自有资金投资利润率：58.5%

二、项目投资环境与市场研究（略）

三、项目开发条件及技术设计方案的分析

（一）项目现状概括

1. 自然条件

规划区内土地大部分已被平整，地势平坦，东北角部分土地地势较低洼。整个用地未发生雨季积水现象。本地区常年主导风向为北风及东南风，夏季主导风向为东南风、东风及南风，平均相对湿度为 83%，为多雨潮湿区。

2. 地物情况

规划区内以东的夏利大道红线宽 60 m，北接高速公路，是该地区的进出口干道。

占地 3.26 公顷的变电站是对本区规划影响最大的地物。其目前已基本建成，经过有关各方的协商之后确定所有进出高压线尽量集中设置，使得占地面积最少，确定的该变电站的进出线有四组。

本规划区内以南开发区内已建有自来水、污水处理厂等的市政基础设施为依据。

（二）项目发展条件

1. 优势分析

（1）区位优势。本规划区位于该市东南部，符合该市总体规划确定的城市建设用地向东南、东北两个方向发展为主的发展方向。该市经济技术开发区经过十几年的建设，已形成具有一定规模、较高档次的集居地、工业、港口、仓储为一体的综合区，本规划区与经济技术开发区紧邻，将成为开发区的有机组成部分，开发区内的水、电、污水等基础设施为本区的建设提供了保障，并为本区居民提供就业和购物、医疗等公共服务。

（2）自然条件优势。本规划区内原有较好的果园现已被平整，周围仍有不少果园，植被条大，水质较好，便于营造良好优美的滨河居住环境。

2. 劣势及对策分析

（1）变电站和高压线。已建成的 220 KVA 变电站对本规划区的环境和景观造成一定的影响，现有及规划的高压线既占去不少用地又对本规划区的居住环境和景观形成较大影响。为了减低变电站和高压走廊的不良外观和对人们威胁感的影响。应在变电站周围设置防护绿化带，而高压走廊穿过的地方更应有宽阔的防护绿地，且建筑物距变电站或高压线的距离都应在 18 m 以上。

（2）铁路。规划区东面的铁路专用线对居住环境也有一些影响，但铁路专用线运输量不太大，可在规划中采取一些防护措施，如在靠近铁路处设置隔声墙和防护绿化带以及沿过境道路设防护绿化带等方法，使铁路对本区的噪音干扰减低到最低限度。

（三）项目规划设计构思方案

1. 规划目标（略）
2. 规划结构和空间布局（略）
3. 公共服务设施规划（略）
4. 道路交通（略）
5. 主要技术经济指标（略）

四、项目开发建设及经营的组织与实施计划

（一）建设方式

建议采用公开招标方式选择施工单位，并聘请工程监理，有效地控制项目的工期、成本、质量。

（二）开发方案设想与分析（略）

（三）建设进度（略）

五、项目投资估算、资金筹措计划

（一）开发成本（略）

（二）开发费用（见下表）

开发费用汇总表

序号	项目	计算依据	金额/万元
1	管理费用	开发成本×3% = 116 509.06×3%	3 495.27
2	销售费用	（2.1）＋（2.2）＋（2.3）	6 103.87
2.1	广告及市场推广费	销售收入×0.5%★	872.0
2.2	销售代理	销售收入×2%★	3 487.91
2.3	销售手续费	销售收入×1%★	1 743.96
3	贷款利息	详见"贷款还本付息表"	（另计）
4	合计		9 599.14

（注：★销售收入来源详见"销售收入预测表"。）

（三）投资成本费用估算汇总表（略）

（四）资金筹措与投入计划及贷款利息（略）

六、项目销售收入及利润的估算

（一）住宅销售单价的确定（略）

（二）销售收入的确定（略）

（三）销售收入分期比例的测算（略）

（四）项目利润估算（略）

七、项目的不确定性分析

本项目的不确定因素主要来自以下五个方面：建造成本、售价、开发周期、贷款利率、可建面积等。这些因素受当地政治、经济、社会条件的影响，有可能发生变化，影响本项目经济效益目标的实现。

（一）盈亏平衡分析（略）

（二）敏感性分析（略）

八、项目社会效益评价（略）

九、项目环境效益评价（略）

十、结论与建议

（一）评估结论

通过上述对该项目经济、社会和环境效益的分析可知，××广场作为国家仅有的几十个小康住宅示范小区之一，它的社会效益与市场前景还是很好的；项目所在地点、交通市政及配套设施较完善，自然条件也较好，周围果园环抱同时有河涌通过，容易营造良好的居住环境。同时，根据该项目的经济效益评价指标显示，其具有高出行业基准收益率的内部收益率。虽然评估结果表明，该项目是可行的，但敏感性分析表明，该项目抗风险能力较低，而且项目盈利水平较低，在同类项目经济效益比较中，并不是最理想的。因而，若条件允许，可考虑修订规划设计和项目开发经营方案，在提高经济效益上做文章。

（二）有关说明与建议

（1）本报告是该项目的初步可行性研究报告，由于建筑设计、经营方式、施工方案、税费优惠减免等一系列问题均未确定，由于市场调研深度不足，各种费用估算及效益评价均是初步的。

（2）本报告是在未具体确定合作方式与合作条件的前提下进行的投资测算的，仅反映项目本身的投资效益情况，待确定合作方式与条件后，才能测算出合作各方的实际投资及效益情况。

（3）本报告的投资估算是按照该市目前同类型项目的投资水平及初步考察当地基础设施条件后估算的。由于建设方案尚有待修改，工程施工条件和方法还需进一步研究确定，有关税费与地价的减免情况还有待落实，因此实际的投资成本将根据上述问题的深入作进一步的调整。

（4）鉴于该市目前及今后相当长一段时间内市场的变化，售价将是最敏感的因素之一，同时，物业的质量与开发管理水平对在激烈的市场竞争中能保持较好的售价水平至关重要，发展商除应密切的注意市场，选择合适的市场策略外，还要求合营公司组织一支高素质、高水平的开发管理队伍，从设计、施工、营销到物业管理均能达到较高水平，以抓住机会，减少风险，达到项目的盈利目标，并取得良好的社会效益与环境效益。

（5）建筑工程中不可预见的因素很多，工期、质量、成本、原材料供应等都会影响到项目总体目标的实现。因此在工程实施进程中，要加强施工管理，实行工程监理制。还应推行竞投招标、工料包干等一系列措施，落实资金供应计划，以确保项目经营目标的顺利实现。

（6）本项目总投资 126 108.2 万元，庞大的资金需求将成为项目是否能如期进行的关键。在此情况下，可考虑将土地转让一部分筹集资金或以土地作价入股合作开发，招商引资，以缓解资金需求的压力。

例文评析： 房地产开发项目投资大、周期长、风险相对较高，本报告的目的是论证开发××广场项目的可行性，报告着重从地理位置、经济效益、资金投入、建设周期等方面进行了分析，引证丰富，数据翔实，结论十分明确，是一篇具有很强参考价值的可行性研究报告。

二、可行性研究报告文体概述

（一）可行性研究报告的文体含义

可行性研究报告又称可行性论证报告、可行性分析报告，或简称可行性报告，是有关企业、部门或专家组对拟出台的新法规、拟上马的项目，经过全面调查、分析、论证之后写出的实施该决策或项目的可行性、有效性的一种应用文书。

可行性研究报告是在作出决定前，从经济、技术、资金、风险、销售等方面，对决策或项目进行综合性地分析判断，并就法律、政策、环保以及对整个社会的影响，作出科学的认证与评价的局面表达形式。可行性研究通过全面、系统的分析方法而进行，所形成的文字材料具有一定的预见性与前瞻性，直接为可行性论证提供事实与理论依据。

对于投资主体而言，可行性研究报告能够提供投资决策的依据，减少投资决策的盲目性，降低经营风险，也可作为筹集资金和向银行申请贷款的依据，同时还可作为与项目协作单位签订经济合同的依据；对于政府主管部门而言，可行性研究报告是审批项目的基本依据；对于环保部门而言，是审查项目对环境影响的依据；对于施工方而言，是编制设计任务书、安排项目计划和实施方案的依据；对于监督机构而言，可以作为该项目完成后对其进行评价的依据。

（二）可行性研究报告的特点

1. 科学性

可行性研究报告的数据来源于科学严谨的调查研究，所依据的理论是已经得到实践验证的科学原理，所使用的研究方法也是较先进的科学方法。

2. 综合性

可行性研究报告的内容包括项目的多个方面，如经济效益、技术可行性、法律法规与政策环境等。

3. 系统性

可行性研究报告要围绕项目的各种因素进行系统的分析与论证，既有定性的，也有定量的；既有宏观的，也有微观的；既有正面的，也有负面的；既有近期的，也有远期的，力求能够从全局出发，找出最佳方案。

三、可行性研究报告的类型

（一）根据内容划分的类型

根据内容划分的类型可分为政策、改革方案可行性研究报告，建设项目可行性研究报告，引进或开发性项目可行性报告，中外合资经营可行性研究报告等。

（二）根据性质划分的类型

根据性质划分的类型可分为肯定性可行性研究报告、否定性可行性研究报告、选择性可行性研究报告。

大多数可行性研究报告属于肯定性可行性研究报告，即肯定、认可项目实施的必要和可行性；否定性可行性研究报告，即通过分析论证，发现拟议中的项目不具备实施的条件，从而予以部分否定或彻底推翻的报告；选择性可行性研究报告，即原拟议项目可能提出两个以上的实施方案，通过分析后，肯定其中一个方案可行，否定其他方案，或者在肯定原项目的前提下否定其具体实施方案，再提供两个以上的可行方案供决策者选用。

四、可行性研究报告的结构与写作方法

可行性研究报告通常内容丰富、篇幅较长，因此需要单独装订成册。它一般由以下几部分组成：封面、摘要、目录、图表目录、术语表、前言、正文、结论和建议、参考文献及附件。小型项目的可行性研究报告可以根据需要灵活地决定这些结构部分。

（一）封面

一般包括标题、委托单位、被委托单位、日期。

标题的写法有两种，一种是"事由+文种"，一种是"委托单位+事由+文种"，如"××股份有限公司风电项目的可行性研究报告"。

委托单位是项目的投资方和执行方。被委托单位是撰写可行性研究报告的专业机构。

日期是可行性研究报告的完成日期，要年、月、日齐全。

如果可行性研究报告是由项目投资方或执行方自己完成，则委托单位与被委托单位合二为一，只要写项目投资方或执行方的名字即可。在简单的可行性研究报告中，则项目投资方或执行方与成文日期可以作为尾部内容写在可行性研究报告的右下角。

（二）前言

前言部分一般需包括项目的背景、来由、目的、范围以及本项目的承担者和报告人，可行性研究的简况等。如果是中外合作投资项目，则主要包括以下内容：合资经营企业名称、法定地址、宗旨、经营范围和规模；合营各方名称、注册国家、法定地址和法定代表人姓名、职务、国籍；企业总投资、注册资本股本额（自有资金额、合营各方出资比例、出资方式、股本交纳期限）；合营期限、合营方利润分配及亏损分担比例。

可行性论证的结论等内容也可以放在前言中事先说明。

（三）正文

可行性研究报告的正文是整个报告的主体，也是最后结论和建议产生的基础，要求采用系统分析的方法，围绕经济效益，分析影响项目的各种因素，运用大量的数据资料，来论证拟建项目是否可靠，或对各种预选项目的方案进行分析、比较、认证和预测，以得出拟立项

目的必要性、可行性。不同项目可行性研究报告的内容也有所侧重。

1. 普通项目可行性报告正文的主要内容

（1）投资必要性。根据市场调查和市场预测，结合国家相关政策，论证项目投资建设的必要性。要求重点说明国内外市场的需求情况和市场预测，对已有的和在建的同类项目进行评估，从而确定项目的市场前景。

（2）项目地址选择及其依据。项目所处的具体地址，选择的理由，主要包括地理交通、位置、自然气候、地理特征等方面，也可以说明项目所处地域的人口、消费环境等方面的情况。如果项目存在环境污染的可能性，则还应当说明对污染的治理、劳动安全的保护、卫生设施的维护等方面的情况。

（3）技术前提与背景。这部分主要指项目生产过程中所应用的技术与工艺情况，包括技术装备和工艺过程的选择及其依据（包括国内外设备分批交货的安排）；也可指实施项目时所需要的技术条件，包括合理的设计技术方案。

（4）经济效益与财务设计。这部分主要从项目及投资者的角度出发，设计合理财务方案，从企业理财的角度进行资本预算，评价项目的财务盈利能力。如果是股份制企业，还应当从融资主体（企业）的角度评价分析股东投资收益、现金流量计划及债务清偿能力。财务分析部分还需要说明项目实施所需资金的筹措渠道及比例分配等情况。

（5）实施安排与人员组织。这部分内容主要说明实施该项目的组织安排（包括职工总数、构成、来源和经营管理）、建设方式、建设进度、物料供应安排（包括能源和交通运输）等信息。换言之，也就是要制定合理的项目实施进度计划、设计合理的组织机构、选择经验丰富的管理人员、制定合适的培训计划，从而保证项目顺利执行。

（6）风险因素及其对策。这部分是对项目实施过程以及项目完成后所存在的各种风险因素进行评估，并提出预防、控制的对策建议，为项目全过程的风险管理提供依据。项目所面临的风险主要有市场风险、技术风险、财务风险、组织风险、法律风险、经济及社会风险等。

2. 建设工程项目可行性报告的正文主要内容

建设工程项目的可行性研究报告的正文内容和普通项目没有本质区别，不同的是体现了更多的工程项目的特点，主要包括以下九个方面：

（1）项目的总体规模；
（2）项目所使用的资源、原材料、燃料及公用设施情况；
（3）项目的选址与环境；
（4）项目的整体设计方案；
（5）项目的环境保护、劳动保护与安全防护；
（6）项目的组织、定员和人员培训；
（7）项目实施的总体时间进度；
（8）项目的投资估算和资金筹措；
（9）项目的经济效益与社会效益。

（四）结论与建议

对项目的所有方面的分析之后，应对整个项目提出综合性的评价、结论，明确项目是否具有可行性，指出项目的优点、缺点以及难点并提出建议。

（五）附件

为了便于了解项目的详细情况，增强说明力度，可行性研究报告一般需要附有多种附件，常见的附件有试验数据、论证文件、计算图表、附图、营业执照副本、法定代表人证明书、合营各方的资产与经营情况说明、上级主管部门意见等。

任务实施

一、工作指导

为了顺利完成撰写可行性研究报告的任务，应在接受任务后进行充分的准备和沟通交流，必要时应当组建专门的工作小组，了解丰富的相关资料和信息，对企业所要求的经济效益、财务分析进行严密的调研和分析，对此次调研所获得的信息进行全面的分析，从而写出真实可靠的可行性研究报告。

二、写作指导

首部：由于该项目比较复杂，可行性研究报告的首部应当包括封面、目录、前言等部分，以示郑重。可以采用"事由+文种"构成该可行性研究报告的标题，标题可以写为"中泰机电公司电子商务平台项目可行性研究报告"。

主体：由于该可行性研究报告，不涉及厂址建设，因此也不涉及环境影响等内容。结合项目的实际情况，该可行性研究报告主体可以从以下几个方面撰写：项目概况（包括项目名称、时间、目标等内容）；项目建设单位概况；项目设计与实施方案；项目财务分析；风险预测等。对于所使用的各种报表，可以在正文之后单独作为附录集中列出，这样可使全文结构更加清晰严谨。

三、参考范文

中泰机电公司电子商务平台项目可行性研究报告

目录（略）

前言

随着世界经济一体化、全球化进程地加快，电子商务在企业的广泛应用，对扩大贸易机会、提高贸易效率、降低贸易成本、增强企业竞争力和应变能力有着不可估量的作用。只有加快发展电子商务，企业才能获得新的更大地前进动力。

一、项目概况

（一）项目名称

中泰机电公司电子商务综合网站项目

（二）项目建设单位

委托单位：中泰机电公司

受托单位：易方网络科技服务公司

（三）网站性质

综合平台（包括 B2B、B2C、OA）

（四）项目建设目标

（1）实现中泰机电公司物资采购和产品销售的网上交易。

（2）通过建立本企业和上、下游产业关联企业的数据仓库和数据挖掘技术，辅助选择合适的业务合作伙伴。

（3）通过优化决策模型快速生成物资采购方案、产品加工和销售方案。

（4）通过市场分析系统和财务分析系统快速生成生产方案。

（5）通过国际互联网实现低成本交易。

（6）通过电子商务网的商业运行模式，为公司提供一种新的发展方式，从而拓宽收入渠道。

（7）利用电子商务提高生产效率和综合竞争力。

（五）项目建设时间

2016 年 9 月 1 日~2018 年 8 月 31 日

（六）投资预算

本项目共需总投资约××万元，全部由委托方自筹。

（七）可行性研究的结论

通过本项目的实施，可以建立一个电子商务平台，使中泰机电公司的管理和生产水平上升一个新台阶，快速和国际接轨，通过整合企业物流、资金流和信息流，提升企业科学决策能力，提升企业竞争力，而且适应国家信息化发展战略思路，可以为社会提供丰富的信息资源，也可为我国更多的企业提供一个成功的电子商务案例。

二、项目建设单位概况（略）

三、项目背景与必要性

（一）项目背景

1. 电子商务概述（略）

2. 国家信息化发展趋势（略）

3. 电子商务与企业信息化的关系（略）

4. 公司信息化建设基本情况（略）

5. 电子商务作为企业竞争战略的优势（略）

（二）项目建设必要性

1. 企业间信息交流的要求

在全球经济一体化的大背景下，全球化大市场正逐渐形成。企业正面临越来越沉重的国内外同行业的竞争压力。由于生产者的需求不断变化，促使供应商们形成供应链。随着现代经济的不断发展，制造商对供应商提供的产品提出了更高的要求。生产者要求供应商提供集成度高的产品，以减少交易成本、提高效率。这些原因迫使供应商们紧密联合起来，形成一条供应链，对企业间的信息交流也提出了更高的要求。

2. 企业经营管理的要求（略）

3. 企业服务质量的要求（略）

4. 企业信息化发展的必然要求（略）

5. 电子商务市场发展的要求（略）

四、项目设计与实施方案

（一）网站设计方案（略）

（二）实施内容

1. 建立信息渠道（略）
2. 建立企业客户关系管理系统（略）
3. 建立企业分销资源管理系统（略）
4. 建立供应链管理系统（略）
5. 建立商业智能系统（略）
6. 建立企业进销存系统（略）
7. 建立办公自动化系统（略）

（三）进度计划（略）

五、系统安全设计（略）

六、项目的经济效益分析

（一）评价依据（略）

（二）项目计算期（略）

（三）经营成本

1. 生产消耗及生产成本（略）
2. 经营费用（略）
3. 管理费用（略）
4. 修理、维护费（略）
5. 财务费用（略）
6. 电子商务平台开发运行费用（略）
7. 折旧与摊销（略）

（四）经济效益

1. 直接经济效益（详见新增收入估算表）
2. 间接经济效益（详见新增收入估算表）

（五）新增经济效益

1. 新增收入（详见新增收入估算表）
2. 新增成本费用（详见总成本费用变动表）
3. 新增销售税金及附加（略）
4. 所得税（略）
5. 利润分配（略）
6. 投资指标分析（略）
7. 财务评价结论

本项目完成实施后，年可新增收入9970万元，新增销售税金1695万元，项目正常年利润总额5846万元，新增上交所得税1942万元。财务分析表明，项目投资利润率50.22%，投资利税率74.95%，所得税后投资回收期4.02年（含建设期2年），贷款偿还期3.12年（含建设期2年），各项财务评价指标良好。因此，本项目从财务角度是可行的（详见财务评价指标汇总表）。

七、项目风险分析与控制

电子商务作为一种业务的形式，不但提高了通信速度、加强了企业之间的信息交流，而且更重要的是降低了交易成本，提升了企业在市场上的竞争力，因此，电子商务在新经济条件下成为企业之间开展竞争与合作的重要手段。然而鉴于国内企业信用认证保证体系正处于建设过程，在许多方面需要进一步规范。因此，为了尽可能地保证系统的顺利实施，需要对各方面进行规范化、制度化管理。主要措施如下：

（一）信息发布管理

为方便用户了解信息，增强用户对网上交易的信心，建立企业信息发布中心以备用户登录查询。对在网站上发布的信息应本着真实、准确、完整的原则，不得弄虚作假、误导性陈述或重大遗漏。发布信息的范围主要包括网站的认证级别、自身的信用级别及其变化、产品信息、商业信息、服务条款、监督机构规定的其他信息。

（二）电子交易管理

电子交易管理作为交易过程的重要环节，在电子商务信用风险管理中占有极其重要的一个方面，它是决定交易能否正常进行及后期账款能否顺利回收的关键，因此，我们制订一系列与此有关的重要程序，做到万无一失，滴水不漏。电子交易管理涉及以下条款：信用记录、保证金条款、电子合同管理。

（三）内部作业管理

强化内部作业程序的管理，针对网上交易的具体环节制订与之匹配的业务流程和服务体系，充分利用网络资源和内部信息资源，调查和收集客户的信用资料，采用一整套科学的评估技巧和手段，把各种数据按照信用要素的重要程度加以客观分析，评估出风险的程度，最终决定是否给予客户信用以及信用额度和交易方式。这方面管理包括建立电子交易信用风险管理部门、客户资料的收集和档案管理、制订严密的贸易合约、建立合理的物流配送网络和分销中心、建立对合同期内的应收账款管理、定期检测交易系统的安全、维护，并定期更新信息、建立快速反馈系统。

附录：

1. 电子商务平台系统投资概算表（略）
2. 流动资金估算表（略）
3. 投资计划与资金筹措表（略）
4. 新增收入估算表（略）
5. 财务评价指标汇总表（略）

实训练习

一、某大学应届毕业生准备自主创业，计划选择了以下创业项目。请你根据自己的兴趣和所掌握的资料，选择下面其中一项并撰写可行性论证报告。

（1）以经营轮滑运动装备为主的商店。

（2）可承揽打字、复印、排版、设计、装订业务的文印社。

（3）休闲饰品店或服装店。

（4）小型商店或超市。

二、假如你所在的系准备成立一支礼仪模特队，挑选合适的学生进行专业训练，为各类会议、庆典提供礼仪服务。请撰写一份可行性研究报告，针对学生礼仪模特队这一项目进行研究，得出明确结论。

撰写经济活动分析报告

活页:"一图看懂写作技法"

活页更多精彩内容

北京理工大学出版社《财经应用写作》活页式配套资料
韦志国 宋少净 原创制作

一图看懂写作技法
调查问卷设计方法

调查问卷是在调研执行过程中,为了解受访者的观点、意见等信息,而设置了若干问题供其回答的一种文体,能够在更广大范围内、收集更加丰富的信息。

标题由调查主题和"问卷"构成 → "90后"群体购车行为调查问卷

调查单位:××汽车股份有限公司　时间:2019年10月

前言简要说明背景、目的、答卷方式与要求、奖项设置等内容。 → "90后"群体具有时尚、前卫、个性等标签。这些特点在购车行为中有怎样的体现呢?为了解"90后"人群的汽车消费习惯,特进行此次调查。期待您热情积极的参与。请将调查问卷填写完毕后点击底部的"提交"按钮。我们会从问卷中抽取幸运客户,精美的车模等您来领取!

问题数量不宜过多 20分钟内可答完

1. 如您已经购买了轿车,车型是___,排量___,是[手动档 自动档],是[二厢 三厢],购买时间___年___月,购车价格___万元。

每个问题都要排序依次编号

2. 您在选购该车时,通过以下哪些渠道获得车型信息(可多选,限三项)(　)
   A.汽车网站　B.报纸书刊　C.电视/电台广告　D.去4S店了解
   E.朋友推荐　F.户外广告(如楼宇广告)　G.车展现场
   您最初的是通过以上哪种渠道了解的?(　)

问题顺序由易到难

3. 请您对以下购车考虑因素排序: ← **封闭型问题有若干备选答案,占主要比例**
   A.品牌　B.价格　C.油耗　D.性能　E.品质　F.造型
   G.服务　H.配置　I.内饰　J.车内空间　I.其他
   第一位是(　),第二位是(　),第三位是(　)
   …………

封闭型问题备选答案要覆盖全部可能性,必要时设置"其他"项。选项排序要科学,每个选项都要依次编号

4. 你喜欢国产车还是进口车?原因是什么? ← **开放型问题无固定答案,一般排在后面**

个人基本情况

受访者个人情况问题可在前部或后部

1. 您的性别:A.男　B.女
2. 您是哪年出生的:A.1990-1995年　B.1996年及以后
3. 您的家庭生活成员状况:A.单身及父母　B.单身　C.夫妻/情侣　D.夫妻及小孩
4. 您的教育情况:A.大专以下　B.大专　C.本科　D.硕士及以上

问题类型及备选答案与主体问题要求一致

5. 您的个人月收入是:
   A.3000元以下　B.3001-4000元　C.4001-5000元
   D.5001-8000元　E.8001-10000元　F.10000元以上
6. 您的家庭年收入是:
   A.8万元以下　B.8-12(含)万元　C.12-15(含)万元
   D.15-20(含)万元　E.20-25(含)万元　F.25万元以上

隐私类内容要保密

7. 您的职业是:
8. 请留下您的姓名和联系方式:

北京理工大学出版社《财经应用写作》活页式配套资料
韦志国　宋少净　原创制作

一图看懂写作技法

市场调研报告的主要内容与写作方法

市场调研报告，也称为市场调查报告，在对商品的市场情况进行调查、分析的基础上撰写的整理市场信息、揭示经营规律、提供决策参考的一种调查报告。

  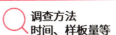

调查目的　主题、背景　　调查方法　时间、样板量等　　基本结论　内容摘要

前言

基本情况　介绍调查获知的事实、数据　　　论证分析　根据基本情况，分析原因、规律、趋势，并归纳小论点，汇总大论点

论证分析

消费者比较关注汽车排量、外观和销售价格

三四线城市的消费者更多的关注汽车的排量，他们一般比较喜欢小排量、低耗油的车，比较关注汽车的外观，希望外观看起来更加的豪华和大气。他们对汽车的销售价格比较敏感，据统计三四线城市消费者对价格超过10万元汽车的接受比例为25%，价格在7万元至10万元接受比例为60%，价格在7万元以下接受比例为15%。

全文总的结论和观点　　对未来经营工作的建议　建议可行性强，条理清晰

结论建议

加快研发速度，尽快占领市场

我公司应该加快研发的速度，争取在年底推出适合三四线城市消费者需求的汽车。在研发过程中，要采用小排量、低耗油的发动机，外观要做的华美。控制研发与生产成本，每台车成本控制在4万元左右，售价控制在7万元至10万元之间。

调查问卷　　各类图表清单　　参与单位　协助单位

附录

北京理工大学出版社《财经应用写作》活页式配套资料
韦志国　宋少净　原创制作

一图看懂写作技法

可行性报告的主要内容与写作方法

可行性报告，即可行性研究报告，又称可行性论证报告、可行性分析报告，是有关企业、部门或专家组对拟出台的新法规、拟上马的项目，经过全面调查、分析、论证之后写出的实施该决策或项目的可行性、有效性的一种应用文书。

前言

- **项目概况**：名称、地址、拟建时间、经营范围、基本业绩、研究者与执笔人等信息
- **论证主题**：目的、背景
- **基本结论**：内容摘要

论证分析

- **政策背景**：国家当前政策导向与本项目的关系，是否存在政策风险
- **市场分析**：市场需求情况和市场预测，评估市场同类项目的竞争力
- **地址选择及其依据**：交通、位置、自然气候、地理特征、地域人口、消费环境、污染治理、劳动安全保护、卫生设施等方面的情况
- **技术工艺可行性**：技术装备、工艺过程的选择及其依据，实施项目所需的技术条件、合理的技术方案
- **经济效益与财务分析**：财务方案、资本预算、盈利能力、投资收益、现金流量、债务清偿能力、资金筹措渠道
- **实施安排与人员组织**：职工总数构成来源、建设方式、建设进度、物料供应、进度计划、组织机构、管理人员
- **风险因素及其对策**：评估项目所面临的有市场风险、技术风险、财务风险、组织风险、法律风险、经济及社会风险等各类风险因素，并提出预防控制的对策建议

结论建议

- **可行性结论**：对整个项目提出综合性的评价结论，明确项目是否具有可行性
- **对未来实施的建议**：指出项目的优点、缺点、难点并提出针对性建议。建议可行性强，条理清晰

项目二　招投标文书

任务一　撰写招标公告

教学目标

1. 了解招投标工作的基本知识；
2. 理解招标公告的含义、特点；
3. 掌握招标公告的结构与写作方法。

任务引入

易方网络科技公司租赁了天河大厦写字楼的一个楼层作为办公场地，需要对其进行全面装修。易方公司准备采用招投标的方式选择能够承担该装修项目的装修公司，请为其撰写一份招标公告，将这一装修项目的相关招标信息告知相关的装修公司。

该招标公告应当符合以下三点要求：① 准确简要地载明这一装修项目的基本情况；② 对有意投标的装修公司提出必要的合理要求；③ 用语庄重简洁，条理清晰，格式规范。

相关知识

一、招标公告例文评析

【例文】

××公司××××年烟叶运输招标公告

××公司××××年烟叶运输项目已由××省烟草公司批准，前期准备手续已办理完毕，招标人为××公司，招标代理机构为××建设工程招标咨询有限公司，现对该项目进行公开招标。

一、项目概况

（一）项目名称：××公司××××年各烟叶运输

（二）运输物资的品种及数量：烟叶，数量约 1 950 吨①

（三）运输的起止地点：××县各烟站至××烟草物流园

（四）运输时间要求：烟叶收购起始至结束

（五）承包方式：货运总承包

---

① 1 吨＝1 000 千克。

（六）项目控制价：招标人项目控制价为110.00元/吨（含承运方应缴的税金），投标人的投标报价不得高于项目控制价。

（七）纳税：承运人应当按有关法律法规的规定纳税，承运方的应缴税金包括在投标报价中。

二、投标人资格要求

具有相应货物运输资质及合同履行能力的企业。本次招标不接受联合体投标。

三、报名方式

（一）报名文件：凡具备上述资格条件并对本项目有意参与的投标人，报名时请携带以下证明材料的原件及复印件一套：年检合格的企业法人营业执照副本、道路运输经营许可证副本、税务登记证副本、年检合格的组织机构代码证副本、法定代表人证明和身份证（法定代表人授权的必须持有法人代表授权书和被授权人身份证）。

（二）报名时间：××××年7月10日—××××年7月16日（法定公休日除外），每日上午9:00~11:30时（北京时间，下同），下午14:00~17:00时。

（三）报名地点：××建设工程招标咨询有限公司（××市××经济开发区××路13××）

（四）招标文件获取：在指定时间提交上述指定文件，现场通过审查者即可免费领取招标文件。

四、发布公告的媒介

本次招标公告同时在《中国采购与招标网》《××省政府采购网》上发布。

五、联系方式

招标人：××公司

联系人：杨××

电　话：×××-87654321

招标代理机构：××建设工程招标咨询有限公司

地　址：××经济开发区××路××号

联系人：赖××

电话（传真）：×××-87654322

××公司（公章）

××建设工程招标咨询有限公司

××××年7月5日

例文评析：这是一份对外公开招标的招标公告，主要内容是介绍项目概况，提出对投标企业的资质要求，说明投标需要的相关文件以及时间安排。全文信息全面、要求明确，有利于企业根据自身情况决定是否参加投标。

二、招标（投标）工作概述

（一）招标（投标）的含义

招标（投标）是在市场经济条件下进行大宗货物的买卖、工程建设项目发包与承包以及服务项目的采购与供应时所采用的一种交易方式。

招标（投标）活动主要有两方面的主体参与其中，分别是招标人和投标人。招标人是依照法律规定提出招标项目、进行招标的法人或其他组织。投标人是响应招标、参加投标竞争的法人或其他组织。招标和投标在本质上是同一活动，因此也称为招投标。

（二）招标（投标）的工程建设项目

按照我国相关法律规定，下列工程建设项目包括项目的勘察、设计、施工、监理以及与工程建设有关的重要设备、材料等的采购，必须进行招标的有：大型基础设施、公用事业等关系社会公共利益、公众安全的项目；全部或部分使用国有资金投资或国家融资的项目；使用国际组织或外国政府贷款、援助资金的项目。

这里的"工程建设项目"是指工程以及与工程建设有关的货物、服务。其中的"工程"是指建设工程，包括建筑物和构筑物的新建、改建、扩建及其相关的装修、拆除、修缮等；与工程建设有关的货物是指构成工程不可分割的组成部分，且为实现工程基本功能所必需的设备、材料等；与工程建设有关的服务是指为完成工程所需的勘察、设计、监理等服务。

（三）招标（投标）产生的条件

招标（投标）这种交易方式并不是自古产生的，其出现和发展需要一定的社会条件。首先，市场经济体制应当发展的比较充分，各种资源能够通过市场得到合理地配置，招标人和投标人都能够通过市场机制自主决定交易活动；其次，与市场发育相配套的法律法规应当比较健全，尤其是要形成和招投标活动相关的法规体系；最后，市场进入买方市场，招标方能够有充足的选择范围。

（四）招标（投标）的特点与优点

招标与一般的交易方式相比，主要有以下三个特点：首先，招标是由参加投标的企业按照招标人所提出的条件，一次性递价成交的贸易方式，双方无须进行反复磋商；其次，招标是一种竞卖的贸易方式；最后，招标在指定的时间和指定的地点进行，投标必须根据事先规定的条件进行，如不符合其条件，则难以中标。

招标投标这种交易方式具有明显的优点：第一，招标方通过各投标竞争者的报价和其他条件进行综合比较，从中选择报价低、技术力量强、质量保障体系可靠、具有良好信誉的供应商、承包商作为中标者，与其签订采购合同，有利于节省和合理使用采购资金，保证采购项目的质量；第二，招标投标活动要求依照法定程序公开进行，有利于避免腐败和不正当竞争行为；第三，招标投标的交易方式，对于供应商、承包商来说，只能通过在质量、价格、售后服务等方面展开竞争，以尽可能充分满足招标方的要求，取得商业机会，体现了在商机面前人人平等的原则。

（五）招标（投标）的基本过程与环节

招投标的工作主要包括招标、投标、开标、评标与定标等环节程序。一次完整的招标与投标的基本过程是：由招标人发出招标公告或通知，向社会和潜在投标人告知相关信息，邀请潜在的投标人进行投标；投标人应当按照招标文件的规定编制投标文件，进行投标；招标单位按照招标文件规定的时间、地点和程序进行开标、唱标，对各投标人所提出的价格、质量、交货期限和该投标人的技术水平、财务状况等因素进行综合比较，确定其中最佳的投标人为中标人，最终并与之签订合同。

招标与投标工作过程比较复杂，在每一环节都会使用到应用文，主要有招标公告、投标邀请函、招标书、投标函、投标书、中标通知书、合同等。

（六）招标工作的分类

招标主要分为公开招标和邀请招标两种类型。

1. 公开招标

公开招标又叫竞争性招标，是指招标人以招标公告的方式邀请不特定的法人或其他组织投标。由招标人在报刊、电子网络或其他媒体上刊登招标公告，吸引众多企业单位参加投标竞争，招标人从中择优选择中标单位的招标方式。按照竞争程度，公开招标可分为国际竞争性招标和国内竞争性招标。

2. 邀请招标

邀请招标也称有限竞争性招标或选择性招标，是指招标人以投标邀请书的方式邀请特定的法人或其他组织投标。在邀请招标过程中，由招标单位选择一定数目的企业，向其发出投标邀请书，邀请他们参加招标竞争。一般都选择 3~10 个参加者较为适宜，要视具体招标项目的规模大小而定。由于被邀请参加的投标竞争者有限，不仅可以节约招标费用，而且提高了每个投标者的中标机会。由于邀请招标限制了充分的竞争，因此招标投标法规一般都规定，招标人应尽量采用公开招标。

三、招标公告文体概述

（一）招标公告的文体含义

招标公告是招标单位为了将招标信息发布出去以供投标方获取基本信息而采用的一种告知性文体，一般通过报刊或其他媒介公开发布。

依法必须进行招标的项目的招标公告，应当通过国家指定的报刊、信息网络或其他媒介发布。

（二）招标公告的特点

1. 公开性

这是由招标的性质决定的。因为招标本身就是横向联系的经济活动，凡是招标者需要知道的内容，诸如招标时间、招标要求、注意事项等，都应在招标公告中予以公开说明。

2. 紧迫性

因为招标单位和招标者只有在遇到难以完成的任务和解决的问题时，才需要外界协助解决。而且要在短期内尽快解决，如果拖延，势必影响工作任务的完成，这就决定了招标公告是具有紧迫性特点的。

四、招标公告的类型

招标公告的类型主要取决于招标工作的性质。按照招标内容来划分，可以分为建筑工程招标公告、劳务招标公告、大宗商品交易公告、设计招标公告、企业承包招标公告、企业租赁招标公告等。按照招标的范围来划分，可以分为国际招标公告、国内招标公告、系统内部招标公告和单位内部招标公告等。

五、招标公告的结构与写作方法

（一）标题

招标公告的标题一般由招标单位名称、项目名称和文体名称（招标公告）构成，如果有必要也可以写明年份，如"××房地产开发公司××项目电梯采购招标公告"。

招标单位，尤其是招标代理公司，如果发布的招标公告数量较多，为了便于管理，就需要为每份招标公告编制序号，一般由招标单位名称缩写、年度和顺序号构成。编号可以在标题下一行居中或右侧位置注明。

（二）前言

招标公告一般在最前面需要写简短的前言，主要内容为招标依据、时间，并表明欢迎投标的诚意。

（三）主体

招标公告主体是所发布的招标信息的关键部分。根据《中华人民共和国招投标法》的规定，招标公告应当载明招标人的名称和地址、招标项目的性质、数量、实施地点和时间以及获取招标文件的办法等事项。具体而言包括以下五项内容：

（1）招标项目的基本信息，如项目名称、性质、数量、日期、地点等；
（2）对投标人资格条件的要求；
（3）获取招标文件的办法、地点、时间和费用；
（4）招标人的名称、地址和联系方法；
（5）需要公告的其他事项。

这些内容应当尽量简洁，能够写入招标文件的内容应当在招标文件中另行载明，投标人可以在获取招标文件后进行详细的了解。

（四）落款

注明招标单位（加盖公章），以及发布时间，年、月、日齐全。

任务实施

一、工作指导

撰写这份招标公告应当首先了解国家关于招投标的法律法规，其次要对招标工作的总体流程进行了解，第三要重点了解装修工程项目的相关知识，例如，项目的内容、施工企业的资质等信息。理解掌握了这些信息知识，在撰写招标公告时才能有的放矢。

二、写作指导

标题：可以采用招标单位、招标项目名称和文体的方式构成。

主体：由于该项工程比较复杂，可以简要说明工程的概况、内容等信息，更为详尽的资料应当在招标文件中载明；为保证工程质量，减轻招标工作难度，应当对投标人的资格应当进行必要的限定；对于报名参与投标的单位，应当要求提供相关文件以便审查。此外，还应写明招标报名的时间地点、联系方式等信息。

三、参考范文

易方网络科技公司办公楼装修工程招标公告

易方网络科技公司拟对位于××街×号的天河大厦六层的办公楼进行装修,现对该装修工程进行招标,欢迎合格的投标人参加投标。

一、工程概况

(一)工程名称:易方网络科技公司办公楼装修工程

建设地点:××市××路×号天河大厦六层

建筑面积:754.61平方米

工期:50天

(二)工程内容:室内外装修装饰、消防系统、强弱电、空调系统、综合布线、广告牌制作等。

(三)发包范围:见施工图

(四)资金来源及落实情况:自筹,已落实

(五)质量等级:优良

二、投标报名条件

投标申请人须是具备建设行政主管部门核发的建筑装修装饰工程专业承包二级(含)以上资质的法人单位或其他组织。

凡具备承担招标项目的能力并符合上述规定资格条件的施工企业,均可参加投标。

三、投标报名方式、时间和地点

(一)报名提交文件

申请人必须提交以下证件方可报名:

(1)安全证原件(留复印件);

(2)营业执照、资质证书、企业简介;

(3)无拖欠工人工资证明信原件(可到××市建设局开具);

(4)法人委托书原件;

(5)被委托人身份证原件(留复印件);

(6)外地投标申请人应出示资质证书,营业执照;

(7)以往施工经验介绍(含相关证明材料)。

(二)报名地点与时间

报名地点:××市××大厦××××室

报名时间:××××年7月20日上午9:00~12:00

(三)领取招标文件时间:××××年7月22日上午9:00

(四)现场勘察时间:××××年7月22日上午10:00

(五)开标时间:××××年7月31日上午9:00

开标地点:××大厦六层会议室

参加报名的投标申请人应按照招标文件要求的时间和地点送达标书并按时参加开标会,

并按照招标文件要求如数交纳投标保证金（3万元），否则丧失投标资格。

四、联系方式

联系人：××

联系电话（传真）：87654321

地址：×××路××号

招标人：××公司
××××年7月10日

实训练习

一、某大学准备采购一套教务信息综合管理系统，请查阅相关资料，了解这类产品的相关知识，并根据所了解的情况撰写一份招标公告。

二、某写字楼业主单位计划将该栋大楼的全年保洁工作外包给保洁公司，请查阅相关资料，根据所了解的情况撰写一份招标公告。

任务二　撰写招标书

教学目标

1. 了解招标书的含义、特点；
2. 理解招标书的类型；
3. 掌握招标书的结构与写作方法。

任务引入

易方网络科技公司租赁了天河大厦写字楼的一个楼层作为办公场地，需要对其进行全面装修。易方公司准备采用招投标的方式选择能够承担该项工程的装修公司，请帮忙撰写一份招标书。

该招标书应当符合以下三点要求：① 准确载明这一装修项目的基本情况与基本要求；② 内容完整严谨；③ 用语庄重简洁，条理清晰，格式规范。

相关知识

一、招标书例文评析

【例文】

××学院体育馆座椅采购项目招标书

××学院因新校区建设需要，拟订购一批体育馆座椅，现向有资质的社会供应商公开询价招标，欢迎各投标供应商前来投标。

一、品名、数量、规格（见表 3-2-1）

表 3-2-1　××学院体育馆座椅品名、数量及规格

名称	数量	规格尺寸/mm	备注
体育馆主席台座椅（连体立式）	57	座高（430±3）mm，背高 450 mm，中心距 480 mm，座椅深度 550 mm；吹塑厚 80 mm，最薄处壁厚不低于 4 mm，高压铸铝支架	座椅安装通道对齐，高度一致，不产生明显落差；椅子的正、反面醒目处应喷设荧光座号牌（夜晚无光时号牌清晰可见），任一段走道两头座椅侧面醒目处应喷设荧光排号（夜晚无光时排号清晰可见）。需要提供样品；详见技术要求
体育馆观众席座椅（悬挂式）	1 800	座高（430±3）mm，座深 420 mm，座宽 450 mm，背高 390 mm；吹塑厚 80 mm，高压铸铝支架	

二、招标答疑

各投标单位对本次招标有不明之处或招标合理建议，请于××××年 5 月 8 日 16:00 前以书面形式送达××学院设备处或传真××××××，招标人于××××年 5 月 9 日 16:00 前将答疑文件在学院网站公告栏内公布。

三、技术要求

1. 体育馆主席台座椅

（1）样式：自动折叠式椅子，配扶手。

（2）座椅收起方式：通过椅面自动收起，无须弹簧装置；座椅收起时椅面与椅背夹角≤20°，减少占用空间，便于清洁保养。

（3）原料：座椅以进口高密度聚乙烯为原料，采用国际最先进的中空吹塑工艺制成；软席表面包海绵。

（4）外形：座椅外观不仅美观大方，坐感舒适，充分体现人体工程学；安全、耐用。

（5）扶手：采用优质 ABS 塑料，持久耐用；座椅扶手能随椅面、靠背同时活动，减少占用空间。

（6）颜色：红色。

2. 体育馆观众席座椅

（1）座椅的设计、造型及安装方式应符合国际通用要求，既要造型美观，又要坐感舒适，同时兼顾便于安装、维护和管理。座椅表面必须便于清洗，其渗水孔最多不得超过 2 个，达到防滑、防聚水、防反光的要求。

（2）规格尺寸：椅面宽度 450 mm 左右，椅面深度 420 mm 左右，椅背高度 390 mm 左右。

（3）椅面，具体要求如下：

① 椅面材质：高密度聚乙烯。

② 生产工艺：中空吹塑成型工艺。

③ 椅面重量：不低于 2.50 千克/张，最薄处壁厚不低于 3 mm。

（4）安装与支架，具体要求如下：

① 座椅要求采用悬挂式铝合金压铸支架，通过膨胀螺栓紧固在水泥台阶上，座椅椅脚固定采用特制紧固件——M10×80 击芯膨胀紧固，每个击芯膨胀可抗拉力 1 000 kgf 以上

（C25 混凝土）。座椅固定件不外露。座椅可承载 200 kg 以上，并耐冲击。椅座加载 950 N×20 万次，椅背加载 320 N×20 万次以上。座椅耐高低温要求为 +75℃～-50℃。座椅有红、兰、黄、绿等颜色按××学院要求制作。

② 座椅连接横梁采用二根外径为 33.5 mm 冷轧钢管，壁厚不低于 2.75 mm。

③ 座椅支架（椅脚）为高压铸铝，表面经静电喷塑处理；椅脚和座椅的扣件用 2.5 mm 厚的钢板冲压而成，表面经硫酸去锈，磷化后烘房喷塑；椅脚数≥座椅数/1.8，椅脚在座椅正下方，椅脚最多隔一个座椅。

3. 综合性能

必须符合国家体育总局体育器材装备中心体育场馆设施标准，并提供相关证明文件。

4. 力学性能

符合 GB/T 10357—1989 标准；或以体重不小于 65 kg 的人进行人工试坐，试坐次数≥50 000 次试验后，各零部件应无断裂及豁裂现象、椅背与支架应无位移变化。提供省级产品质量监督检验所出具的合格检验报告。

5. 抗老化性能

要求人工加速老化（1 500 h）试验后，椅面应无明显褪色、变色、表面开裂现象；颜色变化，色差 $\Delta E \leqslant 4.5$；简支梁冲击强度保持率≥50%；拉伸强度保持率≥60%；弯曲弹性模量保持率≥60%。提供省级产品质量监督检验所出具的合格检验报告。

6. 耐候性能

处于 -30℃ 低温环境中 2 h 后无明显颜色变化、不开裂；简支梁冲击强度保持率≥60%；拉伸强度保持率≥60%；弯曲弹性模量保持率≥60%。在 60℃ 高温环境中 2 h 后无明显颜色变化、不开裂；简支梁冲击强度保持率≥100%；拉伸强度保持率≥60%；弯曲弹性模量保持率≥60%。

7. 使用年限

座椅整体使用寿命不低于 10 年。

8. 所有材料负差不得超过国家规定标准（需另附质保书）

钢架部分焊接均采用二氧化碳保护焊工艺焊接，焊点牢固，平滑、美观，绝无气泡和漏焊、假焊、毛刺等现象，所有金属部件全部采用静电固体粉末喷塑而成。装配所有螺丝均配有防褪、防松动装置，不易被手工拆除，连接部位安全牢固，耐冲击，抗震动；座椅整体安装规范、牢固，长期使用时绝无松动、摇晃现象发生。

9. 座椅执行标准

应按轻工行业标准 QB/T 2601—2003《体育场馆公共座椅》中有关标准执行，并提供相关国家级的检测报告（理化性能、力学性能、耐老化性、阻燃性要求、具有人造板部件的座椅甲醛释放量等）。

10. 保修和维修服务

对整个工程须提供五年以上免费保修服务和终身维修更换服务；接到报告（电话）后，按要求尽快到现场，并在 48 小时内修复。

11. 冷轧钢板（管）表面处理工艺

表面处理采用碱性助洗脱脂，磷酸除锈，锌系磷化后，粉末喷粉。

（1）表面处理工艺程序：工作水洗脱脂、水洗、除锈、水洗、表面磷化、水洗、烘烤、喷粉、固化、喷塑产品。

（2）喷塑理化性能：光泽度为60%~70%、硬度≥0.5度、冲击强度≥5 N.M、附着力不低于4级要求、喷膜厚度≥70 nm。

12. 所用主要材料

均要采购质量合格产品，交货时，需附产品材料质量保证书复印件（加盖材料供应商单位公章）。

13. 所投产品所用原材料必须为国家质检机构有关部门认证过的且合格以上的产品

四、投标文件组成

1. 所投产品（吹塑）资质证明

（1）具有国家有关机构颁发的ISO 9001、ISO 14001认证企业产品（复印件，若提供假证件，网上查不到，信誉保证金没收）。

（2）具有国家有关机构颁发的环保标志使用许可证（认证书）。

（3）具有独立企业法人资格、注册资金在700万元人民币以上的资质单位（复印件）。

2. 法人授权委托书

3. 营业执照（复印件）

4. 投标报价

分别报两个方案价：一是座式座椅单价、总价（不带悬式架、连体式架的价格）；二是连体式座椅、悬挂式座椅单价、总价（包括支架价格）。投标单位的投标报价均已包括了为实施和完成招标内容所需的劳务、材料、运输、装卸、安装、机械、质检、保修、管理、安全、保险、利润、税金、政策性调价、市场变化以及合同明示的所有责任、义务和风险等到达交货及现场安装所需的一切费用。

5. 服务承诺等有效文件

三包期限及服务响应时间等。

五、无效的投标

（1）超时送达；

（2）投标文件未密封；

（3）投标文件未按规定加盖本单位印章；

（4）投标文件缺少应提供的文件；

（5）在投标文件中未明确规格、型号、技术参数和类别；

（6）开标时，参加投标的授权代表未能对投标疑点给予澄清，在这种情况下，评标小组将视作投标商自动弃权；

（7）曾为我院供应物资设备，但产品经首次验收就存在不合格的资信不良企业的标书；

（8）其他不符合招标文件要求的投标。

六、投标时间

××××年5月10日16:00前。

七、标书投递方式

（1）接收部门：××学院监察室。

（2）请各投标商于规定投标时间内，将投标文件用文件袋封口，并在封口处盖上单位公章后，凭我院财务处开出的投标信誉保证金、报名费收据回执联，送达我院监察室（新校区北园行政办公楼 419 室），送往其他部门无效。标的样品送到我院城南大学城新校区北园。我院拒绝任何迟到的投标文件。

八、开标时间

××××年 5 月 11 日。

九、准备供货时间

××××年 5 月 30 日前。

十、付款方式

本次中标单位在与我院签订合同后没有预付款。合同期间内货到我院安装完毕，验收合格后，付合同款的 90%；余下 10% 合同款作为质保金，待一年后无质量问题及其他违约事项一次付清。

十一、评标原则

我院评标小组将本着公平、公正、公开的原则，对投标标的质量、报价、服务、交货期、投标商的信誉以及其他各方面因素综合评定，主要有以下六个方面：

（1）投标文件必须基本符合招标文件要求；
（2）报价合理；
（3）投标商具有履约能力；
（4）能够提供最佳服务，保证质量；
（5）对投标商投标报价超过当时媒体公布价格的，评标小组有权作废标处理。
（6）本院保留拆标权。

十二、说明

（1）投标文件一律不退，请投标商自留底稿。
（2）经本院研究确定中标单位后，对其他未中标单位将予以通知，但未中标的原因不予解释。
（3）投标商向××学院提交标书，即表明响应我院招标文件中的各项规定。交纳 200 元人民币报名费（该费用一律不退），同时还要交纳 10 000 元人民币投标信誉保证金，开标后，未中标的，可立即办理保证金退款手续；中标的，在货全部到齐后如数退回。另未中标样品在开标后十个工作日内自行取回，否则视为厂商弃权并无偿赠送我院。
（4）接到中标通知后中标单位必须在三个工作日内前来我院签订合同，若发生中标商拒绝按规定时间签订合同，我院将其视作该中标商放弃此次中标权，该中标商所交纳的 2 000 元投标信誉保证金不予退还，我院有权决定第二中标单位或重新组织招标。
（5）投标商为投标所发生的一切费用均由投标商承担，包括投标书的编制、送标书等费用。
（6）本次招标工作接受我院监察室的监督，各投标商如对我院招标工作的公正性有所怀疑，可向我院监察室投诉，投诉电话：××××××。

十三、本标书的解释权归××学院设备处。如对本文件有不明之处，请与××学院设备处联系。邮编：×××××× 联系电话：××××××

招标单位：××学院设备处
××××年 2 月 12 日

例文评析：这是一份招标书，内容主要包括招标项目说明和招标过程说明两大部分。招标项目说明主要介绍了招标产品的数量、质量要求、安装要求、标准要求等；招标过程说明主要介绍了投标条件、投标要求、招标程序等内容。全文内容完备，层次清晰，有利于投标单位理解和以此编制投标书。

二、招标书文体概述

（一）招标书的文体含义

招标书，也称招标文件，是招标人向潜在投标人发出的要约邀请文件，告知投标人招标项目内容、范围、数量与招标要求、投标资格要求、招标投标程序规则、投标文件编制与递交要求、评标标准与方法、合同条款与技术标准等招标投标活动主体必须掌握的信息和遵守的依据，对招标投标各方均具有法律约束力。

招标文件的有些内容只是为了说明招标投标的程序要求，将来并不构成合同文件，例如，投标人须知；有些内容，则构成合同文件，例如，合同条款、设计图纸、技术标准与要求等。

招标书的内容比较复杂，某些情况下附件比较多，因此往往需要单独装订成册，向投标人出售。

（二）招标书的特点

1. 公开性

招标投标活动应当遵循公开、公平、公正和诚实信用的原则，这就决定了招标书的基本特点：公开性。首先，招标书应当公开地散发或发售给具有资格的投标人，不能人为地设置限制范围；其次，招标书所登载的信息应当做到公开透明，不得对相关信息进行隐瞒，不得误导投标人。

2. 严谨性

招标书中登载的信息一方面反映了工程项目、货物或服务的实际情况、技术标准要求，另一方面也是投标人编制投标书的依据，因此对于信息准确性的要求非常高。在编制招标书过程中，必须反复确认关键信息，确保万无一失。如果需要对招标书进行修改，则应当及时以适当方式告知投标人。

三、招标书的类型

根据招标项目的差异，招标书可以分为以下三种类型：

（一）工程建设项目招标书

工程建设项目是指通过工程建设的实施，以形成固定资产为目标的特殊项目，通常在一个总体策划或工程设计的约束范围内，由一个或若干个有内在联系，包含了建筑物、构造物、建筑设备、生产与工艺设备等单项工程所组成。工程建设项目招标书，即为了实施特定的建设项目或就项目的某一部分而针对项目需求编制的招标书，这种招标书内容比较复杂，甚至会根据需要形成多册标书。

（二）货物采购招标书

货物是为了满足需要的有形商品，以招标方式获得的货物，往往为大宗货物，或者资金源于政府财政，根据相关法律规定应当进行招标。货物采购招标书即为了购买某种实物商品而编制的招标书，其内容往往侧重于关于货物的具体标准要求。

(三) 服务项目招标书

服务项目是服务方根据客户的某种特定需求，将自己所具有的知识、经验、专有技术、知识产权等提供给客户，使客户获得一次性的信息和帮助的过程。服务项目可以分为两种：一是无形的服务，而不是有形的产品；二是一种高知识含量的定制性服务。服务项目招标书即招标人为了获取某一特定服务而编制的招标书，侧重于服务范围、服务方式、服务要求等内容。

四、招标书的结构与写作方法

招标项目所涉及的因素往往非常复杂，为了保证招投标活动的严肃性，招标书的结构与内容也会比较复杂。

(一) 封面

招标书篇幅较长，需要单独封面。封面的内容主要包括项目名称、标段名称（如有）、"招标文件"四字、招标人名称和单位印章、时间。

(二) 招标书的基本构成

由于招标项目的类型比较多样化，相应的招标书内容也存在一定的差异。无论何种项目的招标书，按照有关招标投标法律法规与规章的规定，一般由以下七项基本内容构成：

1. 招标公告或投标邀请书

投标书的前半部分一般需附上招标项目的招标公告，如果是邀请招标，则可附上投标邀请书。

2. 投标人须知

投标人须知是招标投标活动应遵循的程序规则和对编制、递交投标文件等投标活动的要求，主要内容包括如下八方面：

(1) 项目概况。应说明项目已具备招标条件、项目招标人、招标代理机构、项目名称、建设地点等。

(2) 资金来源和落实情况。应说明项目的资金来源、出资比例、资金落实情况等。这是投标人借以了解招标项目合法性及其资信等情况的重要信息。招标人资金落实到位，既是招标必备的条件，也是调动投标人积极性的一个重要因素，同时，有利于投标人对合同履行风险进行判断。

(3) 招标范围、计划工期和质量要求。招标范围、计划工期和质量要求的内容是投标人需要响应的实质性内容，也是合同的主要内容。

(4) 投标人资格要求。

(5) 保密。要求参加招标投标活动的各方不应泄露招标文件和投标文件中的商业和技术秘密。

(6) 语言文字。可要求除专用术语外，均使用中文。

(7) 计量单位。所有计量均采用中华人民共和国法定计量单位。

(8) 踏勘现场。投标人踏勘项目现场，可以直接了解施工现场的地形、地貌、周边环境等自然条件，取得编制投标文件和签署合同所需要的第一手资料，有利于投标人有针对性地编制施工组织设计、核算投标报价等投标文件内容。招标书中可写明踏勘现场的具体时间、地点、方式等内容。

3. 评标标准和评标方法

招标书应当明确规定评标标准、评标方法和除价格以外的所有评标因素,以及如何将这些因素量化或据以进行评估。在评标过程中,不得改变招标书中规定的评标标准、方法和中标条件。评标标准和评标方法不仅要作为实质性条款列入招标书,而且还要强调在评标过程中不得改变。

4. 技术条款

招标人根据招标项目的特点和需要编制招标书时,应载明招标项目每个标段或标包的各项使用要求、技术标准、技术参数等要求。招标书规定的各项技术规格应当符合国家技术法规的规定,不得要求或标明某一特定的专利技术、商标、名称、设计、原产地或供应者等内容,不得含有倾向或排斥潜在投标人的其他内容。如果必须引用某一供应者的技术规格才能准确或清楚地说明拟定招标货物的技术规格时,则应当在参照后面加上"或相当于"的字样。

5. 投标文件格式

招标书可以提出对投标人提交的投标文件的具体要求,例如,文件构成、格式、样式等,以便在评标时进行对比评价。

6. 拟签订合同主要条款和合同格式

招标人与将来的中标者将签订合同的主要条款及格式在招标书中载明,使得投标人进一步明确中标后自己的权利与义务。

7. 附件和其他要求投标人提供的材料

招标所需要的各种图纸、图表、证明资格、模板文件等资料,可以附于招标书的最后部分供参照使用。

(三) 不同类型招标项目的招标书的构成

各类招标书一般都包括以上七项基本内容。另外,国务院有关部委结合行业特点,对不同类型招标项目的招标文件的内容构成进行了一些具体规定。

1. 工程建设项目招标书的构成

工程建设项目施工招标文件的构成应当包括:招标公告(或投标邀请书);投标人须知;评标办法;合同条款与格式;采用工程量清单招标的,应当提供工程量清单;图纸;技术标准和要求;投标文件格式;投标人须知前附表规定的其他材料。

2. 机电产品国际招标项目招标书的构成

机电产品国际招标书的构成应当包括:投标人须知;合同通用条款;合同格式;投标文件格式;投标邀请;投标资料表;合同专用条款;货物需求一览表及技术规格。

3. 政府采购项目招标书的构成

政府采购项目招标书的构成应当包括:投标邀请;投标人须知(包括密封、签署、盖章要求等);投标人应当提交的资格、资信证明文件;投标报价要求、投标文件编制要求和投标保证金交纳方式;招标项目的技术规格、要求和数量,包括附件、图纸等;合同主要条款及合同签订方式;交货和提供服务的时间;评标方法、评标标准和废标条款;投标截止时间、开标时间及地点;省级以上财政部门规定的其他事项。

任务实施

一、工作指导

为了保证招标工作的顺利进行,在实施招标的过程中应当注意以下三点:首先,必须了解国家相关的法律法规,尤其是要认真阅读理解《中华人民共和国招标投标法》及其实施条例,使招投标工作在法律的框架内进行;其次,在正式拟订招标书之前,需要组建专门工作小组,集思广益,多听取领导和同事的意见,收集装修项目的有关信息和要求,形成相对完善的方案,在此基础上,根据招标书的书写规范,自行拟订或委托专业机构编订招标书;最后,招标书初稿完成后,必须交由领导、专业人士审阅,根据他们的意见修改完善后方可定稿发布。

二、写作指导

标题:按照"项目+招标书"的模式拟订即可。

正文:任务所给出的项目是装修工程,由于已经有了装修设计图纸,招标的项目只是施工部分,可以视为工程建设项目的一种类型。正文的主要内容可以根据工程项目招标书的要求来组织,但是相比较而言,复杂度要低很多。主要内容包括报价说明、技术资质要求、投标文件构成要求以及招标组织工作的相关说明等,所涉及的各类图纸、报表等文件可以作为附件。

三、参考范文

易方网络科技公司办公楼装修工程招标书

封面(略)

本工程设计单位为××设计公司,现已完成施工图设计,具备招标条件,现公开招标,欢迎符合资质要求的企业参与投标。

一、工程说明

1. 工程名称:易方网络科技公司装修工程
2. 建设地点:××市××路×号天河大厦六层
3. 建筑面积:754.61平方米
4. 承包方式:包工包料
5. 保修要求:1年内保修
6. 质量要求:优良
7. 要求工期:50天

二、投标企业资质要求

参加投标的施工单位必须为办理了工商注册并持有工商营业执照的独立法人,持有建设行政管理部门颁发的工程二级以上施工企业,投标的施工单位委派的项目经理资质要求三级及以上,项目经理备案后无特殊原因不允许更换。如投标单位代表不是法人代表,须持有相应的《法人代表授权书》（统一格式）。

投标企业所提交的投标文件中应包括下列资料：有关确立投标单位法律地位的原始文件的副本，包括营业执照、资质等级证书（以建设部颁发的新资质为准）和项目经理资质证书、身份证、法定代表人资格证明书（或授权委托书）。

三、投标报价说明

（1）投标报价应按报价表中所列项目详细列出。

（2）投标单位根据自己的实际情况，在保证质量、工期及不违背国家有关政策的前提下，按招标文件提供设计图纸、报出自己的投标报价。

（3）投标报价应与投标须知、合同条件、合同协议条款、投标时有关承诺、技术规范和图纸一起考虑。

（4）主材料价格参照相关信息及市场价。

（5）投标报价为固定价格；投标单位所填写的单价和总价在合同实施期间不因市场变化因素而变动，投标单位在计算报价时可考虑一定的风险系数。

（6）投标单位在投标文件所附的投标报价表中的投标报价应包括施工设备、劳务、管理、材料、安装、维护、保险、政策性文件规定及合同包含的所有风险、责任等各项费用。

四、投标文件的编制

（1）投标单位的投标文件应包括下列内容：投标文件分商务标和技术标；技术标、商务标分开制作。

（2）商务标部分（一式肆份，其中正本一份，副本叁份）包含以下内容：投标书报价表、法定代表人资格证明书、授权委托书、工程预算书及工程量清单、主要材料和设备清单、资质及相关资料。

（3）技术标部分（一式叁份，不分正副本）。

五、工程技术要求

（1）本工程设计单位为××设计院，现已完成施工图设计。主要技术要求详见附件的相关设计图纸。

（2）技术要求：严格按国家现行的设计、施工、安装标准及技术规范，严格按图施工。

（3）材料要求：所有材料必须要有出厂合格证及试验报告，并达到国家和行业的相关标准。主要建安材料必须为省、部优产品。工程所需主要材料需招标人认可档次和价格。

六、投标保证金

投标单位应交投标保证金3万元（发出中标和落标通知书后一周内退还）。如投标单位有下列情况的，投标保证金将不予退还：投标单位在投标有效期内撤回其投标文件；投标单位在投标过程中以任何方式进行串标，导致招标无法顺利进行；违反相关的投标合同规定的等。

七、招标答疑会与勘察现场

投标单位派代表于××××年7月15日上午9:30到××××参加投标答疑会。投标答疑会的目的是澄清、解答投标单位提出的问题。投标单位将被邀请到工程施工现场和周围环境进行勘察，以获取投标单位自己负责的有关编制投标文件和签署合同所需的所有资料。勘察现场所发生的费用由投标单位自己承担。

八、投标文件的递交

投标人只能在投标文件封底规定之处（密封线内）填写招标人及项目名称和投标人名称并加盖公章法定代表人签名（或盖章），按密封线将其密封。不得在投标文件内出现投标人名称，不得在投标文件上出现任何能引起判断得出投标人的内容。

九、评标时间、原则和评标办法

（1）开标时间：××××年7月31日上午9时；地址：××路天河大厦六层会议室。

（2）评标工作应遵循公平、公正、科学、择优的原则，按照××文件中的综合评估法的规定，在胜任程度及信誉评分表中设置加分项目，综合评出投标单位的得分排序，按得分高低推荐出有排序的中标候选人。

十、联系方式

地址：××市××路×号　易方网络科技公司
联系人：×××　　联系电话：××××××

招标人：易方网络科技公司（公章）
××××年7月10日

附件：（略）

实训练习

一、假如你所在的学校准备以招标形式采购一批多媒体教室的设备器材（例如，计算机、音响系统、投影仪、控制台等），请查阅相关资料，拟订这一招标项目的招标书。

二、假如你所在的学校准备将所有办公区、教学区、住宿区的保洁工作外包给保洁公司，拟采用招标形式寻求能够承接这一服务的保洁公司，请查阅相关资料，拟订这一招标项目的招标书。

任务三　撰写投标函

教学目标

1. 了解投标函的文体含义、特点；
2. 理解投标函的类型；
3. 掌握投标函的结构与写作方法，能够拟写货物或服务招标项目的投标函。

任务引入

在上一个任务中，易方网络科技公司的办公楼装修项目招标信息发布后，云逸装饰公司有意参加投标。云逸装饰公司领导责成市场部组织专门力量，编制投标书参加竞标。在投标书的前置部分应当有一份投标函，必须符合以下两点要求：① 写明投标项目名称、报价、投标条件、有效期、授权人等信息；② 篇幅简短，结构完整。

相关知识

一、投标函例文评析

【例文】

投 标 函

××××（招标人名称）：

根据贵方设计方案招标项目的招标公告（招标编号为_____），我方针对该项目的投标报价为（大写）_____元人民币。并正式授权下述签字人_____（姓名和职务）代表投标人_____（投标人姓名），提交招标文件要求的全套投标文件，文件包括如下：

（1）投标商务文件、投标经济文件及投标技术文件（投标设计文件）；

（2）投标保证金金额为（大写）_____元人民币；

（3）其他资料。

据此函，签字人兹宣布同意如下：

（1）经视察项目现场，且我方已详细审核并确认全部招标文件，包括修改文件（如有时）及有关附件。

（2）一旦我方中标，我方将组建项目设计组，保证按合同协议书中规定的设计周期__日内完成设计并提供相应的设计服务。

（3）如果招标文件中要求提供设计保险，我方将在签订合同后按照相关规定提交上述总价____%的设计保险作为我方的设计担保，如我方的设计出现其规定不应出现的缺陷，招标人可以据此要求投标方进行赔偿。

（4）我方同意所提交的投标文件，包括本投标函，在__日内有效，在此期间内如果中标，我方将受此约束。

（5）除非另外达成协议并生效，贵方的中标通知书和本投标文件将成为约束双方的合同文件的组成部分。

（6）我方声明：本投标人和本方案的设计师是本投标方案的真正作者。

（7）我们在此保证，本投标文件的所有内容均属独立完成，未与其他投标人以限制本项目的竞争为目的进行协商、合作或达成谅解后完成的。

（8）我方理解，贵方并无义务接受价格最低的投标报价，同时对中标结果不需要做出任何解释。

（9）其他补充说明。

本投标有关的一切正式往来通信请寄：

地址：_____ 邮编：_____

电话：_____ 传真：_____

法定代表人：_____

授权代表：_____

日期：____年____月____日

例文评析：这是一份设计招标项目的格式化投标函，常常位于投标书的最前方，主要内容是表明投标单位对招标项目的理解、诚意和对投标文件的说明，同时也指明授权人姓名。全文篇幅比较简短，主要内容突出，语气诚恳、谦和。

二、投标函文体概述

（一）投标函的文体含义

投标函及其附录是指投标人按照招标书的条件和要求，向招标人提交的有关投标报价、工期、质量目标等要约主要内容的函件，是投标人为响应招标文件相关要求所做的概括性核心函件，一般位于投标文件的首要部分，其内容、格式必须符合招标文件的规定。

投标人提交的投标函内容、格式需严格按照招标文件提供的统一格式编写，不得随意增减内容。

（二）投标函的特点

1. 概括性

投标函是一份函件，篇幅简短，其内容涉及投标人所提交投标书的核心信息（尤其是报价），但是不能面面俱到地罗列投标书的相关内容，而是简要概括地表达投标人所提出的主要条件。

2. 声明性

投标函带有声明的性质，声明的对象为招标人，声明的内容是投标人对于招标项目的基本理解，尤其是对于投标过程中投标人行为依据的明确说明，便于招标人清楚准确地理解投标书中的信息，也可以规避一些潜在的法律风险。

三、投标函的类型

（一）工程投标函

投标人根据工程招标项目而拟制的投标函，主要包括投标人告知招标人投标项目具体名称和具体标段，以及投标报价、工期和达到的质量目标等。

（二）货物投标函

投标人根据货物采购招标项目拟制的投标函，货物投标函内容与工程投标函内容基本相同，包括投标项目名称、标包号和名称、投标文件主要构成内容、投标总价等，货物投标函格式等。

（三）服务投标函

投标人根据服务招标项目拟制的投标函，服务投标函内容一般包括投标人告知招标人本次所投项目的具体名称和具体标段、投标报价、投标有效期、承诺的服务期限和达到的质量目标、投标函签署等，这些内容与工程及货物投标函相关内容基本一致。服务投标函还包括投标人对其权利、义务的声明。

四、投标函的结构与写作方法

（一）标题

投标函的标题一般就采用"投标函"三个字，也可以在前面加上招标项目名称。

（二）送达机构

投标函的送达机构，即招标人，为招标人的全称或简称，左起顶格书写，后加冒号。

（三）正文

投标函的正文内容，根据招标项目的类型而有所不同，其中都应当包括以下基本内容：

1. 投标基本信息

投标基本信息主要包括投标人明确表达此次投标的项目名称（如划分标段则应写明标段名称）、报价等。

2. 投标有效期

投标函中，投标人应当填报投标有效期限和在有效期内相关的承诺，例如：

我方同意在自规定的开标之日起120天的投标有效期内严格遵守本投标文件的各项承诺。在此期限届满之前，本投标文件始终对我方具有约束力，并随时接受中标。我方承诺在投标有效期内不修改和不撤销投标文件。

3. 投标保证金

投标函中，投标人应该承诺为本次投标所提交的投标保证金金额，例如：

随同本投标函提交投标保证金一份，金额为人民币贰拾万元（人民币20万元）。

4. 中标后的承诺

投标人对中标后的一些责任和义务作出承诺和保证。

（四）尾部

投标函的尾部一般为投标人和代表人的签署。应按招标书的要求由投标人签字或盖法人印章、法定代表人或其委托代理人签字，明确投标人的联系方式（包括地址、网址、电话、传真、邮政编码等），作为对投标函内容的确认。

任务实施

一、工作指导

在参与投标工作过程中，工作人员应当具备扎实的招投标业务素质，熟悉招投标工作流程和要求规范，同时对所涉及的工程、货物以及服务应当有深入的了解，明确这些项目的主要技术标准。只有做到了这一点，在撰写投标函以及投标书时才能胸有成竹，减少盲目性，降低文件中可能存在的失误。

二、写作指导

标题：可以直接使用"投标函"。

正文：本任务为装修工程项目，可以采用本教材例文所示的投标函格式文本，将关键信息填入空白处，如有必要可以对其进行必要的修改。另外，如果招标方已经提供了投标函的样式，那么应当按照招标方范本来填写。

三、参考范文

投 标 函

易方网络科技公司：

　　根据已收到的贵方的招标书，遵照《工程建设施工招标投标管理办法》的规定，我单位经考察现场和研究上述工程招标文件的投标须知、合同条件、技术规范、图纸、工程量清单和其他有关文件后，我方愿参加贵方的招标活动。

　　如果我方中标将按照合同条款及招标投标书的承诺承担相应的法律责任，我方保证40天内竣工并移交整个工程，质量达到优良工程的承诺。保修期1年。

　　我方愿意将30 000元的投标保证金与本投标书同时递交。投标书中载明的项目经理、技术负责人、施工员、质安员，我方承诺在施工过程中不进行更换人员，必须在现场工作；特殊情况下，经建设单位批准，方可更换和离开现场。如建设单位在施工时发现我单位有挂靠、转包行为可停止合同，并没收履约保证金。

投标单位：云逸装饰装潢有限公司（公章）
法定代表人：××（签字、盖章）

一、投标企业简介（略）
二、报价表（略）
三、工程预算书及工程量清单（略）
四、主要材料、设备清单（略）
五、近三年来所承建工程情况一览表（略）
六、目前正在承建工程情况一览表（略）
七、施工组织设计（略）
八、施工进度计划及保证措施（略）
九、质量保证措施（略）
十、各类证书复印件（略）
　1. 投标单位资质证书
　2. 营业执照
　3. 项目经理证书
　4. 主要技术负责人、施工员、质量员、安全员、材料员上岗证件
　5. 法定代表人资格证明书
　6. 授权委托书

实训练习

　　易方网络科技公司为满足需要，计划采购一批办公用计算机、打印机和传真机。领导准备采用公开招标的形式选择供应商。天空数码办公设备销售服务公司获知这一信息后，拟参加投标，请代其撰写一份投标函，相关信息自行补充。

任务四　撰写投标书

教学目标

1. 了解投标书的文体含义、特点；
2. 理解投标书的类型；
3. 掌握投标书的结构与写作方法，能够拟写货物或服务招标项目的投标书。

任务引入

在上一个任务中，易方网络科技公司的办公楼装修项目招标信息发布后，云逸装饰公司有意参加投标。公司领导责成市场部组织专门力量，编制投标书参加竞标。他们所编制的投标书应当符合以下三点要求：① 满足招标书所提出的各项主要要求；② 结构完整，条理清楚；③ 语言简洁、准确。

相关知识

一、投标书例文评析

【例文】

××市太阳城物业管理服务投标书

封面（略）

目录（略）

投标函（略）

一、××物业管理有限公司简介

××物业管理有限公司成立于××××年8月，注册资金300万元，管理面积逾百万平方米，现为国家二级资质物业管理企业，××市物业管理协会理事单位，中国物业管理协会会员单位。（后略）

二、太阳城概况及物业管理特点分析

太阳城位于××市××路与××大道交叉口，毗邻××游乐园、××广场，多路公交车直通全市，居新东南板块龙头地位；周边经济繁华，交通便利，地理位置极其优越。（后略）

三、太阳城物业管理服务思路（略）

四、物业管理服务标准承诺

××物业管理公司郑重承诺，在太阳城基础硬件完备的情况下，接管太阳城两年内使其成为××省多层住宅小区物业管理的典范：一年内客户满意率达到98%以上；一年内达到市级物业管理示范小区标准；两年内达到省级的物业管理示范小区标准。

具体标准如表3-2-2所示。

表 3-2-2　物业管理服务标准

序号	指标名称	承诺指标/%	完成承诺指标的措施
1	房屋及配套设施完好率	99 以上	采用分工负责制，责任到人。建立完善的巡查制度，健全档案记录，每半年进行一次房屋完好率的检查
2	房屋零修、急修及时率	99 以上	维修人员 24 小时待命，接到维修通知立即组织维修，15 分钟内到达现场。零修工程及时完成，急修工程不过夜，并建立回访制度和回访记录
3	绿化完好率	99	专人负责绿化养护、保洁工作
4	保洁率	100	保洁员 12 小时保洁工作，按保洁标准进行操作，保洁工作落实到人，监督检查得力，严格考核
5	维修工程质量合格率	100	维修全程控制、监督检查，并按规定及时回访

（后略）

五、物资装备计划预算

（一）管理用房与护管员宿舍

管理用房共计 75 m²，包括：

办公室：45 m²（其中包括主任室：15 m²，客户服务部：30 m²）

维修部：30 m²（作为机电维修操作间）

护管员宿舍和管理处食堂与开发商另行协商解决。

（二）器械、工具、装备以及办公用品计划（后略）

六、物业管理服务费测算

（一）物业管理服务费用

物业管理服务费用（佣金制）为 42 834 元/月

（二）其他费用（见表 3-2-3）

表 3-2-3　物业管理的其他服务费用测算

序号	项目	测算依据	月支出/元
一	办公费		3 150
1	通信费	（1）市内电话：200×2+150×1＝550	550
2	低值易耗品	（2）…	300
3	办公水电	（3）…	500
4	业务费	（4）…	300
⋮	⋮	⋮	⋮
合计		7 334（元）	

（三）物业管理服务收支测算

1. 每月支出费用

$$42\ 834+7\ 334=50\ 168（元/月）$$

2. 每月收取费用

太阳城共有住宅楼 24 栋，多层住宅建筑面积为 110 445 m^2，小高层住宅面积为 46 278 m^2，××物业拟按照市一级物业管理收费标准收费，即高层住宅部分 1.1 元/月·平方米，多层住宅面积 0.38 元/月·平方米，其他收费则严格按照国家及省市相关规定收取。物业管理费为：1.1×46 278+0.38×110 445＝92 874（元/月）。

七、太阳城物业管理服务方案

（一）内部管理运行机制

1. 内部管理架构（略）
2. 管理服务人员配备方案（略）
3. 管理人员岗位职责（略）
4. 管理运行机制（略）
5. 工作流程（略）
6. 信息反馈（投诉处理）渠道及时间（略）
7. 物业资料管理（略）

（二）设备设施管理服务方案

本小区设施设备管理主要由管理处维修部承担，公司提供人员、技术支持、不定期派有关专家前来指导，并选派 5 名技术骨干负责维修部的工作，严格控制好维修技术人员的选聘，加强培训，造就一支业务水平全面、责任心强、爱岗敬业的技术队伍。

1. 供配电设备

工作内容：维护供配电设备的良好工作状态，确保小区电源供应正常，为营业以及居民用电提供可靠的电力保证。

工作要点：根据《供用电协议》和用电负荷的季节性特点，合理调整变压器的运行方式，最大限度的发挥变压器的利用率，保持电容补偿柜良好的工作状态，确保功率因数符合规定要求。配备专业人员管理供配电设备，操作人员实行持证上岗，按规程操作。严格控制停送电操作，设备的检修应避开办公和营业时间。值班人员每班对配电室巡检，加强预防性维修和年度保养，认真填写巡检和保养记录。

2. 公共照明、广场照明、泛光照明（略）
3. 给、排水系统（略）
4. 消防系统（略）
5. 房屋及附属设施的维护、修缮（略）

（三）公共秩序管理服务方案（略）

（四）保洁服务方案（略）

（五）绿化服务方案（略）

八、物业管理服务工作标准

（一）保洁工作标准

1. 地面（室内所有公共区域的大理石、地砖）

目视地面 50 厘米长，无明显灰尘、污渍及杂物。

2. 墙面（室内所有公共区域的墙面）

用卫生纸擦拭 80 厘米长，检查卫生纸无明显污渍。

3. 楼梯（室内所有楼梯）

抽查2~3层，无痰渍、烟头、口香糖、纸屑、垃圾及蜘蛛网。

4. 玻璃及镜面（室内所有玻璃门、窗、墙、镜）

抽查不同位置3~5处，每处抽查1平方米，质量标准应达到无水渍、污渍、手印，洁净、明亮。

5. 卫生间

墙面无水渍、污渍；地面无积水、烟头、纸屑、口香糖等；洗手盆无水渍、洁净；小便池无锈渍、烟头等；大便池无锈渍、不积大便、烟头等，无明显臭味。

（二）公共秩序维护工作标准

1. 绿化工作标准（略）

2. 交通车辆管理工作标准（略）

3. 设备设施维修保养工作标准（略）

4. 房屋设施维修保养工作标准（略）

九、附录（略）

例文评析：这是一份服务项目的投标书，限于篇幅这里仅列出了主要目录。投标人为物业公司，所提供的产品是无形的服务。该投标书针对招标书和社区的要求与具体情况，比较详尽地说明了所提供的物业服务的方案、标准、价格等承诺性内容，并且附有能够证明投标单位资质和能力的各类证书的复印件。

二、投标书文体概述

（一）投标书的文体含义

投标文件是投标人根据招标文件的要求所编制的，向招标人发出的要约文件。投标书是投标人按照招标人在招标书中提出的标准和要求，对自身的主观条件进行自我审核后，向招标人递交的提出自己投标意向和实施方案的书面材料。

（二）投标书的特点

1. 竞争性

招标采购是一种市场经济条件下规范的采购模式，自由竞争是市场经济本质，决定了投标的竞争性。作为投标人来讲均以竞标成功作为自己最终的目的，而招标单位只能选择其一，这就要求投标人强化标书中的竞争意识。充分展示自己的实力和优势，才能在竞争中脱颖而出。

2. 针对性

投标者为达到自己承包或承购的目的，一定要以招标单位所提出的各项要求为依据，展示自己的实力优势。同时应严格按照招标书中的内容条款，有针对性地安排投标的内容。

3. 法律约束性

投标书和招标一样，均为日后签订承包合同提供了原始依据，它本身必须是在法律许可范围之内的。而它的条款一经写入投标书中，就具备了严格意义上的法律约束力，投标人应完全按照其拟订的各项经济指标进行工作。

三、投标书的类型

和招标书、投标函类似，投标书的类型主要取决于招标项目的类型，主要分为工程项目投标书、货物采购投标书和服务项目投标书，此处不再一一赘述。

四、投标书的结构与写作方法

投标书内容较多，一般独立成册，具有封面和封底。投标书的内容与制作要求如下：

（一）封面

投标书的封面需注明投标书标题名称、投标单位名称以及制作时间，必要时可在投标单位名称上加盖公章。投标书的标题一般采用两种方式，"投标单位名称+投标书"，或者"项目名称+投标书"。

（二）前置部分

投标书的前置部分主要有三方面内容：

1. 目录

目录是指投标书全部文件材料的详细目录，便于评标人阅读查阅。

2. 投标函

投标单位给招标单位的礼仪性信函。

3. 投标单位简介

投标单位的自我介绍，主要内容包括名称、成立时间、企业性质、经营范围、技术水平、经营业绩、行业资质等信息。

4. 法定代表人身份证明和授权委托书

（1）法定代表人身份证明。在招标投标活动中，法定代表人代表法人的利益行使职权，全权处理一切民事活动。因此，法定代表人身份证明十分重要，用以证明投标文件签字的有效性和真实性。

投标文件中的法定代表人身份证明一般包括投标人名称、单位性质、地址、成立时间、经营期限等投标人的一般资料。除此之外还应有法定代表人的姓名、性别、年龄、职务等有关法定代表人的相关信息和资料。法定代表人身份证明应加盖投标人的法人印章。

（2）授权委托书。若投标人的法定代表人不能亲自签署投标文件进行投标时，则法定代表人需授权代理人全权代表其在投标过程和签订合同中执行一切与此有关的事项。

授权委托书中应写明投标人名称、法定代表人姓名、代理人姓名、授权权限和期限等，授权委托书一般规定代理人不能再次委托，即代理人无转移委托权。法定代表人应在授权委托书上亲笔签名。根据招标项目的特点和需要，也可以要求投标人对授权委托书进行公证。

（三）主体部分

各种类型的投标书尽管面对的招标项目有所不同，具体要求也不尽相同，但是主要内容具有较大的相似性，一般由下列内容组成：

1. 投标保证金

招标人为了防止因投标人撤销或反悔投标的不当行为而使其遭受损失，因此可以要求投标人按规定形式和金额提交一定数额的投标保证金，并作为投标文件的组成部分。投标人在编制投标文件时，应注意不按招标文件要求提交投标保证金的后果。以银行保函形式提交投标保证金时，银行保函应符合招标文件规定的格式。

2. 投标报价文件

投标人应该按照招标文件中提供工程量清单或货物、服务清单及其投标报价表格式要求编制投标报价文件。

投标人根据招标文件及相关信息，计算出投标报价，并在此基础上研究投标策略，提出反映自身竞争能力的报价。可以说，投标报价对投标人竞标的成败和将来实施项目的盈亏具有决定性作用。

按招标文件规定格式编制、填写投标报价表及相关内容和说明等报价文件是投标文件的核心内容，招标文件往往要求投标人的法定代表人或其委托代理人对报价文件内容逐页亲笔签署姓名，并不得进行涂改或删减。

（1）工程量清单报价。工程招标的"工程量清单"是根据招标项目具体特点和实际需要编制，并与"投标人须知""通用合同条款""专用合同条款""技术标准与要求""图纸"等内容相衔接。工程量清单中的计量、计价规则依据招标文件规定，并符合有关国家和行业标准的规定。

投标人根据招标文件中工程量清单以及计价要求，结合施工现场实际情况及施工组织设计，按照企业工程施工定额或参照政府工程造价管理机构发布的工程定额，结合市场人工、材料、机械等要素价格信息进行投标报价。

（2）货物投标报价表。货物投标应按照招标文件的货物需求一览表和统一的报价表格式要求进行投标报价。

投标人应认真阅读招标文件中的报价说明，全面、正确和详尽地理解招标文件报价要求，避免与招标文件实质性要求发生偏离。

投标人应根据招标文件规定的报价要求、价格构成和市场行情，应考虑设备、附件、备品备件、专用工具生产成本，以及合同条款中规定的交货条件、付款条件、质量保证、运输保险及其他伴随服务等因素报出投标价格。投标报价一般包含所需货物及包装费、保险费、各种税费、运输费等招标人指定地点交货的全部费用和技术服务等费用。

货物投标报价除填写投标一览表外，还应填写分项报价表。分项报价表中要对主设备及附件、备品备件、专用工具、安装、调试、检验、培训、技术服务等项目逐项填写并报价。简易小型的货物，一般不需要安装、培训等项目；复杂的大型成套设备，除了提交设计、安装、培训、调试、检验等的报价外，还应该提交培训计划、备品备件、专用工具清单等。根据招标文件要求，还可能提交推荐的备品备件清单及报价。

填写报价表，应逐一填写并特别注意分项报价的准确性及与分项合价的对应性。正确填写报价表后，应按照招标文件要求签字、盖章。

（3）服务投标报价文件。服务招投标中，投融资与特许经营、勘察、设计、监理、项目管理、科研与咨询服务等招标，投标人应根据招标文件规定的服务期、服务量、拟投入服务人员的数量以及服务方案，结合企业经营管理水平、财务状况、服务业务能力、履约情况、类似项目服务经验、企业资源优势等编制投标报价文件。投标报价文件包括：服务费用说明；服务费用估算汇总表；服务费用估算分项明细表等。其中投融资与特许经营的投标文件还应按照招标文件要求提供完整的项目融资方案、财务分析、服务费价格方案及分析报告。

3. 技术、服务和管理方案

工程施工组织设计、供货组织方案及技术建议书统称为技术、服务和管理方案。它既是投标文件重要技术文件，又是编制投标报价的基础，同时，也是反映投标企业技术和管理水平的重要标志。

(1) 工程施工组织设计。投标人编制施工组织设计时，应采用文字并结合图表形式说明施工方法、拟投入本标段的主要施工设备情况、拟配备本标段的试验和检测仪器设备情况、劳动力计划等；结合工程特点提出切实可行的工程质量、安全生产、文明施工、工程进度、技术组织措施，同时应对关键工序、复杂环节重点提出相应技术措施，如冬雨季施工技术、减少噪声、降低环境污染、地下管线及其他地上、地下设施的保护加固措施等。

施工组织设计除采用文字表述外，还应按照招标文件规定的格式编写拟投入本标段的主要施工设备表、拟配备本标段的试验和检测仪器设备表、劳动力计划表、计划开竣工日期和施工进度网络图、施工总平面图、临时用地表等。

(2) 货物技术性能参数及供应组织方案。按照招标文件技术要求提供投标货物的详细技术说明及证明资料，证明投标货物的质量合格并在技术性能上能够满足招标文件技术规格要求。货物技术规格的详细说明文件，应依据招标文件技术规格的要求作出应答。对于技术指标和参数的应答，不能简单地以"满足"来答复，应按投标产品的实际名称、型号填写真实技术参数值。为了证明所提供货物性能及技术指标的真实性，投标人应该提供包括产品样本、图纸、试验报告、鉴定证书等文件作为技术证明。如果招标文件要求，则投标人还应提供经相关用户签字的使用证明与投标设备相同的设备成功投运的资料，以证明投标人及其所生产设备的实际性业绩。编制投标文件时，不允许简单地复印招标文件的技术规格作为投标应答，或提供虚假技术参数，如在评标时发现这种情况将被作为废标处理。招标文件要求提供设备的备品备件、专用工具、消耗品及选配件等清单，投标人应根据招标文件要求的格式分别编制相应的附件作为投标文件组成部分。招标文件对安装、调试、检验、验收及培训等技术服务有要求时，应按照招标文件要求作出详细的服务方案，包括工作计划、工作制度、工作内容、服务人员、计费标准等。大型、复杂的成套设备，还需要根据招标文件要求制订详细的大件运输方案，在货物分批发运时，应对货物清单一览表进行详细检查，防止遗漏。交货期的安排应满足招标文件要求。

(3) 服务技术建议书。服务招标项目的技术、服务和管理方案一般称为技术建议书，内容包括对项目的理解，项目概况与特征，工作范围，工作标准与技术要求，工作的重点与难点分析，完成任务的方法、途径和步骤等。工作方案包括进度计划，现场服务机构设置与人员安排，相关设备的配备，质量保证体系与措施，进度保证措施，其他应说明的事项等。投融资与特许经营招标项目应按招标文件要求提供建设方案、融资方案、运营维护方案、保险方案、移交方案、法律方案等相关内容。

(4) 项目管理机构。工程招标项目还要求提供项目管理机构情况，其内容包括投标企业为本项目设立的专门机构的形式、人员组成、职责分工、项目经理、项目负责人、技术负责人等主要人员的职务、职称、养老保险关系，以上人员所持职业（执业）资格证书名称、级别、专业、证号等，投标人还应将主要人员的简历按照格式填写。

(5) 拟分包项目情况。如有分包工程，工程招标项目还要求提供分包项目情况。投标人应说明分包工程的内容、分包人的资质以及类似工程业绩。

4. 资格后审证明文件或资格预审更新资料

资格审查资料。如果招标采用资格预审，投标时一般不需要提供资格审查资料，如果投标人资格情况发生变化或资格审查资料是评标因素时，则需要提供资格变化的证明材料或评标需要的有关证明材料。如果招标采用资格后审，投标时需要提供完整的资格审查资料。

资格审查资料包括投标人资质、财务情况、业绩情况、涉及的诉讼情况等。

任务实施

一、工作指导

投标工作人员在拟制投标书之前，必须对本公司承接招标项目的业务能力有深入的了解，充分收集相关的业务资料，主要包括以往业绩证明材料、施工人员相关资料、本公司比较成熟的业务施工方案等。在招标人组织的勘察现场活动中，务必获得准确的数据资料。核算报价应当慎之又慎，充分听取技术人员、财务人员和管理人员的意见。投标书拟制过程中应当团结协作，充分发挥集体的智慧，确保完善无误。投标书完成后，应当由主要领导审阅。

二、写作指导

标题：本文的标题可以采用招标项目名称和文体名称共同构成，以使表意更加准确。

正文：本文是装修项目的投标书，一般而言，这种装修工程的重点在于施工组织和施工工艺技术标准，招标单位也最为重视这一部分内容。因此，撰写这种投标书时务必对施工组织管理、工艺技术标准进行详尽地说明，在此基础上所提出的报价也才更具合理性和说服力。正文中的其他部分按照常规的招标书撰写即可。

三、参考范文

易方网络科技公司办公楼装修项目投标书

封面（略）

目录（略）

一、公司概况

×××公司是工程建设为主业国家工程施工总承包一级资质等级的企业，公司积二十余年的施工总承包资历，集建筑设计、建筑施工、建筑装饰设计、建筑装饰施工、构配件生产、材料设备供应为一体，公司1998年通过了GB/T 19002质量体系认证。×××公司拥有高级专业人才近100人，一贯本着以一流技术、一流管理、为业主建设一流工程、提供一流服务为目标，最近三年中，公司的年工程优良率均超过95%。

二、工程概况

××项目工程位于××路××号，总装饰工程面积约××平方米。按照贵公司提供的招标文件的相关规定，施工项目包括水、电、暖通安装及装修施工。

三、承包方式

××装修工程将采用包造价（除提供的材料、设备、设施外）、包质量、包工期、包安全施工、包文明管理的全面承包方式。

四、施工组织设计

（一）工程施工现场平面布置图（略）

（二）施工总进度计划（略）

（三）主要施工机械设备表（略）

（四）机械、人员数量及调配表（略）

（五）工程质保体系、措施及质量检测方法（略）

五、工程管理体系（略）

六、工程管理的任务及目标（略）

七、各分项工程施工工艺及技术要求

（一）石材地坪工程（略）

（二）地砖地坪工程（略）

（三）地毯地坪工程（略）

（四）金属挂板平顶工程（略）

（五）墙面、柱面饰面工程（略）

（六）墙、柱面墙纸工程（略）

（七）楼梯工程（花岗石踏步）（略）

（八）楼梯工程（玻璃隔断、不锈钢扶（略）手）

（九）卫生间墙面工程（釉面砖铺贴）（略）

八、安全施工和文明管理措施（略）

九、成品保护措施（略）

十、工程报价书（略）

十一、项目管理人员资历证书复印件（略）

十二、公司业绩、信誉、荣誉等证书的复印件（略）

实训练习

天空数码办公设备销售服务公司准备投标易方网络科技公司的办公设备采购招标项目，此次招标的设备主要是办公用计算机、一体机、考勤机等。请收集相关信息，撰写一份投标书。

活页:"一图看懂写作技法"

活页更多精彩内容

北京理工大学出版社《财经应用写作》活页式配套资料
韦志国　宋少净　原创制作

一图看懂写作技法

招标公告的主要内容与写作方法

招标公告是招标单位为了将招标信息发布出去以供投标方获取基本信息而采用的一种告知性文体,一般通过报刊或者其他媒介公开发布。依法必须进行招标的项目的招标公告,应当通过指定的报刊、网络或其他媒介发布。

 信息准确
各种信息严谨无误,防止投标人误解

 内容简约
招标工作信息会在招标书中详细说明,招标公告只发布必要的简化信息吸引投标人参与

标题
构成方式
招标单位名称+(年度)+项目名称+招标公告
如果招标事项多,公告数量较大,可在标题下编号

××房地产开发公司××小区电梯采购招标公告

前言
主要内容
招标依据、时间等信息,表达欢迎投标的诚意

易方网络科技公司公司拟于2019年下半年对位于××街×号的天河大厦六层的办公楼进行装修,各项准备工作已就绪,现对该装修工程进行招标,欢迎合格的投标人参加投标。

主体内容

 招标项目概况
项目名称、性质、数量、日期、地点、联系人等必要信息

 资质条件要求
要求投标人具备一定资格,例如资质、等级、业绩、注册资金等各种条件资质

获取招标文件
有意投标的单位获取详细招标文件的方法、地点、时间和费用

 相关安排说明
投标时间、地点、方式等;
现场勘查等事项的安排;
开标时间、地点等安排;
投标保证金事项说明

落款署名
 **署名与公章、成文日期**
注明招标单位(加盖公章),以及发布时间,年月日齐全。

北京理工大学出版社《财经应用写作》活页式配套资料
韦志国 宋少净 原创制作

一图看懂写作技法

招标书的主要内容

招标书，即招标文件，是招标人向潜在投标人发出的要约邀请文件，告知投标人招标项目内容、范围、数量与招标要求、投标资格要求、招标投标程序规则、投标文件编制与递交要求、评标标准与方法、合同条款与技术标准等招标投标活动主体必须掌握的信息和遵守的依据，对招标投标各方均具有法律约束力。招标书内容因项目不同而有较大差异，往往比较复杂详实，可使用大量附件，需单独装订成册，向投标方出售。

封面

构成项目
装订成册的招标书需要封面包装。主要包括：项目名称、标段名称（如有）、"招标文件"四字、招标人名称和单位印章、时间。封面后可增加目录。

××房地产开发公司××小区电梯采购招标文件

招标公告

主要内容
一般需附上招标项目的招标公告，如果是邀请招标，则可附上投标邀请书。

投标人须知

招标项目概况
项目名称、性质、数量、日期、地点、招标代理机构等

资质条件要求
要求投标人具备一定资格，例如资质、等级、业绩、注册资金等各种条件资质

资金来源
项目的资金来源、出资比例、资金落实情况等

招标范围、计划工期和质量要求
这些内容是投标人需要响应的实质性内容，也是中标后设立合同的主要内容

评标标准
根据招标项目需要和属性特点，事先明确评标的标准、方法、因素、项目等各方面要素，以及如何将这些因素量化。

技术条款
根据招标项目的特点和需要载明使用要求、技术标准、技术参数等各项要求。符合国家技术法规的规定，不得要求或标明某一特定的专利技术、商标、名称、设计、原产地或供应者等，不得含有倾向或者排斥潜在投标人的其他内容。

投标文件格式要求
对投标人提交的投标文件的具体要求，例如文件构成、格式样式等，以便在评标时进行对比评价。

附件和其他的材料
招标所需要的各种图纸、图表、证明资格、模板文件等资料，可以附于招标书的最后供参照使用。

北京理工大学出版社《财经应用写作》活页式配套资料
韦志国　宋少净　原创制作

一图看懂写作技法

投标书的主要内容

投标书，即投标文件，是投标人根据招标文件的要求所编制的，向招标人发出的要约文件。投标书是投标人按照招标人在招标数中提出的标准和要求，对自身的主观条件进行自我审核后，向招标人递交的提出自己投标意向和实施方案的书面材料。投标书根据招标项目特点属性和招标要求编制，差异性较大，内容信息复杂。

 竞争性 投标人充分展示自身实力和优势

 针对性 以招标单位所提出的各项要求为依据，针对招标书中条款安排内容

 约束性 为中标后签定合同提供依据，具备法律束力，投标人应按照其内容开展工作

封面   **构成项目** 装订成册的投标书需要封面包装。主要包括：标题名称、投标单位名称以及制作时间，在投标单位名称上加盖公章

前置部分   目录　 投标单位简介　 法定代表人身份证明
  投标函　 授权委托书

投标报价   工程量清单报价　 货物投标报价表　 服务投标报价文件

技术、服务和管理方案   施工组织设计　 货物技术性能参数及供应方案　 服务技术建议
 项目管理机构　 拟分包项目情况

投标书还包括资格审查资料，主要有：投标人资质、财务情况、业绩情况、涉及的诉讼情况等。

项目三 财经协约文书

任务一 撰写商务信函

教学目标

1. 了解商务信函的文体含义、作用；
2. 理解商务信函的类型及写作格式；
3. 能够拟写不同类型的商务信函。

任务引入

××市政府采购中心为了给该市高级中学采购一批教材，向××图书有限公司发出询价函。图书有限公司根据采购中心提供的目录，报每类（册）书的单价、汇总价、折扣率、折扣后总价，并承诺合同签订后10日内交货；在签约之前，向采购中心递交1%服务费和15%的履约保证金；公司的报价函一旦为采购中心认可，该报价即为合同价；公司一旦成为该项目的签约方，同意将采购中心货物招标文件标准文本中的"合同条款"和报价函作为合同的组成部分；货物验收后，如发生因质量问题造成无法使用的情况，公司愿意放弃履约保证金的索要。图书有限公司还提供相关资信证明，有法人授权书、企业规模介绍、业绩等，非生产商提供厂家授权、认证证书，经营资质复印件等其他证明。

请根据以上介绍为××图书有限公司撰写一份报价函，应当符合以下三点要求：① 针对接到的来函进行复函；② 讲究礼仪；③ 语言简明、准确。

相关知识

一、商务信函例文评析

【例文1】

询 价 函

××先生：

我公司对贵公司生产的茶叶颇感兴趣，欲订购祁门红茶。品质：一级。规格：每包200克。望贵厂能就下列条件报价：

(1) 单价。
(2) 交货日期。

(3) 结算方式。

如果贵方报价合理,且能给予最优惠折扣,我公司将考虑大批量订货。

希速见复。

回味副食品公司(章)
××××年7月15日

例文评析：这份询价函的行文对象是企业主或企业负责人。正文清楚地写明发函目的、主要事项。结尾使用惯用词语。全文内容基本按照商务信函的标准格式来完成,逻辑分明,条理清晰。

【例文2】

索 赔 函

正桥茶具厂：

随函寄上××市××检验所的检验报告(××××)26号。报告证明贵厂售出的玻璃茶具中,有一部分的质量明显与贵方所提供的样品不符。因此,特向贵厂提出不符合质量标准的货物按降低原成交价30%的折扣价处理的请求。

特此函达,希速复为盼。

附件：××市××检验所检验报告(一份)

基数百货有限公司(章)
××××年6月15日

例文评析：行文对象使用全称。正文说明索赔理由,并提出具体的索赔要求。附件提供证据。落款写明发出索赔函的单位全称、时间,并盖公章。

【例文3】

订 购 函

××先生：

贵厂5月16日的报价单获悉,谢谢。贵方报价较合理,特订购下列货物：

EPSON LQ—100打印机,10台,单价1 500元,总计15 000元。

STAR AR—2463打印机,10台,单价900元,总计9 000元。

CICIAEN CKP—5240打印机,10台,单价1 500元,总计15 000元。

交货日期：2018年6月30日之前。

交货地点：××市××仓储部。

结算方式：转账支票。

烦请准时运达货物,以利我地市场需要。

我方接贵方装运函,将立即开具转账支票。

专此函达,希速洽办。

腾飞文化用品公司(章)
2019年5月18日

例文评析： 这份订购函的行文对象是企业主或企业负责人。开头简明扼要叙述去函缘由。标明商品名称、规格、数量、价格、交货日期、交货地点、结算方式。落款用订购单位全称并加盖公章。

二、商务信函文体概述

（一）商务信函的文体含义

商务信函简称商函，属于函的一种，是指商务活动中交流信息、联系业务、洽谈贸易、磋商和处理问题时所使用的函件。

商务信函在实际工作中是沟通信息、加强业务联系的工具，使企业、销售商和用户之间保持密切地联系。商务信函可以作为签订协议书或合同书的依据，是解决争议、进行索赔的重要凭证。

（二）商务信函的特点

1. 商务性

以洽谈生意为内容，以达成交易、做成买卖为最终目的。

2. 时效性

商务信函的内容多是目前急需解决的实际问题，或急需解决的各种具体商务事宜，贻误时机就会失去效用，从而造成一定的经济损失。

3. 单一性

商务信函都是直接或间接地为达到某种经济目的，或解决某个问题而拟制的。其行文对象一般只有一个，一事一文。

4. 规范性

有统一的格式规范。内容精炼，语言明确。

三、商务信函的类型

商务信函的分类有多种标准，可以按使用的国家地域分为内贸商函和外贸商函，也可以根据发函的目的和内容分为交易磋商函和争议索赔函。下面着重介绍交易磋商函和争议索赔函。

（一）交易磋商函

这类商务信函的主要内容包括建立合作关系的意愿、介绍交易条款、推销产品、商洽价格、商洽合同修改、寄送购货合同、催货与催提货等。

（二）争议索赔函

在交易双方的合作过程中，难免发生交易纠纷和争议。争议发生后，受损方会向违约方提出索赔要求，而违约方则需要就受损方的索赔要求做出答复或满足其索赔要求。在这一过程中使用的函即为争议索赔函。争议索赔函主要包括交涉货品、要求支付货款、拒付、索赔、拒绝赔偿、理赔等内容。

四、商务信函的结构与写作方法

（一）标题

标题包括发文单位、事由及文种，其中事由应该是对正文主要内容标准而精炼的概括。

(二) 行文对象

行文对象指商务信函的受文者，在标题下面另起一行顶格写。如"××市外贸公司："。写给企业主或企业负责人，在姓名后加职务名称，或加"先生""小姐""女士"。外贸信函还常使用雅语敬辞，如"台鉴""惠鉴"等。

(三) 开头

开头是引据部分，简述去函缘由。要求简明扼要，切忌啰唆冗长。如某公司主动向客商发函报价、联系业务，开头：

兹从×××处获悉，贵公司为发展出口贸易，拟订购我梅林牌午餐肉48×397克罐头，直接销往菲律宾。为了配合你方开展这一业务，我们乐意给予支持。

对客商的复函，开头部分除写上收到对方来函外，还需摘录对方来信的主要内容，如：

×月×日函及所附×××订单一份收到，对于你方积极推销我××玩具，我们表示高兴。

贵公司×月×日函收到，获悉贵公司欲订购××货××箱。对此，我们表示欢迎。现报盘如下：……

×月×日函悉。承告由××轮装运的××号订单项下之货短缺××箱，经过我们核实，答复如下：……

(四) 主体

主体要求清楚地写明发函目的、主要内容。

询价函可以向卖主索要主要商品目录本、价目单、商品样品、样本、交货日期、结算方式等。也可以用发询价函或订单的方式询问某项商品的具体情况。

报价函正文主体内容要写明品名、价格、数量、结算方式、发货期、产品规模、产品包装、运输方式等。

订购函正文一般应包含商品名称、牌号、规格、数量、价格、结算方式、包装、交货日期、交货地点、运输方式、运输保险等内容。

索赔函正文主要包括五项内容：简述事由、陈述违约事实、说明索赔理由、陈述对方违约给自己带来的损失和提出具体的索赔要求。

(五) 结尾

如果要求对方答复，结尾常用"候复""盼复""希速复为盼""请函复"等词语。

如仅阐明我方意见，并不要求对方答复的，常用"专此函达""特此函达，希洽办"等词语。

也可有礼貌地提出希望或要求，如"该货需求殷切，订单踊跃，考虑到这一品种价格实惠，适合你地市场的需要，订购尚希从速""该货不仅质量优异，而且价格具有更大的竞争性，相信不久即可获得你方的订单""相信在双方的共同努力下，我们之间的首笔交易将会顺利达成。"

(六) 附件

附件在正文之后随函附发，包含销售合同、协议、报价单、发票、单据等。附件的名称、号码、件数必须写清楚，不得错漏。

(七) 落款

落款包括签名与日期。正文末尾写上发文单位名称，加盖发文单位印章，以示严肃负责。在发文单位下一行写上发函的年、月、日。

任务实施

一、工作指导

首先，应当对客户的基本情况进行深入地调查了解，渠道可以使网络或知情人士，以更准确把握对方的实力；其次，发函负责人应当进行协商，必要时请示更高层的领导，确定答复内容；最后，发送答复函后及时通过电话等方式告知对方查收。

二、写作指导

标题：由发函单位名称和文种构成，其中文种应当具体写明为"报价函"。

行文对象：为××市政府采购中心。

正文：根据来函依次写明报价和承诺。其中报价部分可以使用表格，以使信息更加明朗、清晰。

附件：依次注明所需的各类材料。

三、参考范文

××图书有限公司报价函

××市政府采购中心：

本公司十分高兴地收到贵中心询价函，我方已研究了贵函的全部内容，现向贵中心就所采购的标的物做出如下报价：

一、责任与义务

本公司承诺：

（1）本公司愿意提供贵中心可能另外要求的、与投标有关的文件资料，并保证我方已提供和将要提供的文件的真实性、准确性。

（2）本公司的报价函一旦为贵中心认可，该报价即为合同价。

（3）本公司报价函一经发出，即不可撤回，否则我方愿意接受贵中心的处罚。

（4）本公司一旦荣幸地成为本项目的签约方，同意将贵中心货物招标文件标准文本中的"合同条款"和本报价函作为合同的组成部分。

（5）我方承诺在签约之前，向贵中心递交1%服务费和15%的履约保证金。

（6）本公司完全理解本项目合同，不一定授予报价最低的投标人。

（7）货物验收后，如发生因质量问题造成无法使用的情况，我公司放弃履约保证金的索要。

二、货物报价表

表3-3-1为按主材分明细报价。

表 3-3-1　按主材分明细报价表

序号	书名	出版社	出版日期	ISBN 号	册数	单价/元	金额/元
…	…	…	…	…	…	…	…
金额合计：××万元，折扣率：××%，折扣后总价：××万元							

根据提供目录报每类（册）书的单价、汇总价、折扣率、折扣后总价。
合同签订后 10 日内交货、整理上架完毕。

三、服务承诺（货物的技术支持、服务、质保期等做出书面承诺）

四、相关资信证明

（1）报价函；
（2）法人授权书；
（3）企业规模介绍、业绩等；
（4）非生产商提供厂家授权；
（5）认证证书等其他证明；
（6）经营资质证书复印件。

××图书有限公司（盖章）
××××年 7 月 12 日

技能训练

一、根据以下材料拟写询价函，可在内容上合理地增删。

情依公司的餐具专卖店在《生活》杂志上看到真心公司刊登的有关瓷器的广告，对该公司产品很感兴趣。随后列出所需产品清单，给真心公司发去一份询价函。要求真心公司按随函附表所列产品提供"C.I.F. 上海"报价，包括最快交货日期、付款条件及所能提供的定期购货折价等。

二、根据以下材料拟写商品订购函，要求内容明确，格式规范，可在内容上合理地增删。

为满足生产的需要，忽米公司急需购置××型号规格的静电喷漆设备。当得知上海市××厂有现货供应时，该公司采购部就马上发去一份订购函。

撰写商务谈判方案

任务二　撰写意向书

教学目标

1. 了解意向书的文体含义、特点；
2. 理解意向书的类型；
3. 掌握意向书的结构和写法，能够拟写不同类型的意向书。

任务引入

××职业技术学院为了给本校酒店管理专业学生提供合适实习机会，与远洲大酒店协商开展合作。由学院制订学生实习计划，提供优秀的、数量充足的实习学生，并提前向远洲大酒店通告学生资源情况。远洲大酒店也要预先向学院提供招聘实习生的需求信息。酒店方负责对学生进行考核筛选，并将合格者安排到客户公司实习。请根据以上介绍，为校企双方撰写一份学生实习合作意向书。该意向书应当符合以下三点要求：① 要如实地表达各方协商的事项；② 条款内容要合理、合法；③ 结构完整，语言简洁，条理清楚。

相关知识

一、意向书例文评析

【例文】

开展技术经济合作意向书

瓦房店对外经济发展办公室（甲方）与大连星云有限公司（乙方）协商，经双方同意，确定如下技术经济合作关系：

一、合作范围

(1) 高科技产品研发。

(2) 电子产品深加工与综合利用。

(3) 外贸出口。

(4) 技术咨询。

二、双方义务

(1) 甲方负责提供其资源、项目及资料和项目的落实。

(2) 乙方负责提供合作开发项目的技术资料，组织有关技术力量以及协调开发项目的有关关系。协助或代理甲方的产品出口，合作项目产品的出口，甲方所需或双方合作项目所需的设备、技术的引进。

(3) 双方确定具体的联络人员，进行经常性的联络工作。

三、合作程序

由双方商定在适当时间相互考察，根据考察结果，共同商拟双方合作项目、方式、内容和步骤。

四、合作方式

双方本着互惠互利，利益共享，风险共担的原则，根据不同的项目采用相应的合作方式。具体合作项目由双方另行签订合同。

五、本意向书一式四份，甲乙双方各执两份

甲方：瓦房店对外经济发展办公室　　　　乙方：大连星云有限公司
代表：张××　　　　　　　　　　　　　代表：孙××
联系地址：瓦房店市××路　　　　　　　联系地址：大连市××路××大厦206室
电话：12345678　　　　　　　　　　　　电话：87654321
××××年5月12日　　　　　　　　　　　××××年5月12日

例文评析：这份合作意向书，标题由项目名称和文种构成。项目名称是"开展技术经济合作"文种是"意向书"。前言写签订意向书的单位名称，并用惯用语承上启下，导出本文的主体。主体部分写合作的范围、双方义务、合作程序、合作方式等方面的内容。结尾写意向书的份数，落款双方单位、代表的签字及联系信息。语言富有弹性，全文各条款内容只确定原则上的意向，没有涉及具体的数字，可为日后签订实质性的合同奠定基础。

二、意向书文体概述

（一）意向书的文体含义

意向书是国家、单位、企业以及经济实体与个人之间，对某项事务在正式签订条约、达成协议之前，由一方向另一方表明基本态度或提出初步设想的一种表达合作意愿的书面文件。

意向书是记载当事人双方合作意愿，主要是表达双方当事人初次洽谈后彼此认可的若干原则性意见，或是提出以后洽谈的安排和设想。意向书是双方进行实质性谈判的依据，是签订协议（合同）的前奏，是"协议书"或"合同"的先导，多用于经济技术的合作领域。

意向书是一项源自英美的制度，作为复杂交易，尤其是大型企业并购交易中常用的协商工具，在商事交易中被广泛使用。随着英美企业的对外扩张，加上英美投资银行在世界市场中的绝对优势地位，这项制度也逐渐成为商事交易中的标准化制度，被我国商务界广泛使用。不过因其处于开始协商和达成最终协议两极之间，既不是毫无意义的事实文件，又欠缺正式合同的确定性和约束力。

意向书可以向政府主管部门上报备案，作为立项的根据，同时也可作为合作各方进行实质性谈判的基础和原则性依据。

（二）意向书的特点

1. 协商性

意向书是双方初步协商的产物。写意向书多用商量的语气，不带任何强制性。有时还用假设、询问的语气。如"希望""拟""将""予以合作"等。

2. 意向性

意向书的文字比较灵活，条款也比较原则，对实质性的关键问题不像合同那样需做出具体、准确的表述，而只表达原则性的意向。意向书发出后，对方如有更好的意见，可以直接采纳，部分改变或全盘改变都是可能的；同一份意向书里可以提出多种方案供对方选择；或者对其中的某项某款同时提出几种意见或修改方案，让对方比较和选择。

3. 临时性

合作意向书是阶段性的产物，只在初步接触以后到签订协议或合同这一段时间内起作用。一旦签署了协议或合同，合作意向书也就完成了它的历史使命。

4. 不具法律效力性

意向书不像协议、合同那样具有法律效力，只起备忘录作用，督促当事人履行自己的承诺。合作意向书签订后，如果某一方不履行自己的承诺，使双方合作搁浅，这只是在道义上失信，一般难以追究其法律责任。不可把合作意向书等同于合同。

三、意向书的类型

从不同的角度，可以把合作意向书分为不同的类别。根据合作双方的地域范围，可以分为国际间的事务合作意向书，国内的省市之间的事务合作意向书，地区之间、部门或单位之间、企业与企业之间都可签订某方面的合作意向书。

根据合作内容，可以分为科学文化交流合作意向书、经济技术协作合作意向书、技术设备引进合作意向书、新产品开发合作意向书、工程基建合作意向书、产品购销合作意向书、企业联合合作意向书等。

根据签署形式，可以分为单签式和双签式。单签式，即由出具合作意向书的一方签署，文件一式两份，再由合作的一方在其副本上签章认可，交还对方，就算签署完成；双签式，即联合签署式，在合作意向书上出具双方代表人的详衔及姓名，各方同时签署，然后各执一份为凭。这种形式比较郑重。重要的合作意向书签字一般还要举行仪式，但是效力与其他形式无异。

四、意向书的结构与写作方法

（一）标题

标题可以采用"事由+文种"的模式，如"关于合作经营华天大酒家的意向书"；或者是"项目名称+文种"，如"××原料合资生产意向书"；也可是"合作单位+项目名称+文种"，如"上海市××公司、新加坡××产业公司合作经营塑料品意向书"。有的只用"意向书"三字作为标题。

（二）正文

正文由前言（导言）、主体和落款三部分构成。

1. 前言

写明合作各方当事人单位的全称。写明订立意向书的依据或指导思想，商谈时间、地点、合作事项等。继而用"双方就有关事宜，达成如下意向"一类承上启下的惯用语导出主体部分。

2. 主体

主体部分是意向书的重点内容，一般写双方的意图及初步商谈后达成的倾向性认识和比较认同的事项，分条归纳双方的意愿。对实现意愿的条件、形势、可行性的看法以及意向目标和相应措施，进一步商谈的时间、内容、级别、任务等加以说明。如果是单签式，还应申述己方意图，征询对方的意见。各项条款之间的界限要清楚。各条款的内容要相对完整。

合作意向书的主体内容一般包括：合作企业或项目的名称和拟订地址；合作企业或项目的规模和经营范围；各方投资金额比例；利润分配和亏损分担；原料、设备、技术、企业用地等各由何方提供；合作事项实施步骤；合作企业领导体制；合作期限。

并购交易意向书的主体内容通常包含：向出卖人陈述本企业或本人的基本情况；表达购买的意向，包括说明自己的购买报价或条件；就进一步的交易提出相应要求，如要求出卖人允许购买人对目标企业进行尽职调查；声明保密和要求对方保密。

最后一般应写明"未尽事宜，在签订正式合同或协议书时再予以补充"一语，以便留有余地。

3. 落款

意向书签订各方单位的名称、代表人姓名并加盖公章或私章、通信地址、电子邮箱、电话号码及日期。

任务实施

一、工作指导

为了写好这份学生实习合作意向书，在动笔之前，应和双方单位领导进行充分的沟通交流。了解双方单位领导的合作意向、合作条件等内容。

二、写作指导

（1）合作企业（甲方）：远洲大酒店。
（2）合作企业（乙方）：××职业技术学院。
（3）合作项目：学生实习。远洲大酒店提供实习场所；××职业技术学院安排优秀的、数量充足的实习生。

三、参考范文

学生实习合作意向书

甲方：远洲大酒店
地址：××市工业园区星海街156号　　联系电话：12345678
乙方：××职业技术学院
地址：××市东长春路2段12号　　联系电话：87654321

甲、乙双方经友好协商，就乙方学生实习安排事宜，本着精诚合作、互惠互利的原则，特订立合作意向书如下：

一、乙方在制订学生实习计划时，提前向甲方通告学生资源情况。甲方也预先向乙方提供远洲大酒店（客户公司）招聘实习生的需求信息、客户公司的相关信息如薪资待遇、工作时间、住宿条件、交通情况等。如甲、乙双方均有合作意向，则乙方优先考虑按甲方的要求，提供优秀的、数量充足的实习生。

二、甲方负责对乙方的学生进行考核筛选，并将合格者安排到客户公司实习。

三、甲、乙双方共同负责对学生的实习管理，稳定实习生队伍，确保客户公司的满意度。

四、本协议一式两份，甲、乙双方各执一份，由双方代表签名，盖章后生效。

甲方：远洲大酒店　　　　　　　　乙方：××职业技术学院
代表签字：郝××　　　　　　　　代表签字：刘××
日期：××××年4月2日　　　　　日期：××××年4月2日

技能训练

一、根据以下材料拟写意向书，可在内容上合理地增删。

2015年5月7—9日在××市，××公司（简称甲方）副总经理××先生，与××公司（简称乙方）总经理助理××先生，就建立合资企业事宜进行了友好协商，达成意向：甲、乙两方愿以合资或合作的形式建立合资企业，暂定名为××有限公司。建设期为 2 年，即从 2015—2016 年全部建成。双方意向书签订后，即向各方有关上级申请批准，批准的时限为 3 个月，即 2016 年 5 月 1 日—2016 年 7 月 31 日完成。然后由甲方办理合资企业开业申请。总投资 X 万元（人民币），折 Y 万元（美元）。甲方投资 Z 万元（以工厂现有厂房、水电设施现有设备等折款投入）；乙方投资 H 万元（以美元折款投入，购买设备）。各方按投资比例或协商比例分配。合资企业自营出口或委托有关进出口公司代理出口，价格由合资企业确定。合资年限为 10 年，即 2016 年 8 月—2026 年 7 月。

二、根据以下材料拟写校企合作意向书，要求内容明确，格式规范，可在内容上合理地增删。

××职业技术学院（甲方）与大连智丰物流公司（乙方）经过友好协商，达成意向：甲方在乙方建立挂牌基地，乙方在甲方建立挂牌基地，通过基地载体为甲方培养学生和为乙方培训员工，实现校企双赢。甲方在乙方挂牌名称为："××职业技术学院大学生技能实训基地"；乙方在甲方挂牌名称为："大连智丰物流公司（厂）员工培训基地"。甲方安排学生到乙方参加实践、实习、实训，教育学生遵守乙方的有关规章制度；乙方为甲方学生实践、实习、实训提供必要的条件，并指派相关人员进行技能实践指导的同时，对学生实习、实训情况提出考核评价意见。乙方安排员工到甲方参加专业培训，甲方安排为乙方员工培训提供包括专业教师授课在内的必要条件。

任务三　撰写协议书

教学目标

1. 了解协议书的文体含义、特点；
2. 理解协议书的类型；
3. 能够拟写不同类型的协议书。

任务引入

为发挥双方的优势，共谋发展，××建筑工程公司（甲方）和××装修设计公司（乙方）均有组建"××建筑装修工程集团公司"的意向。经过协商，达成如下协议：今后凡甲方承接的工程，装修设计任务均交给乙方承担。乙方在接到任务后，立即组织以高级工程师为领导的精干设计队伍，在 10 日提出设计方案，并在方案认可后一个月内完成全部设计图纸。为保证设计的质量，甲方要向乙方提供所需的一切建筑技术资料。装修施工队伍由甲方组织，装修工程的施工由甲方组织实施。施工期间，乙方派出高级工程师监督施工。甲方按装修工程总费用的千分之×向乙方支付设计费用。请据此内容写一份协议书。

该协议书应当符合以下三点要求：① 内容明确具体；② 内容符合法律要求，体现平等互利原则；③ 结构完整，条理清楚，语言规范简洁。

相关知识

一、协议书例文评析

【例文1】

协 议 书

甲方：×××　　　　　　　　乙方：×××

双方于××××年7月5日友好协商，在平等互利的原则下，就合作投资创办×××公司事宜，达成如下协议：

一、合营企业定名为×××公司。经营×××。

二、合营企业为有限公司。双方投资比例为×：×，即甲方占×%，乙方占×%。总投资×××万元，其中，甲方×××万元，乙方×××万元。合作期限定为××年。

三、公司设董事会，人数为×人，甲方×人，乙方×人。董事长×人由×方担任，副董事长×人由×方担任。正、副总经理由甲、乙双方分别担任。

四、合营企业所得毛利润，按国家税法照章纳税，并扣除各项基金和职工福利等，净利润根据双方投资比例进行分配。

五、乙方所得纯利润可以人民币计收。合作期内，乙方纯利润所得达到乙方投资额（包括本金）后，企业资产即归甲方所有。

六、双方共同遵守我国政府制定的外汇、税收、合资经营以及劳动等法规。

双方商定在适当的时间，就有关事项进一步洽商，提出具体实施方案。

甲方代表：×××（盖章）　　　　　　　　乙方代表：×××（盖章）

××××年7月6日

例文评析：标题只写"协议书"三字。开头是交代签订协议的时间、地点、目的。正文说明协议事项是合营企业，经营×××。双方投资比例、董事会、利润分配。然后提出合作要求。落款订立协议双方代表签字盖章。最后写上签订协议的日期。

二、协议书文体概述

（一）协议书的文体含义

协议书有广义和狭义之分。广义的协议书是指社会集团或个人处理各种社会关系、事务时常用的"契约"类文书，包括合同、议定书、条约、公约、联合宣言、联合声明、条据等。狭义的协议书是指国家、政党、社会团体、企事业单位或个人，对某一事项、某个问题或某项工作，经过谈判协商，取得了一致意见后，订立的一种具有同等法律效力的契约性文书。

由于协议是一种契约活动。只要协议对买卖合同双方的权利和义务作出明确、具体和肯定的约定，即使书面文件上被冠以"协议"或"协议书"的名称，一经双方签署确定，即与合同一样对买卖双方具有约束力，它能监督双方信守诺言、约束轻率反悔行为，具有同等法律效力。

（二）意向书和协议书的区别

1. 性质作用不同

协议书具有约束力，具有法律效力，属契约性文书。意向书没有法律效力，属草约性质。

2. 内容要求不同

协议书的内容较为意向具体，并且有违约责任一项。意向书内容较原则粗略，具体意见和细节尚未考虑好。

（三）协议书的特点

1. 合法性

合法性是指协议书的内容、形式和程序，都要遵守国家的法律，符合国家政策的要求，才能得到国家的承认和保护。凡有违国家政策、法令和危害国家、公共或其他人利益的协议是无效的，当事人是要承担由此而产生的相应法律责任。

2. 平等互利、协商一致

平等协商、自愿互利是签订协议的前提和基础，不同的企事业单位尽管在职能、规模和经营能力等方面有着不同的范围，但在订立协议时，彼此的地位是完全平等的，应充分协商、互相尊重。双方取得的权利和承担的义务也应当是对等的。任何一方不得以自己的意志强加于对方，任何其他单位和个人也不得非法干预。

3. 约束性

双方要切实履行规定的义务，信守协议书的约束，协议一经签订，即具有法律约束力。由于故意或自己的过失造成的违约，违约人必须承担赔偿损失的责任。

三、协议书的类型

（一）经销协议书

经销协议书是一个企业为另一个企业销售产品而订立的且明确相互权利义务关系的书面协议，如某大型超市为某企业销售产品的约定是经销协议书。

（二）委托协议书

委托协议书是委托人和受委托人约定，由受托人为委托人处理事物的书面协议书。其主要特征是受托人以委托人的名义，为委托人处理事务，由委托人承担法律后果，当然受托人不能超越委托人授予的权限。

（三）代理协议书

代理协议书是企事业单位与代理商之间就双方共同目标、双方权利义务关系、业务关系等进行协商后达成的书面协议。

除以上提及的协议书外，还有许多如补充协议书、调解协议书、税收协议书、租赁协议书、变更或解除合同协议书等。

四、协议书的基本格式

（一）标题

标题要写明协议书的性质，如"赔偿协议书""代理协议书""委托协议书"等，也可以只写"协议书"三字。

（二）当事人

在标题下，正文之前，写明拟签订协议各方当事人单位或个人的名称，并在立约各方当事人名称之后注明一方是甲方，一方是乙方，便于在正文中称呼。

（三）正文

协议书的正文包括签订协议书的原因、目的和双方商定的具体内容。签订协议书的原因、目的是正文的开头部分，即导言（或前言）；导言在交代完签订协议的目的、原因、依据之后，紧接着可用程式化语言，如"现对有关事项达成协议如下"，转入双方商定的具体内容，这是协议书的主体部分。主体要求就协议有关事宜做出明确的、全面的说明，尤其要着力写好协议双方的权利和义务。

主体部分大多用条款罗列，不同类型、不同性质的协议书所包括的条款也不一样，都由双方协商的结果而定。接着是结尾，如"本协议的书面形式是手抄件或打印件、份数、有效期、保存人或单位等"。

（四）落款

落款是指签名和日期，协议书最后必须写明签订协议双方单位和负责人的名称，并加盖公章。若有中间人的，中间人也要签字盖章；如果内容重要的协议书，还要邀请公证处公证，并签署公正意见、公证人姓名、公正日期、加盖公证机关印章。最后写上签订协议的日期。

任务实施

一、工作指导

要完成这份协议书的写作，必须对协议双方的合作意图充分了解。协议内容要对双方的权利和义务做出明确、具体的规定。

二、写作指导

理清本协议书的基本内容：

（1）订立协议双方：××建筑工程公司，××装修设计公司。

（2）协议目的：为发挥双方的优势，共谋发展，并为今后逐步向组成集团公司过渡。

（3）协议事项：凡甲方承接的工程，装修设计任务均交给乙方承担。乙方在接到任务后，立即组织以高级工程师为领导的精干设计队伍，在10日提出设计方案，并在方案认可后一个月内完成全部设计图纸。

（4）质量：装修工程的施工由甲方组织实施，乙方派出高级工程师监督施工。

(5) 价金：甲方按装修工程总费用的千分之×向乙方支付设计费。

三、参考范文

<h2 style="text-align:center">技术合作协议书</h2>

××建筑工程公司（甲方）
××装修设计公司（乙方）
　　为发挥双方的优势，共谋发展，并为今后逐步向组成集团公司过渡，双方经过充分友好的协商，特订立本协议。
　　一、甲方和乙方建立密切的技术合作关系，今后凡甲方承接的工程，装修设计任务均交给乙方承担。
　　二、乙方保证，在接到任务后，将立即组织以高级工程师为领导的精干设计队伍，在10日提出设计方案，并在方案认可后一个月内完成全部设计图纸。
　　三、为保证设计的质量，甲方将毫无保留地向乙方提供所需的一切建筑技术资料。
　　四、装修施工队伍由甲方组织，装修工程的施工由甲方组织实施。施工期间，乙方派出高级工程师监督施工，以保证工程的质量。
　　五、甲方按装修工程总费用的千分之×向乙方支付设计费。
　　六、本协议自签订之日起生效。
　　七、本协议书一式两份，双方各执一份。
附件：《××建筑装修工程集团公司组建意向书》一份。

甲方：××建筑工程公司（盖章）	乙方：××装修设计公司（盖章）
法人代表：××（签字）	法人代表：××（签字）
××××年1月8日	××××年1月8日
甲方地址：××××××	乙方地址：××××××
邮政编码：××××××	邮政编码：××××××
电话兼传真：××××××	电话兼传真：××××××
银行账号：××××	银行账号：××××
联系人：×××	联系人：×××

技能训练

　　根据以下材料拟写合作协议书，可在内容上合理地增删。
　　晚秋文化传播有限公司为靖康贸易公司在靖康贸易公司在《大连日报》、大连百姓网、《大连晚报》上刊登广告提供制作和发布广告的服务。靖康贸易公司在广告发布截稿日前，通过电汇或邮寄方式将款项汇至晚秋文化传播有限公司账户。靖康贸易公司负责提供广告资料及素材，晚秋文化传播有限公司按靖康贸易公司要求负责制作。

任务四　撰写合同

教学目标

1. 了解合同的文体含义、作用；
2. 理解合同的类型；
3. 掌握合同的结构和写法。

任务引入

上海司寇汽车厂在互联网上搜索到大连柴油机厂生产的 Z-2 型柴油机，每台售价 12 000 元人民币。上海司寇汽车厂认为该型号柴油机无论价格、质量都合乎己方要求，于是就和大连柴油机厂联系、洽谈。上海司寇汽车厂以每台 10 000 元的价格购的 400 台 Z-2 型柴油机，采取分三期提货方式，分别是二季度 100 台、三季度 200 台、四季度 100 台。产品质量按部颁标准执行。请根据情况介绍，撰写一份购销合同。该合同应当符合以下三点要求：① 内容合法、平等；② 条款完备；③ 结构完整，条理清楚，语言严谨。

相关知识

一、合同例文评析

【例文 1】

商品房买卖合同

出卖人（以下简称甲方）：
注册地址：
营业执照注册号：
单位资质证书号：
法定代表人：　　　　　　联系电话：
邮政编码：
委托代理人：
地址：
邮政编码：　　　　　　　联系电话：
委托代理机构：
注册地址：
营业执照注册号：
委托单位资质证书号：
法定代表人：　　　　　　联系电话：
邮政编码：

买受人（以下简称乙方）：

姓名：

国籍： 证件名称：

证件号码：

地址：

邮政编码： 联系电话：

【委托代理人】姓名： 国籍：

地址： 邮政编码： 电话：

根据《中华人民共和国合同法》《中华人民共和国城市房地产管理法》及其他有关法律、法规的规定，买受人和出卖人在平等、自愿、协商一致的基础上就买卖商品房达成如下协议：

第一条 项目建设依据。

出卖人以＿＿＿＿方式取得位于＿＿＿＿编号为＿＿＿＿的地块的土地使用权。【土地使用权出让合同号】【土地使用证号】【土地使用权划拨批准文件号】【划拨土地使用权转让批准文件号】为＿＿＿＿。

该地块土地面积为＿＿＿＿，规划用途为＿＿＿＿，土地使用年限自＿＿＿＿年＿＿＿＿月＿＿＿＿日至＿＿＿＿年＿＿＿＿月＿＿＿＿日。

出卖人经批准，在上述地块上建设商品房，【现定名】【暂定名】＿＿＿＿。建设工程规划许可证号为＿＿＿＿，施工许可证号为＿＿＿＿。

第二条 商品房销售依据。

买受人购买的商品房为【现房】【预售商品房】。预售商品房批准机关为＿＿＿＿，商品房预售许可证号为＿＿＿＿。

第三条 买受人所购商品房的基本情况。

买受人购买的商品房（以下简称该商品房，其房屋平面图见本合同附件一，房号以附件一上表示为准）为本合同第一条规定的项目中的：

第＿＿＿＿【幢】＿＿＿＿【座】＿＿＿＿【单元】＿＿＿＿【层】＿＿＿＿号房。该商品房的用途为＿＿＿＿，属＿＿＿＿结构，层高为＿＿＿＿，建筑层数地上＿＿＿＿层，地下＿＿＿＿层。

该商品房阳台是【封闭式】【非封闭式】。

该商品房【合同约定】【产权登记】建筑面积共××××平方米，其中，套内建筑面积××××平方米，公共部位与公用房屋分摊建筑面积××××平方米（有关公共部位与公用房屋分摊建筑面积构成说明见附件二）。

第四条 计价方式与价款。

出卖人与买受人约定按下述第＿＿＿＿种方式计算该商品房价款：

（1）按建筑面积计算，该商品房单价为（人民币）每平方米××××元，总金额（人民币）×千×百×拾×万×千×百×拾×元整。

（2）按套内建筑面积计算，该商品房单价为（人民币）每平方米××××元，总金额（×××人民币）×千×百×拾×万×千×百×拾×元整。

（3）按套（单元）计算，该商品房总价款为（人民币）×千×百×拾×万×千×百×拾×

元整。

第五条 面积确认及面积差异处理。

根据当事人选择的计价方式，本条规定以【建筑面积】【套内建筑面积】（本条款中均简称面积）为依据进行面积确认及面积差异处理。

当事人选择按套计价的，不适用本条约定。

合同约定面积与产权登记面积有差异的，以产权登记面积为准。

商品房交付后，产权登记面积与合同约定面积发生差异，双方同意按下列方式进行处理：

1. 双方同意按以下原则处理：

（1）面积误差比绝对值在3%以内（含3%）的，据实结算房价款；

（2）面积误差比绝对值超出3%时，买受人有权退房。

买受人退房的，出卖人在买受人提出退房之日起30天内将买受人已付款退还给买受人，并按_____付给利息。

买受人不退房的，产权登记面积大于合同约定面积时，面积误差比在3%以内（含3%）部分的房价款由买受人补足；超出3%部分的房价款由出卖人承担，产权归买受人。产权登记面积小于合同约定面积时，面积误差比绝对值在3%以内（含3%）部分的房价款由出卖人返还买受人；绝对值超出3%部分的房价款由出卖人双倍返还买受人。

$$面积误差比 = \frac{产权登记面积 - 合同约定面积}{合同约定面积} \times 100\%$$

因设计变更造成面积差异，双方不解除合同的，应当签署补充协议。

2. 双方自行约定：

（1）_____。

（2）_____。

第六条 付款方式及期限。

买受人按下列第_____种方式按期付款：

1. 一次性付款：

买受人于_____年_____月_____日前支付全部房价款计人民币××××元整。

2. 分期付款××××。

3. 其他方式：

（1）商业贷款。

（2）公积金贷款。

（3）商业与公积金组合贷款。

第七条 买受人逾期付款的违约责任。

买受人如未按本合同规定的时间付款，按逾期时间，分别处理（不作累加）：

（1）逾期在_____日之内，自本合同规定的应付款期限之第二天起至实际全额支付应付款之日止，买受人按日向出卖人支付逾期应付款万分之_____的违约金，合同继续履行。

（2）逾期超过_____日后，出卖人有权解除合同。出卖人解除合同的，买受人按累计应付款的_____向出卖人支付违约金。买受人愿意继续履行合同的，经出卖人同意，合同继续履行，自本合同规定的应付款期限之第二天起至实际全额支付应付款之日止，买受人按日向出卖人支付逾期应付款万分之_____（该比率应不小于第（1）项中的比率）的违约金。

本条中的逾期应付款指依照本合同第六条规定的到期应付款与该期实际已付款的差额；采取分期付款的，按相应的分期应付款与该期的实际已付款的差额来确定。

第八条 交付期限。

出卖人应当在_____年_____月_____日前，依照国家和地方人民政府的有关规定，将具备下列第_____种条件，并符合本合同约定的商品房交付买受人使用：

（1）该商品房经验收合格。

（2）该商品房经综合验收合格。

（3）该商品房经分期综合验收合格。

（4）该商品房取得商品住宅交付使用批准文件。

但如遇下列特殊原因，除双方协商同意解除合同或变更合同外，出卖人可据实予以延期：

（1）_____。

（2）_____。

第九条 出卖人逾期交房的违约责任。

除本合同第八条规定的特殊情况外，出卖人如未按本合同规定的期限将该商品房交付买受人使用，按逾期时间，分别处理（不作累加）：

（1）逾期不超过_____日，自本合同第八条规定的最后交付期限的第二天起至实际交付之日止，出卖人按日向买受人支付已交付房价款万分之_____的违约金，合同继续履行。

（2）逾期超过_____日后，买受人有权解除合同。买受人解除合同的，出卖人应当自买受人解除合同通知到达之日起_____天内退还全部已付款，并按买受人累计已付款的_____%向买受人支付违约金。买受人要求继续履行合同的，合同继续履行，自本合同第八条规定的最后交付期限的第二天起至实际交付之日止，出卖人按日向买受人支付已交付房价款万分之_____（该比率应不小于第（1）项中的比率）的违约金。

第十条 规划、设计变更的约定。

经规划部门批准的规划变更、设计单位同意的设计变更导致下列影响到买受人所购商品房质量或使用功能的，出卖人应当在有关部门批准同意之日起10日内，书面通知买受人：_____；

买受人有权在通知到达之日起15日内做出是否退房的书面答复。买受人在通知到达之日起15日内未作书面答复的，视同接受变更。出卖人未在规定时限内通知买受人的，买受人有权退房。

买受人退房的，出卖人须在买受人提出退房要求之日起_____天内将买受人已付款退还给买受人，并按_____利率付给利息。买受人不退房的，应当与出卖人另行签订补充协议。

第十一条 交接。

商品房达到交付使用条件后，出卖人应当书面通知买受人办理交付手续。双方进行验收交接时，出卖人应当出示本合同第八条规定的证明文件，并签署房屋交接单。所购商品房为住宅的，出卖人还需提供《住宅质量保证书》和《住宅使用说明书》。出卖人不出示证明文件或出示证明文件不齐全，买受人有权拒绝交接，由此产生的延期交房责任由出卖人承担。

由于买受人原因，未能按期交付的，双方同意按以下方式处理：

（1）_____。

（2）_____。

第十二条 出卖人保证销售的商品房没有产权纠纷和债权、债务纠纷。因出卖人原因，造成该商品房不能办理产权登记或发生债权、债务纠纷的，由出卖人承担全部责任。

第十三条 出卖人关于装饰、设备标准承诺的违约责任。

出卖人交付使用的商品房的装饰、设备标准应符合双方约定（附件三）的标准。达不到约定标准的，买受人有权要求出卖人按照下述第_____种方式处理：

（1）出卖人赔偿双倍的装饰、设备差价。

（2）××××××。

第十四条 出卖人关于基础设施、公共配套建筑正常运行的承诺。

出卖人承诺与该商品房正常使用直接关联的下列基础设施、公共配套建筑按以下日期达到使用条件：

（1）_____。

（2）_____。

如果在规定日期内未达到使用条件，双方同意按以下方式处理：

（1）_____。

（2）_____。

第十五条 关于产权登记的约定。

出卖人应当在商品房交付使用后_____日内，将办理权属登记需由出卖人提供的资料报产权登记机关备案。如因出卖人的责任，买受人不能在规定期限内取得房地产权属证书的，双方同意按下列第_____项处理：

（1）买受人退房，出卖人在买受人提出退房要求之日起_____日内将买受人已付房价款退还给买受人，并按已付房价款的_____%赔偿买受人损失。

（2）买受人不退房，出卖人按已付房价款的_____%向买受人支付违约金。

第十六条 退房处理。

凡符合《浙江省实施〈中华人民共和国消费者权益保护法〉办法》（以下简称《办法》）第二十八条第一款退房条件要求退房的，买受人可以选择按该《办法》第二十八条第三款或本合同约定的条件进行处理。

第十七条 保修责任。

买受人购买的商品房为商品住宅的，《住宅质量保证书》作为本合同的附件。出卖人自商品住宅交付使用之日起，按照《住宅质量保证书》承诺的内容承担相应的保修责任。

买受人购买的商品房为非商品住宅的，双方应当以合同附件的形式详细约定保修范围、保修期限和保修责任等内容。

在商品房保修范围和保修期限内发生质量问题，出卖人应当履行保修义务。因不可抗力或非出卖人原因造成的损坏，出卖人不承担责任，但可协助维修，维修费用由购买人承担。

《住宅质量保证书》应当符合《浙江省实施〈中华人民共和国消费者权益保护法〉办法》第二十九的规定。

本合同规定的保修范围、保修期限和保修责任，均按国家法律和行政法规中的规定进行理解和适用。

第十八条 双方可以就下列事项约定：
（1）该商品房所在楼宇的屋面使用权。
（2）该商品房所在楼宇的外墙面使用权。
（3）该商品房所在楼宇的命名权。
（4）该商品房所在小区的命名权。

第十九条 买受人的房屋仅作_____使用，买受人使用期间不得擅自改变该商品房的建筑主体结构、承重结构和用途。除本合同及其附件另有规定者外，买受人在使用期间有权与其他权利人共同享用与该商品房有关联的公共部位和设施，并按占地和公共部位与公用房屋分摊面积一起承担义务。

出卖人不得擅自改变与该商品房有关联的公共部位和设施的使用性质。

第二十条 本合同在履行过程中发生的争议，由双方当事人协商解决；协商不成的，按下述第_____种方式解决：
（1）提交杭州仲裁委员会仲裁。
（2）依法向人民法院起诉。

第二十一条 本合同未尽事项，可由双方约定后签订补充协议（附件四）。

第二十二条 合同附件与本合同具有同等法律效力。本合同及其附件内，空格部分填写的文字与印刷文字具有同等效力。

第二十三条 本合同连同附件共_____页，一式（　　　　）份，具有同等法律效力，合同持有情况如下：

出卖人_____份，买受人_____份。

第二十四条 本合同自双方签订之日起生效。

第二十五条 商品房预售的，自本合同生效之日起30天内，由出卖人向杭州市房产管理局申请登记备案。

出卖人（签章）：　　　　　　　　买受人（签章）：
【法定代表人】：　　　　　　　　【法定代表人】：
【委托代理人】：　　　　　　　　【委托代理人】：
（签　　章）　　　　　　　　　　（签　　章）
_____年_____月_____日　　_____年_____月_____日

例文评析：这是一份房屋销售的格式化合同，使用时双方经过协商在相关的位置上填入具体内容即可。房屋交易所涉及的事务比较复杂，格式化合同有利于提高效率，保护双方尤其是购房者的合法权益。这份合同主体以条款的方式明确了标的、项目建设依据、商品房销售依据、买受人所购商品房的基本情况、计价方式与价款、面积确认及面积差异处理、付款方式及期限、交付期限、违约责任等具体内容。最后写明合同修改办法、生效日期及份数。结尾写明订立合同双方当事人的签章、日期。

二、合同文体概述

（一）合同的文体含义

合同，又叫契约，它是协议的一种。根据《中华人民共和国合同法》的规定，合同是平等主体的自然人、法人、其他组织之间设立、变更、终止民事权利、义务关系的协议。此类合同是产生债权的一种最为普遍和重要的根据，故又称债权合同。《中华人民共和国合同法》所规定的经济合同，属于债权合同的范围。合同有时也泛指发生一定权利、义务的协议。

合同的成立是当事人之间产生权利义务的基础，具有重要的作用。合同有利于保护当事人的合法权益，通过签订合同可以明确当事人之间的权利、义务关系，双方要严格履行合同中约定的义务并享受合同中约定的权利。合同有利于规范市场交易活动，维护社会经济秩序，促进经济效益提高。市场经济社会是合同社会，合同得到了执行，社会的经济生活就能够正常地运转，社会经济也就发展了，也就前进了，这是市场经济的本质所决定的。

（二）合同的特点

1. 平等

合同当事人的法律地位平等。在谈判、签订合同、履行合同时双方"平起平坐"，共同协商，不能把自己的意愿强加给对方，不能强迫对方接受不公平的条款或条约。

2. 自愿

当事人依法享有自愿订立合同的权利，任何单位和个人不得非法干预。当事人订不订合同、与谁订合同、以什么形式订合同、合同规定什么内容等都取决于他的自愿，即"合同自由"。

3. 公平

当事人应当遵循公平原则确定各方的权利和义务，双方当事人在利害关系上大体平衡。根据公平原则合理分配合同风险，确定违约责任。

4. 诚实信用原则

在订立合同时，当事人行使权利、履行义务应当遵循诚实信用原则，不得有欺诈或其他违背诚实信用的行为。在履行合同中，有履行及时通知、协助、提供必要的条件、防止损失扩大、保密等义务。

5. 遵守法律

当事人订立、履行合同，应当遵守法律、行政法规，尊重社会公德，不得扰乱社会经济秩序，损害社会公共或他人利益。

（三）协议和合同的异同

协议在法律上是合同的同义词。只要协议对买卖合同双方的权利和义务作出了明确、具体和肯定的约定，即使书面文件上被冠以"协议"或"协议书"的名称，一经双方签署确定后，即与合同具有相同的法律效力。协议书是签订合同的依据，但在使用中有一些细微的区别。

1. 内容差异

一般情况下，协议书指的是双方（或三方以上）当事人为了共同实现一定的目的而共同协商的原则性意见；而"合同"则是指两个或两个以上当事人之间，在办理某事时，为了确定各自的权利和义务而订立的共同遵守的具体条文，内容具体、详细。

2. 适用范围差异

协议书的适用范围广泛，可以是共同商定的各方面的事务；而合同主要是经济关系方面的事项，并以《中华人民共和国合同法》为依据。

3. 法律效力差异

合同一经签订便一次性产生法律效力，而协议书签订以后，往往就有关具体问题还需要签订合同加以补充、完善。

4. 签订时间差异

对于复杂的经济合作而言，协议书签订在前，合同书签订在后。

三、合同的类型

（一）根据内容划分的类型

根据《中华人民共和国合同法》，以权利和义务关系的类型作为划分标准，合同可分为下述类型：买卖合同，供用电、水、气、热力合同，赠与合同，借款合同，租赁合同，融资租赁合同，承揽合同，建设工程合同，运输合同，技术合同，保管合同，仓储合同，委托合同，行纪合同，居间合同。

（二）根据形式划分的类型

按照形式，把合同规定为书面合同、口头合同和其他形式合同。书面合同是指合同书、信件以及数据电文（包括电报、电传、传真、电子数据交换和电子邮件）等可以有形地表现所载内容的形式。

四、合同的结构与写作方法

（一）标题

直接用合同的种类作为标题，如"技术合同"；或者采用"经营范围+合同种类"的模式，如"商品房买卖合同"；也可以用"合同订立时间+合同种类"，如"2013年运输合同"；或者用"签约单位名称+合同种类"的模式，如"幻景鼎新公司仓储合同"。

需要注意的是，如果合同数量较多，为了便于管理，在标题之下写上合同编号。

（二）当事人名称

当事人名称，即写明订立合同双方的单位名称，要写全称。

当事人名称可以作为一个单独的部分写在正文之前，先写"甲方、乙方"，后面加冒号，再写当事人全称。也可将当事人名称放在正文的前言中，为了后文的表述方便，一般在全称之后用括号注明简称。简称可以写作"甲方、乙方"，也可以写作"供方、需方""买方、卖方""建筑单位、承包单位""托运方、承运方"等。但是不可以写"你方、我方""贵方、我方"等不易理解、容易混淆的称呼。

（三）主体

1. 前言

前言，也叫"引言"，用简洁概括的文字，说明双方签订合同的目的、缘由和依据。一般用"本着平等互利的原则,经双方协商一致,签订本合同"作为本段结束语,引起下段的过渡句。

2. 正文

正文是合同书的核心部分,即经双方协商同意的条款。根据合同法规定,合同的主要条款应包括以下内容:

(1) 标的:也称标的物,是合同当事人的权利和义务所共同指向的对象。标的是合同有效成立的前提条件,没有标的或标的不明的合同既无法履行,也不能成立。标的可以是物品、货币、劳务、智力成果等。一般可以用货物、劳务、工程项目的名称表示。借款合同的标的物为一定数量金额的货币(需注明币种);工程承包合同的标的物为应完成的工程项目。签订合同的双方对标的表述要协商一致,表述必须具体明确。

(2) 数量:数量是指合同标的的量的规定,是以数字和计量单位来衡量标的的尺度。计量单位有统一规定,重量、长度、体积、面积都要用国家标准计量单位。

(3) 质量:质量是指合同标的的内在品质与外观形态优劣程度的标志,是标的适应一定用途,满足人们一定需要的特征。它包括标的的质地、性能、构造、等级、技术标准、工艺要求等。如需包装的,还要写明包装质量。质量必须有具体的规定或标准,如国家标准、部颁标准或行业标准、企业标准。

(4) 价款或酬金:价款或酬金是取得合同标的的一方当事人向对方支付的、用货币数量来表示的代价。

(5) 履行的期限、地点和方式:履行期限、地点是合同当事人实现权利、履行义务的时间界限、具体地方。履行地点要写清省、市、县的全称,是到岸交货还是到厂交货,也要写明,以避免造成不必要的错误与纠纷。履行方式主要指交付方式和结算方式。有关费用的承担及支付方法,也要作出相应规定并表述清楚。

(6) 违约责任:违约责任指当事人一方或双方,由于自己的过错造成合同不能履行,或者是不能完全履行,按照合同约定应承担相应的经济制裁。

(7) 解决争议的办法:解决争议的办法可以有双方协商、申请仲裁和法院判决三种选择途径。

(8) 不可抗力条款:如果发生了当事人不能预见、不能避免且不能克服的客观事故(包括但不限于战争、洪水、地震、台风等),而导致履行合同困难时,当事人便可根据这一条款,依据《中华人民共和国合同法》规定,部分或全部免予承担责任。

除上述条款外,还应根据合同法或法律规定或当事人的要求写明一些必需的条款。要注明合同份数、有效期、变更合同的条件、合同附件的名称或件数等。

3. 落款

合同当事人单位名称、地址、法人代表姓名、开户银行、账号等项内容。单位应加盖公章,代表要签名。最后填写签订日期。日期要写全。

如果合同有担保人,担保人应在落款处签名盖章。如果合同需要公证、鉴证或由双方主管部门审核的,应写明公证、鉴证或主管机关的名称,并加盖公章。此时担保人、公证机关、鉴证机关、主管机关都是合同的持有者,都应各持有一份合同。

任务实施

一、工作指导

在签订这份合同之前,必须对柴油机和其生产厂家多方调查、了解,做到货比三家。即使确定大连柴油机厂的 Z-2 型柴油机产品,也要对该厂家的产品质量、价格、功能和特性、信誉充分调研。只有这样,才能有备无患地拟制合同。

二、写作指导

合同的基本内容,就是双方围绕标的而产生的责、权、利。

标的:本合同是围绕 Z-2 型柴油机这一标的展开的。关于交易标的的详细信息,可以采用表格形式予以准确表达。

双方的权利和义务:上海司寇汽车厂的权利是获得 400 台 Z-2 型柴油机,义务是按时交付货款。大连柴油机厂的义务是按照规定交付 400 台 Z-2 型柴油机,权利是获得相应的货款。

标的价格:单价 10 000 元(经过计算,得出总价值 400 万元的数字)。

付款方式:通过工商银行托收。

交货方法、地点及运费:由供方托运到需方,运费由需方负责。

违约责任:根据约定书写,或者采用同类合同的惯用内容。

三、参考范文

购 销 合 同

××购字××号

供方:大连柴油机厂

需方:上海司寇汽车厂

经双方充分协商,特签订本合同,以资共同信守。

一、品名、规格、数量、金额、交货日期:

商标	品名	型号	单位	数量	单价	金额/万元	分期交(提)货数量		
							二季	三季	四季
××	柴油机	Z-2 型	台	400	10 000	400	100	200	100
总计金额(大写)						肆佰万元整			

二、产品质量标准:按部颁标准执行。

三、产品原材料来源:由供方解决。

四、产品验收方法:由需方按质量标准验收。

五、产品包装要求:用木箱包装。

六、交（提）货方法、地点及运费：由供方托运到需方，运费由需方负责。

七、货款结算方法：通过工商银行托收。

八、违约责任：

（1）按《经济合同法》规定的原则执行。

（2）如供方因产品规格、质量不符合合同规定，供方负责包修、包换、包退，并承担因此支付的费用。

（3）因产品数量短少，不符合合同规定，供方应偿付需方以不能交货的货款总值的5%的罚金。

（4）因包装不符合要求造成的货物损失，应由供方负责赔偿。

（5）因交货日期不符合合同规定，比照人民银行延期付款的规定，多延期一天，按延期交货部分货款总值的万分之三偿付需方延期交货的罚金。

（6）如需方中途退货，由需方偿付退货部分货款总值5%的罚金。

（7）需方未按合同规定日期付款，比照人民银行延期付款规定偿付供方罚金。

九、供需双方由于人力不可抗拒和确非企业本身造成的原因而不能履行合同时，经双方协商和合同鉴证机关查实证明，可免予承担经济责任。

十、本合同自签订（或鉴证）日起生效，任何一方不得擅自修改或终止。需要修改或终止时，应经双方协商同意，签具修订撤销合同的协议书，并报告合同双方业务主管部门和鉴证机关备案。

十一、本合同正本两份，供需双方各执一份；副本四份，送供需双方、业务主管部门、鉴证机关、工商银行各一份。

十二、本合同有效期到××年×月×日截止。

供方：大连柴油机厂（公章）　　　　需方：上海司寇汽车厂（公章）

代表人：×××（签章）　　　　　　代表人：×××（签章）

电话：×××××××　　　　　　　　电话：×××××××

账号：××××××××　　　　　　　账号：××××××××

地址：××市××街××号　　　　　地址：××市××街××号

××××年×月×日　　　　　　　　××××年×月×日

技能训练

一、根据以下材料拟写合同，可在内容上合理地增删。

李小姐是一名下岗职工，与邻居王太太交谈中透露出自己想租房开办一所幼儿园。正巧张太太有两套闲置住房，愿意租赁给王小姐，经协商，拟签订一份三年期合同，月租19 000元。请你为其代写一份合同。

二、根据以下材料拟写合同，要求内容明确，格式规范，可在内容上合理地增删。

木船水果超市的经理（法人代表、甲方）任龙云与白桦农场的承包者（法人代表、乙方）张暴洪于××××年3月4日签订了一份合同。

合同内容如下：

××××年甲方购买乙方生产的黄桃12 000千克、葡萄8 000千克和富士苹果20 000千克，水果质量均为行业标准一级。商定在6月15日~11月1日期间分三批交货，每批次每种水果的交货量为总量的三分之一。由乙方负责包装（黄桃用纸箱，每箱10千克；葡萄用纸箱，每箱5千克；苹果用纸箱，每箱20千克），并及时运送到木船水果超市所在地；其包装费、运费均由白桦农场负担。各类水果价格，按当地收购价计算。货款支付在每批水果交货第二天通过银行托付。如因突然自然灾害不能按期如数交货，白桦农场应在灾害发生后一周内通知木船水果超市，并相互协商做好善后工作。在正常情况下，如果木船水果超市拒绝收购，应处以拒收部分价款的20%的罚金；白桦农场交货不及时，应处以不及时部分价款的20%的罚金。这个合同一式两份，甲乙双方各执一份。

活页:"一图看懂写作技法"

活页更多精彩内容

北京理工大学出版社《财经应用写作》活页式配套资料

韦志国　宋少净　原创制作

一图看懂写作技法

合同的概念、特点与类型

合同是平等主体的自然人、法人、其他组织之间设立、变更、终止民事权利义务关系的协议。

合同的特点

 平等
合同当事人的法律地位平等。在谈判协商、签定合同、履行合同时具有平等权利,不能把单方意志强加给对方,不能强迫对方接受不公平的条款

 自愿
当事人自我真实意愿、意思的表达。当事人依法享有自愿订立合同的权利,任何单位和个人不得非法干预。当事人订不订合同,与谁订合同,以什么形式订合同,合同规定什么内容等都取决于他的自愿

 遵守法律
遵守法律、行政法规,尊重社会公德,不得扰乱社会经济秩序,损害社会公共利益

 诚实信用
不得虚构事实、欺诈或其他违背诚信的行为

 公平
当事人的权利和义务对等、平衡

合同常用类型

《中华人民共和国合同法》列出了下述合同类型:买卖合同,供用电、水、气、热力合同,赠与合同,借款合同,租赁合同,融资租赁合同,承揽合同,建设工程合同,运输合同,技术合同,保管合同,仓储合同,委托合同,行纪合同,居间合同。

 买卖合同
买卖是商品交换最普遍的形式。出卖人转移标的物的所有权于买受人,买受人接受此项财产并支付约定价款的合同。

 赠与合同
赠与人把自己的财产无偿地送给受赠人,受赠人同意接受的合同。赠与合同可以发生在个人对国家机关、企事业单位和社会团体以及个人相互之间。

 借款合同
又称借贷合同。当事人约定一方将一定种类和数额的货币所有权移转给他方,他方于一定期限内返还同种类同数额货币的合同。

 运输合同
承运人将旅客或者货物从起运地点运输到约定地点,旅客、托运人或者收货人支付票款或者运输费用的合同。

项目四　财经信息传播文书

任务一　撰写启事

教学目标

1. 了解启事的文体含义、特点；
2. 理解启事的类型；
3. 掌握启事的结构和写法，能够撰写各类启事。

任务引入

春天超市需要招聘一批收银员，条件为：年龄18~35周岁，女性，高中以上学历，身体健康，有本市户口，有工作经验者优先。需要上晚班。请为春天超市撰写一份启事。该启事应当符合以下四点要求：① 工资待遇应该符合国家劳动法和本地相关政策规定；② 应聘条件要清楚；③ 要求应聘人员要有相关的证明材料；④ 格式规范，有条理。

相关知识

一、启事例文评析

【例文1】

寻　人　启　事

×××，男，75岁，××市人，身高1.65米，体型偏瘦，秃顶，××口音，于2019年2月5日在××广场附近走失。请见到此人者帮助收留，并与家属联系，必有重谢！

联系人：×××　　　　　　　联系电话：××××××

2019年2月7日

例文评析：这是一份寻找类启事，着重写所寻对象的主要特征、走失时间、地点，以及联系方法。全文简洁清晰。

【例文2】

迁　址　启　事

××公司因业务需要，办公地址将于7月1日由原天地大厦迁至胜达贸易城A区×号。请相关单位到新办公地址联系工作。

具体地址：××市××路××号

联系电话：××××××

××有限公司
2019年3月29日

例文评析：这是一份告知类启事，内容侧重于向公众告知，并希望引起人们的注意。

二、启事文体概述

（一）启事的文体含义

"启"即告知、陈述的意思，"启事"就是陈述事情、告知事项，是单位或个人向公众说明某事项，或请求公众协助办理、参与某事项的一种应用文。

在日常生活中，"启事"经常被错误地写作"启示"。"启事"是文体名称，一般不作他用，"启示"既是动词也是名词，不可作为文体名称。

启事的主要作用是面对公众说明某一事项，或请求公众协助参与某一事项，具有传播信息、广泛告知以及提出诉求等的作用。

（二）启事的特点

1. 公开性

启事的发文对象是社会公众或不特定的对象，所采用的发布渠道往往是张贴或大众媒体，其内容没有秘密性。

2. 求应性

启事的发布目的是为了寻求公众的帮助或回应，期望公众的参与，因此没有强制性和约束力，而是带有请求或恳求的意味。

3. 简要性

启事的篇幅一般比较简短，语言简洁，只需将主要事实或要求准确地说明即可，不需要深入论述和详尽描述。

三、启事的类型

（一）寻找类启事

发布者丢失物品或因有人走失、下落不明而写的启事，意在请求公众给予协助或帮助，常见的有寻人启事、寻物启事等，如例文1。

（二）告知类启事

发布者需要向社会说明某一事务，希望引起公众的注意、参与而写的启事，常见的有开业启事、停业启事、迁址启事、更名启事等，如例文2。

（三）征招类启事

发布者为了完成某一件事，请求别人协助、支持时所发布的启事，如招聘启事、招领启事、征集启事、征文启事、征婚启事、征订启事等。

四、启事的结构与写作方法

（一）标题

完整式标题由发布者、事项和文种组成，如"××公司招聘启事"；省略式标题由事项和文种构成，如"招聘启事"，或者只写文种，仅用"启事"两字做标题。

（二）正文

不同类型的启事，正文内容的侧重也有所不同，主要包括发文目的、具体事项及联系方式等内容。

1. 寻求类启事

正文首先要写明所寻找或招领的物或人的具体特征，其次要写明丢失或走失及捡到与收留的时间和地点，然后要写明寻找或招领的单位及详细地址、联系电话，最后要写表示感谢、酬谢的内容或希望失主尽快招领的内容。不过在写寻物与招领物品启事时，对物品的具体特征不要描述太细，以防止出现冒领的情况。

2. 告知类启事

告知类启事的正文，也会随着具体事项的不同而发生变化，一般包括告知的缘由、告知的具体事项、联系方式等内容。

告知的缘由部分也会随着告知事项而发生变化，如果是庆典性告知，则需要写明开庆典的缘由；如果是开业，则需要写明单位成立的缘由、依据、批准部门，成立时间，单位性质，工作范围等。

告知的具体事项也是如此，如果是庆典，则需要写明庆典活动的总体安排，包括时间、地点、组织接待、内容、参加人等事项，还有其他有关事项及要求以及欢迎参加庆典活动的结束语；如果是开业则需要写明对有关单位和个人的希望要求。

联系方式则要写明单位的地址、邮编、联系人、联系电话等内容。

3. 征招类启事

征招类启事因其具体事项不同，其正文也存在差别，但总的来说，征招类启事的正文一般由以下三个部分构成：征招缘由、征招条件、征招办法及起止时间。

（1）征招缘由：说明征招的目的、意义和依据，可以使用"为了……"引出目的，用"依据……"引出依据，并介绍征招单位和部门的基本情况，有时还要说明工作的性质。

（2）征招条件：要写明征招的具体条件，不能泛泛而谈，笼统而说，如果是招人，则应写明对年龄、性别、学校、学历、专业、技能、身高、容貌、户籍、工作经验的相关要求，如果是征文，则应写明征文对象、内容、形式和要求等。

（3）征招办法及起止时间：要写明征招的具体办法和过程，要交代清楚征招的有效起止时间，如果要招人，则应该写明如何报名、报名的时间、地点、联系人和联系的方式，如何参加应征，应征时应该携带哪些证明材料；如果是征文，则应该写明征文的具体办法，文章邮寄的地址、联系人、截稿时间、评奖的办法等内容。

（三）落款与成文日期

落款即发布者名称，如标题中已说明，则此处可省略。成文时间一般以启事发布日期为准，年、月、日齐全。

任务实施

一、工作指导

为了顺利完成招聘启事的撰写，在撰写之前应该认真和领导沟通，弄明白公司招聘什么样的岗位、招聘条件是什么、招聘待遇是什么、招聘的方法与方式是什么，同时要认真学习充分掌握相关的法律与政策，做到心中有数、胸有成竹。

二、写作指导

标题：为了让阅读者能够尽快地了解相关内容，引起阅读者的注意，本启事的标题，最好采用"发文机关+事由+文种"的标题，当然也可以采用"事由+文种"的形式。

正文：征招缘由部分要交代招聘企业的基本情况和招聘的原因，征招条件部分要写清公司对应聘者的相关要求，征招办法部分要写明公司招聘的程序和本启事的有效时间。

落款：本启事最好要加盖公章，则需要落款，即写上公司的全称。

成文日期：由于加盖公章，则需要成文日期，成文日期要采用汉字、小写。

三、参考范文

春天超市招聘收银员的启事

为了适应公司发展的需要，春天超市现面向社会公开招聘一批收银员。
一、招聘条件
凡具有本市户口，年龄在18周岁以上，35周岁以下，具有高中以上学历，身体健康，能够胜任晚班工作的年轻女性，均可报名（有相关工作经验者优先）。
二、工资待遇
每月基本工资1 500元加提成，公司给予缴纳五险一金，每月有3天调休。
三、报名方法
（一）报名手续：持本人身份证、毕业证、健康证原件及复印件
（二）报名时间：××××年4月5日到8日
（三）报名地点：××市××路××号春天超市二楼人事部
（四）录取办法：面试加笔试
地址：××市××路××号
联系人：王先生
联系电话：12345678
电子邮箱：××××@126.com

春天超市（公章）
××××年4月3日

实训练习

一、根据以下材料拟写征文启事，可自行补充其他信息。

《××报》为了及时反映百姓理财生活中出现的经验和教训，特面向全体读者征文，内容围绕家庭理财的途径、方式、收获等方面，征文的题材不限。请代报纸编辑部撰写一份征文

启事，要求明确说明征文意义、内容及要求。

二、根据以下材料拟写启事，可在内容上合理地增删。

王××在××××年4月3日上午10点左右，在××商厦丢失钱包，其中有身份证、医保卡和现金若干。王××急需要把身份证、医保卡找回，愿意以钱包中的现金相谢。

任务二　撰写简报

教学目标

1. 了解简报的文体含义、特点；
2. 理解简报的类型；
3. 掌握简报的结构与写法。

任务引入

××省证券期货协会于2015年7月17—18日举办了辖区营销管理人员培训班，208名人员参加培训。协会会长郑××到会并发表了讲话，指出按照省证监局工作思路开展培训以及行业文化建设，持续深入地开展自律管理工作，引导会员机构从价格营销向服务营销的转变。他指出目前存在的一些问题，主要有营销人员不规范展业，个别营销人员擅自印刷违反自律规定的宣传单，以低佣金营销客户等。本次培训得到了省证监局的大力支持，机构处袁××为大家讲授了《证券营销人员职业合规要求》课程。讲师邬××先生讲授《证券公司营销策划》课程。最后就本次培训内容进行了考试，参训人员全部合格。学员对本次培训的组织满意度达99%，对培训内容整体满意度超过93%。希望协会以后再针对类似学员组织提高班，就《管理技能》《沟通技巧》《创新思维》这三类课题进行培训。

请根据以上介绍，撰写一份工作简报，应当符合以下三点要求：① 能够反映培训的主要内容和情况；② 结构完整，语言简洁；③ 使用文字处理软件模拟制作有报头、报文、报尾的简报样本。

相关知识

一、简报例文评析

【例文】

防汛防旱简报

第 12 期

××市防汛防旱指挥部办公室　　　　　　　　　　　　　2015年6月17日

―――――――――――――――――――――――――――――――

本 期 目 录

- 蓄水与防洪相结合，确保安全度汛

- ××区防汛工作进入临战状态
- ××区召开防汛紧急会议

蓄水与防洪相结合，确保安全度汛
——××市主要领导在横山水库检查防汛工作

6月15日是入梅的第二天，该市市委、市政府主要领导冒雨检查了当地的防汛工作。

××市委书记史××在横山水库检查时认为水库的除险加固工程质量好，使原来的工程隐患得到了较好的解决，为今年的防汛争取了主动，但毕竟还没有经受高水位的考验，加之下游的防洪工作还比较薄弱，因此对横山水库的防汛工作思想上不能有丝毫的松动。他指出，要正确处理好防洪安全与蓄水供水的关系，既要确保水库的防洪安全，不出问题，又要保证供水需要，但更重要的是防洪安全，安全度汛必须压倒一切，蓄水只能服从于防洪安全，有了防洪安全才能有蓄水供水。他还指出，由于当前已进入主汛期，降雨量明显偏多，因此，要严格控制汛期水位，科学调度，确保水库安全度汛。

(××市防汛办)

××区防汛工作进入临战状态

6月14日我市已进入梅雨期，为认真贯彻市防汛指挥部"关于认真做好当前防汛工作的紧急通知"及市水利局副局长薛××的有关指示精神，××区区委、区政府领导以高度责任心，统一思想，明确责任，分析汛情，采取措施，确保安全。其次是区内各防汛分指挥部和有关单位均全面落实防汛责任制，密切注视天气变化情况，加强24小时值班，并由主要领导带班，各项防汛抢险的准备工作也已就绪。此外，对各泵站的拦污栅再次进行清理，以保进水畅通，随时准备排涝。目前，全区7支专业抢险队510名抢险队员和500名基干民兵随时待命，准备赴防汛抢险第一线。

(××区防汛办)

××区召开防汛紧急会议

6月15日上午，××区召开防汛紧急会议。该区分管区长、建设局长、防汛办主任、各街道分管主任和城管科长出席了会议。

会上，防汛办负责人通报了近期气象趋势以及前期查出的险工隐患整治情况，并列出最近发现需立即采取措施的险工险段。

区防汛常务副指挥、分管区长要求各街道立即再次检查辖区内的防汛排涝设施情况，特别是一些厂企单位管理的泵站、挡水墙，发现影响正常使用的问题应马上解决，一时不能解决的也要有应急措施。各街道要加强督促做好汛期防洪工作，绝不能出问题，确保一方平安。会后，分管区长立即带领与会有关人员冒雨到重点地段现场勘察，落实相应措施。

(××区防汛办)

送：市防汛指挥部各成员单位，各市（县）、区防汛指挥部，有关新闻单位。

（共印 65 份）

例文评析：这是一份专题工作简报，主要内容是反映当地防汛工作的最新进展情况，用于本系统内部交流和对外沟通信息，不具有强制的法律效力。例文主要由三篇报道构成，文字简短，内容概括，使读者了解防汛工作的基本情况。全文结构完整，格式比较规范。

二、简报文体概述

(一) 简报的文体含义

简报是党政机关、企事业单位、社会团体编发的反映情况、汇报工作、交流经验、沟通信息的一种内部常用事务性文书。

简报对上级机关，可以及时迅速地向上级反映日常工作、业务活动，便于上级了解下情，有效指导工作；对下级机关可以通报有关情况，传达领导的精神；对平级机关可以交流经验，沟通情况。

(二) 简报的特点

1. 传递信息快捷

简报具有比较强的时效性，反映情况、汇报工作及时，交流经验、沟通信息迅速，撰写快，发送快。否则，就失去了其存在的意义。

2. 信息内容新颖

简报的内容新。简报反映的是新情况、新动向、新经验、新见解、新趋势，以便更好地发挥其指导和沟通作用。如果简报只报道一些陈旧的信息，那就失去了它的价值。

3. 信息内容真实

简报的内容真实，真实是简报的生命所在。简报中反映的情况、经验以及其他信息都是客观事实，包括事实的每一个细节、时间、地点、人物、数字都是准确无误的，不允许虚构和编造。

4. 语言文字简练

简报语言简练，篇幅简短。简报将最新的信息快速地报道出去，就要言简意明，字数一般不超过 2 000 字。

三、简报的类型

(一) 按照内容范围划分的类型

1. 综合性简报

综合性简报是综合反映一个单位或一个系统在一段时间内各方面工作情况和问题的文书，如《××医院工作简报》。

2. 专题性简报

专题性简报是反映一个单位、一个系统或一个部门在一段时间内所做的某一项工作的进展、过程、经验、问题的文书，如《治安工作简报》《防控"非典"工作简报》《学生工作简报》等。

（二）按照内容性质划分的类型

1. 工作简报

工作简报是反映一个单位、一个系统或一个部门各方面工作或某一项工作的开展情况、得到的经验、出现的问题的简报。综合性简报与专题性简报都属于工作简报。

2. 会议简报

会议简报是反映大中型会议的进展情况、会议讨论的信息、大会决议事项等内容的简报，是召开会议期间编发的简报，如《××会议简报》。

3. 动态简报

动态简报是反映一个单位、一个系统或一个部门某方面工作的新动向、新情况的简报，如《学术动态》。

四、简报的结构与写作方法

一般的简报由报头、报核、报表三部分构成。

（一）报头

报头在首页的上方，约占首页的三分之一版面，由简报名称、期号、编发单位、编发日期四项组成。

1. 简报名称

简报名称居中位置，套红粗体大字排印，如"××简报""××动态""情况反映""情况简报"等名称。

2. 期号

期号标在简报名称的正下方，先标"第×期"，再标"总第×期"。

3. 编发单位

编发单位在期号的左下方顶格标写主办单位的全称，如"××局办公室"。

4. 编发日期

在编发单位名称的右侧顶格标写印发的年、月、日，如"2014年7月4日"。

在编发单位和编发日期之下用通栏红色间隔线将报头与报核隔开。

（二）报核

报核是简报的主要部分，有按语、目录、标题、正文四项内容。

1. 按语

按语是编辑者对简报内容的说明或批注，特别是转发性的简报，加按语来说明转发的目的。有些简报可不必写按语。按语的位置在通栏红色间隔线的下方，"目录"的上方。按语的写法有以下三种：

（1）评议性按语：对简报的内容作必要的评价或议论，以表明编者对简报的倾向性态度。

（2）说明性按语：介绍简报编发的目的、现实意义以及编发的背景。

（3）摘要性按语：将篇幅较长简报的要点进行介绍，以使读者抓住中心，更好领会简报精神。

按语的语言要简明，文字宜在一二百字。

2. 目录

目录是简报各篇文章标题的分类排列。如简报只有一篇文章，则不用标注目录。目录的位置在"按语"下方，简报文章的上方，居中标注"目录"两字。

3. 标题

标题用简明、准确、醒目、生动的语言概括出简报文章的内容，其形式比较灵活，常见的有以下两种：

（1）单行标题：用一句精练的语言概括简报文章的内容或揭示文章的主旨。

（2）双行标题：正题前面加引题或正题后面配副题。正题概括文章的主旨；引题交代文章的背景、作用、意义；副题补充报道的事实。如：

改革促联合　联合出效益
——我市县办工业横向联系方兴未艾

4. 正文

简报的正文有导语、主体、结尾三部分组成。

（1）导语：导语是简报文章的开头，简明扼要地概括出全文的中心内容或主要事实，以引起读者的注意。导语主要有以下四种写法：

一是叙述式导语。概述简报文章的主要内容或主要事实或中心思想。

二是描写式导语。描写简报文章的主要事实或某个特定的场面。

三是提问式导语。提问简报文章反映的主要问题。

四是结论式导语。开头报道事实的结论，主体部分再交代原因和过程。

（2）主体：主体是简报的主要部分，紧扣主题，紧接导语，用典型的、有说服力的材料，对报道的事实作具体、全面的叙述和进一步的说明。

主体部分的层次安排有两种方法：

一是时间顺序。按照事实发生、发展的先后顺序来安排材料，又称为"纵式结构"。

二是逻辑顺序。按照事物的主次、递进、并列、因果等内在关系来安排材料，又称为"横式结构"。

（3）结尾：简报的结尾可以自然收束；也可以总结全文；还可以提出希望，指出发展态势。内容单一，篇幅短小的简报，可以不写结尾。

（三）报尾

报尾有简报报送范围和印发份数两项内容。报尾的位置在简报最后一页的末端，用通栏平行黑线与报核隔开。

任务实施

一、工作指导

在日常工作中，应当了解协会的工作职责之一就是进行相关培训以提高从业者素质。对此次培训的背景、意义、目的、组织方式、培训内容、考核方式等情况都应当有深入的了解。在培训进行过程中，应当及时记录相关的情况，例如，领导讲话内容、培训反响等。只有做好了这些准备，在编制简报时才能胸有成竹。

二、写作指导

报头：由简报名称、期数、编发机关、日期等项目组成。本简报无须保密。红色间隔横线将报头与报核隔开。

报核：本期简报的内容主要是编者自拟。标题可采用消息文体的标题，如《××省证券期货协会举办2014年辖区证券营销管理人员培训班》。正文部分可以根据培训的进展情况，按照先后顺序来反映培训内容。将培训结果和学员的要求放在文章的末尾。

报尾：可以根据工作关系选择简报送达的机构。报尾在简报末页，用间隔横线和报核区分开。

三、参考范文

工 作 简 报

第 24 期

××省证券期货业协会秘书处　　　　　　　　　　　　2018 年 7 月 20 日

××省证券期货协会举办2018年
辖区证券营销管理人员培训班

为提高辖区证券营销人员对法律法规、规章制度的认识，强化规范执业、诚信展业的合规意识，进一步提升业务素质和服务水平，××省证券期货协会于2018年7月17—18日在××宾馆国际会议厅举办了辖区营销管理人员培训班，辖区内证券营销管理人员共计208人参加了培训。

××省证券期货业协会郑××会长到会并发表了讲话。郑会长指出，协会按照证监局提出的工作思路，从加强监督检查、落实诚信信息记录、开展培训以及行业文化建设等各个方面入手，持续深入地开展自律管理工作，引导会员机构从价格营销向服务营销的转变，取得了一定的成绩。同时也存在一些问题，主要有：① 营销人员不规范展业，如陪同客户进入其他证券营业部、营业场所转销户；怂恿客户当日转户不成即投诉。② 个别营销人员擅自印刷违反自律规定的宣传单，或者擅自在公司统一印制的宣传单上增加违反自律规定的宣传用语，如免开户费、报销转托管费等。③ 以低佣金营销客户，采用先以合规标准开户，约定日后调整佣金的策略。④ 少数营业部为配合公司营销策略要求，以赠送手机、上网本等变相降佣手段营销客户，造成投诉频繁。最后，郑会长希望大家都珍惜自己的职业生涯，对以上问题有则改之、无则加勉，在利益面前始终保持清醒的头脑，把握好自己的业务方向，以规范促发展，以诚信创品牌，为老百姓的财富增长，为证券市场的健康发展贡献我们应有的力量。

　　本次培训得到了省证监局的大力支持，机构处袁××为大家讲授了《证券营销人员职业合规要求》课程，并解读了《关于加强证券经纪业务管理的规定》和《操纵证券市场和内幕交易的立案追述标准（修改）》的要点。袁处长在讲解中结合真实案例进行分析，从根本上提高了大家合规经营的意识。

　　此外还特别邀请到了资深讲师邬××先生讲授《证券公司营销策划》课程。

　　培训的最后就本次培训内容进行了考试，208 名参训人员全部合格。

　　培训结束之后，通过《培训反馈表》了解到，学员对本次培训的组织满意度达 99%，对培训内容整体满意度超过 93%。希望协会以后再针对类似学员组织提高班，就《管理技能》《沟通技巧》《创新思维》这三类课题进行培训。

抄报：××省证监局，中国证券业协会。
抄送：各会员单位，辖区内法人公司。

2018 年 7 月 20 日印制

实训练习

　　一、2018 年 7 月 9 日，全国空调质量评比活动在××市举行。会议由工业和信息化部家用电器管理处××处长主持，全国家用电器协会领导，××集团承办。22 个省、市、自治区推出 32 个产品参加评比。在评比会上，全国 30 多名空调制造行业的专家，对参加评比的 32 种产品的各项质量指标进行了认真的评比，其中对空调压缩机质量指标的检测正在进行中。虽然评比结果尚未揭晓，但总的情况看来，各厂产品之间的差距越来越小，有些部优产品的优势几乎不复存在，××集团的金牌优势也趋于缩小。这说明各厂都在狠抓产品的质量，以质量求生存，同时也告诫各厂，不能高枕无忧，要想保持优势，必须在产品质量上再下功夫。

　　请据此信息以××集团企划部的名义写一份工作简报。要求格式、语言符合简报的写作要求。

　　二、针对你所在的学校目前正在进行的学生社团活动制作一份简报。

任务三　撰写消息

教学目标

1. 了解消息的文体含义、特点；
2. 理解消息的类型；
3. 掌握消息的结构和写作方法，能够撰写单位内部消息。

任务引入

　　隆达贸易有限公司在××××年 12 月 25—26 日在北京公司总部举行了先进工作者经验介

绍会议，在会上各省分公司先进工作者分别做了主题发言，介绍了自己在工作中先进的工作经验和方法。最后由公司董事长张晓龙对公司的先进工作者进行了颁奖并做了主题总结。出席本次会议的还有公司总经理张兰、副董事长兼副总经理李良以及各省分公司总经理和先进工作者代表共50余人。会后董事长办公室要求为本次会议写一个消息，刊登在公司内部出版的报纸上。

该消息应当符合以下三点要求：① 交代清楚董事长的发言要点；② 对先进工作者介绍的经验进行概述式说明；③ 符合消息的结构规范，条理清晰，语言简洁。

相关知识

一、消息例文评析

【例文1】

企业发展的不竭动力

本报讯（记者××）短短15年，大成集团创造氨基酸和植物多元醇两个产业产量世界第一，跻身于全球最具创新力公司50强。这源于他们"崇尚科学、艰苦拼搏、实干奉献、勇创一流、永不画句号"的创新精神。

大成人创新以科学为本，坚信"手中有技术，脚下天地宽"，把核心技术牢牢抓在手中。他们不断加大对科研的投入，培育出赖氨酸新菌种，提高产酸率和转化率，吨成本降低1 000元；成功开发出多种非粮植物资源生产多元醇技术，变"两步法"为"一步法"生产，吨成本下降1 500元。正是科技创新，使他们度过了经济危机，并转"危"为"机"，实现了新的大发展。

大成人创新"永不画句号"，坚持做到"创新实现领先，领先继续创新"。自2002年自主研发新菌种成功，单罐赖氨酸平均产量逐年提高，先后由80吨提升到90吨、100吨、120吨和140吨，生产效率比投产之初提高了75%，今年计划达到145吨。

走中国特色的自主创新道路，建设创新型国家，应当充分发挥企业在技术创新中的主体作用。创新是一个企业生存和发展的灵魂，是企业发展的不竭动力。大成人用15年的发展历程证明了这一点。我们必须牢牢把握发展趋势，深入贯彻落实科学发展观，加快经济发展方式转变，切实把创新驱动摆在优先发展的战略地位，着力在"创新机制、融入市场、创造技术、研发产品、培育产业、做大做强"上下功夫，努力抢占发展先机，加快科技成果转化和战略性新兴产业发展，为经济社会实现又快又好发展提供强大的动力。

（资料来源：吉林日报，××××年4月1日第1版）

例文评析：这是一份典型性消息，本文思路清晰、结构严谨，在介绍大成集团取得成功经验的基础上，阐明了创新对于企业和社会经济发展的重要作用。

【例文2】

免费放行的"令箭"变"鸡毛"

本报讯（记者××）昨天是清明小长假最后一天，大量返城车辆涌上高速公路，江苏多条高速公路车流量猛增，收费站前排起长队。尽管收费站前排队大大超过200米免费放行标准，不少高速路收费站依然收费不误（4月6日《扬子晚报》）。

2007年修订的《江苏省高速公路条例》（以下简称《条例》）第四十六条规定："收费站因未开足收费道口而造成平均十台以上车辆待交费，或者开足收费道口待交费车辆排队均超过200米的，应当免费放行，待交费的车辆有权拒绝交费。高速公路经营管理单位应当在距离收费道口200米处设置免费放行标志。"但在许多收费站面前，免费放行的"令箭"却成了"鸡毛"。据悉，昨天的苏通大桥排队2千米、仪征收费站前堵了1千米、润扬大桥收费站排队500米都没有开通放行，甚至有的免费标识牌被抹掉了"200米""免费放行"字样。

"令箭"为何成了"鸡毛"？现在看来，这个"令箭"本身也有不明白的地方。第一，没有规定如何落实。唯利是图的收费站当然不可能主动落实免费制度，收费站免费要等公司通知，例如，润扬大桥收费站免费，应由润扬大桥管理公司来通知收费站放行，但公司不在现场，无法下达通知，收费站就以没接到通知为由不放行，陷入一个怪圈。第二，没有规定违规收费如何处罚。《条例》的"法律责任"一章，都是驾驶人违法如何惩处的规定，就是没有收费站违规收费如何惩罚的规定。难怪他们有恃无恐地乱收费了。第三，缺乏监督。对于收费站和管理部门，缺乏必要的监督。虽然规定了"省交通部门主管全省高速公路工作"，也规定"待交费车辆有权拒绝交费"，但这个拒绝权却很难落实。

因此，要让《条例》不变"鸡毛"，有必要完善相关规定。对高速公路违反《条例》规定、不予免费放行的行为，设定明确的处罚条款；要强化省交通运输部门落实《条例》的责任，实行问责和追责；畅通违法举报通道，把交通收费置于群众特别是广大司机的监督之下。

（资料来源：广州日报，××××年4月7日第2版）

例文评析：这是一份述评性消息，在介绍江苏高速公路收费站违反相关规定乱收费的事实基础上，说明了这种乱收费之所以能够存在的原因，并阐明了解决的办法。

二、消息文体概述

（一）消息的文体含义

消息是新闻报道中最常用的一种文体。广义的新闻是消息、通信、特写、专访等诸种新闻体裁的总称，狭义的新闻专指消息。消息是对新近发生或发现的、重要的、有意义的、能引起广泛兴趣的事实迅速及时的简短报道。因其使用频率高、使用面广，故被称为新闻。

消息能够迅速地将具有新闻价值的事件进行传播，便于读者和公众及时了解事件的发生与进展情况，从而保障了公众的知情权。对于一个企业而言，消息还具有"广告"的作用，能够扩大企业的影响力和知名度，有助于树立企业良好的社会形象。

写作消息之前，必须进行相关的采访活动。采访是消息写作的前提，也是所有新闻类文体写作的前提。消息作者（一般是记者）应当运用所掌握的基本采访方式、方法、采访技巧进行深入细致地采访，占有丰富、典型而真实的材料。较强的采访能力有助于提高消息作者的写作效率。

(二) 消息的特点

1. 真实客观

真实性是消息最基本的特征。消息必须完全真实地反映客观事实，将确凿的事实告知受众，绝不允许虚构和添枝加叶。无论是构成消息要素的时间、地点、人物、事件和结果，还是所引用的背景材料、数字，都要完全真实、准确、可靠。

2. 新颖独到

消息所报道的事件为新近发生的，讲求时效性。同时事件本身具有新颖的特征，往往能够体现出一些前所未有的新鲜感，能够给受众以新的资讯和新的见解。

3. 概括简约

消息要用较小的篇幅，简练的文字来叙述事实、传达信息，要求内容集中，言简意丰。因此，消息所反映的内容往往侧重于事情的概貌而不讲述详细的经过和细节。

三、消息的类型

(一) 动态消息

动态消息是指能及时反映现实生活中新近发生的、变动的事实，对新事物、新情况、新成就、新问题、新气象、新动向等进行简明扼要地报道的消息。

动态消息的篇幅短小，主题集中，一事一报，时效性强，新闻特征最为明显。报刊上标有"简明新闻""简讯""标题新闻""××动态""××花絮"等栏目的消息，均属动态消息。在企业的新闻报道中，动态消息的写作也最为普遍。

(二) 综合消息

综合消息是指以综合反映全局情况为内容的消息。它一般围绕一个中心，集中全国或某个地区、某个领域、某条战线带有全局性的新情况、新成就、新动向、新问题加以综合报道。内容上通常是"一地多事"或"多地一事"，即紧扣一个中心，把一个地区、一个单位的若干事实或不同地区、不同单位的若干事实集中起来，进行概括性的报道。

综合消息有两种基本方法：一是横断面综合，将发生在同一时期的各种事件加以综合；二是纵深度综合，对事物的不同侧面进行深度分析与综合。两种综合方法都要求以大量具体材料为基础，通过对材料的分析综合，反映出具有共同性的思想。

综合消息报道面广，概括性强，需要作者全面地掌握材料，而且还要注意处理好"点"和"面"的关系，做到二者结合，既全面又突出典型。

(三) 经验消息

经验消息也称典型消息，主要报道工作中具有典型性的经验或做法的一种消息。经验消息指导性强，它能通过典型经验的报道，达到以点带动面，推动全局工作的目的。因此既要叙述事实，还要总结概括具有指导意义的经验，一般篇幅较长。经验消息不全是总结先进经验的，也有总结反面教训的。

(四) 述评消息

述评消息又称"新闻述评"，以叙述新闻事实为主，边述边评、评述合一，对新闻事实作恰当评论，以夹叙夹议的方式写成的消息。这种消息报道国内外重大新闻事件或具有普遍意义的新闻事实。它通过对事物的分析和评议揭示其本质意义，指明其发展趋势，用以指导现实工作。述评消息兼有报道和评论的双重作用，有助于读者提高对重大问题的认识。因此述评消息的写作要抓住群众、观众关注的"焦点""热点"，即那些政治上需要的、生活中普遍存在的和迫切需要解决问题的，用事实做出回答，并用精辟的议论去取得读者的认同。

四、消息的结构与写作方法

消息的结构主要由标题、消息头、导语、主体、背景材料和结尾六个部分组成。

（一）标题

好的标题能够吸引读者注意力，集中反映内容精华。相对于其他应用文而言，消息的标题往往比较复杂，根据不同的作用，可以细分为正题、引题和副题三种类型。

1. 标题的类型

（1）正题：也称"主题"，是标题的骨干和核心，高度概括消息的中心内容。

（2）引题：也称"肩题"或"眉题"，一般用来交代背景，说明原因，烘托气氛，解释意义等。

（3）副题：也称"子题"，一般用来补充、注释和说明、印证主题。

2. 标题的组合形式

正题、引题、副题有不同的组合方式，形成了三行式、双行式、单行式三种外在形态。

（1）三行式：由引题、正题、副题组成，具有重大新闻价值的消息，往往采用三行标题的形式，如：

中华浩浩五千载　谁见铁龙渡大海（引题）
今天火车登陆海南（正题）
吴邦国出席粤海铁路通道轮渡建成庆典（副题）

（2）双行式：由引题和正题组成，如：

江苏今年高考录取率超70%（引题）
全省高考人数比去年多出3.8万人，但招生计划也同步增加（正题）

杨先生痛说给孩子诊病遭遇（引题）
看个"咳嗽"要掏1 065元（正题）

（3）单行标题：即正题，如：

中国首夺世界杯尼尔级帆板冠军

（二）消息头

消息头由发布消息的媒体、地点、时间三要素组成。消息头主要有"讯"与"电"两类。"讯"是指通过邮寄或书面递交的形式向媒体传递的新闻报道，"电"是指通过电报、电传、电话、网络等途径传输的新闻报道。消息头是版权所有的标志，也可标明消息的来源，如"本报讯""本台消息""××社××地×月×日电"。

（三）导语

导语是一篇消息的第一自然段或第一句话，用简明生动的文字，写出消息中最主要、最新鲜的事实，鲜明地提示消息的主题思想。导语的作用是介绍内容，揭示主题，导入正文，并引起读者阅读兴趣。

1. 叙述型导语

叙述型导语是指采用叙述的表达方式，将主要事件的时间、地点以及结果等信息简明扼要地表达出来，例如：

昨日清晨5时许，京珠高速株洲段一辆装运摩托车的货车突然起火。大火中，168台摩托车变成了一堆废铁。

2. 描写型导语

描写型导语是指采用简洁而形象的描写手法，将富有特色的事实或侧面表达出来，从而给读者以鲜明的印象，例如：

这几天，上海人遇到了有气象记载的八十多年来罕见的严寒。10日和11日，这里还出现了晴天下雪的现象。晴日高照，雪花在阳光中飞舞，行人纷纷停足仰视这瑰丽的奇景。

3. 提问型导语

提问型导语是指在导语中提出读者关心的问题，引起读者的关注和思考，然后加以解答或在主体部分中具体回答，例如：

"我的岗位目标是什么"及"我的成才计划如何制订"，这些职业青年十分关心的问题今后将由杭州市各级共青团组织来帮助解决。昨天，团市委全面启动"职业青年导航计划"，为社会青年设计亮丽的职业生涯。

4. 评论型导语

评论型导语是指在简明扼要地叙述事实的同时，对所报道的新闻加以评论，揭示事物的内涵和重要意义，例如：

今天，新中国颁布的第一部专利法正式生效了。从此，脑力劳动成果被无偿占用的历史在我国宣告结束。

5. 引语型导语

引语型导语是指引用消息中人物深刻而富有意义的语言作为导语，例如：

在汶川大地震过去110多天之际，温家宝总理再赴震中映秀镇慰问群众。他说："在这次灾害中，遇难者超过8万人，让我们记住他们。还是这句话，一个民族付出的必定会以民族的进步得到应有的补偿。一个更加美好的四川一定会在我们手中建成。"

导语除以上形式外，还有摘要型、结论型、号召型、解释型等形式，在此不一一列出。

制作消息导语要抓住最重要的新闻事实，不能把次要内容或细节写入导语，也不能简单堆砌数字、术语、人物头衔、单位名称，如果遇到专业概念，应作通俗化表述。

（四）主体

主体是消息的主干部分，它紧承导语，对导语中简要表述的内容进一步用事实做具体地阐述、解释或回答，对导语中未提到的次要材料进行补充说明。

主体部分按时间顺序或逻辑顺序写作，但仍然要先写主要的，再写次要的。主体部分的结构主要有三种形式：

1. 纵式结构

纵式结构是根据事情发生的先后顺序来组织安排材料，即按照事件发生的时间顺序来安排层次，是消息主体展开常用的结构形式，可以清晰地反映事件的来龙去脉，使读者对事件发展的过程一目了然。

2. 横式结构

横式结构是按空间转换或事物的逻辑顺序来安排层次。主体各部分之间可以是因果关系、递进关系、并列关系，也可以是主从关系、对比关系等。这种结构方式，有利于反映事物内在的规律，揭示出事物的本质特点和现实意义。

3. 纵横结合式结构

这是前两种结构的交叉使用，尤其适用于综合消息的写作。

（五）背景材料

背景材料又称新闻背景，是有关新闻事实的历史、环境和原因等方面进行解释说明的材料，常见的背景材料有三种：

1. 说明性材料

用来说明新闻事实产生的原因、条件、环境、政治背景、历史演变以及新闻人物出身、经历、身份、特点的材料。

2. 注释性材料

用来注释、解说有关科学技术、名词术语、物品性能特点的材料。

3. 对比性材料

与新闻事实能够形成某种对比的材料。

背景材料能帮助读者理解新闻事实，便于作者表述自己的观点，使新闻的内容充实饱满，富有立体感、说服力和感染力，消除读者对事实的误解或怀疑，增强新闻的知识性、趣味性、可读性等，借以提高新闻价值。

背景材料并不是消息结构上的一个独立部分，经常穿插在消息中来写，也不是每篇消息都必须有背景材料。

（六）结尾

结尾是消息的结束语，但并不是所有的消息都有结尾。一篇消息是否要写结尾，要根据实际需要而定。

消息的结尾应紧扣消息主题和事实，水到渠成，不画蛇添足。可以将事件的进一步发展作为结尾，也可用结论作为结尾，或用深层思考结尾，或直接将背景材料作为结尾。如果新闻事实在主体部分已写清楚，就不必再硬加一个结尾。结尾是对全文圆满的收束，要写得简短精练、新颖生动。

任务实施

一、工作指导

为了顺利完成撰写消息的任务，撰文者在接受任务之后，应该和领导充分沟通，了解领导写这个消息的意图，然后要认真阅读会议的相关记录，了解会议的时间、地点、出席人员、会议上发言人所做的发言及其要点。对于发言人的讲话，可以和相关的发言人进行核对，确保所掌握的材料是真实可靠的。

二、写作指导

本消息由标题、导语、主体和结语四部分来构成，不需要写背景材料。

标题：一般拟写消息标题时应该考虑刊登消息的刊物、报纸和活动组织方、举办方的关系及消息是刊登在什么样的刊物上。如果是刊登在公开出版发行的外部刊物、报纸上，则标题应该说明本次活动的具体组织方、举办方；如果是刊登在公司内部刊物上，说明本公司内部相关活动，则无须写出组织方、举办方，一般以"我公司"代替。如本次任务，如果是刊登在外部公开出版发行的报纸、刊物上，则标题可以拟写为"隆达贸易有限公司先进工作者经验介绍会议取得圆满成功"；如果刊登在本公司内部刊物上，则标题可以拟写为"我公司先进工作者经验介绍会议取得圆满成功"。

导语：本消息导语部分要介绍清楚本次活动举办的时间、地点、参与人员和事项。

主体：本消息主体要对导语进行补充说明，重点概括说明先进工作者所介绍的先进工作经验和董事长讲话的要点。

结语：本消息结语部分要向公司的全体员工提出希望。

三、参考范文

我公司先进工作者经验介绍会议取得圆满成功

本报讯（通讯员××） 12月25—26日，我公司2018年先进工作者经验介绍会议在北京公司总部胜利召开。出席本次会议的有董事长张晓龙、总经理张兰、副董事长兼副总经理李良以及各省分公司总经理和先进工作者代表共50余人。

25日全天和26日上午公司先进工作者代表分别做了典型发言，介绍自己先进的工作经验和工作方法。其具体经验和方法总体来说包括以下四点：

1. 外部拓展，内部挖潜，提高工作业绩

大多数先进工作者在介绍业绩提高时，都强调了外部拓展和内部挖潜的重要性，作为一名业务人员，不能停留在现有的业绩上沾沾自喜，而是主动出击，拓展新的客源，发展新的业务，使得自己的工作业绩不断提高；同时要加强和老客户的沟通，挖掘老客户的需求潜能，及时发现他们的需求，向他们提供建议，不断提高工作业绩。

2. 方法创新，占领市场的制高点

对于一名业务人员来说，要始终坚持方法创新，要尝试着用新方法、新措施来拓展业务，提高工作效率，不能故步自封，不能始终用老办法来处理一切事情。市场是不断发展和变化的，也要求业务人员始终保持创新的精神，跟上市场变化，要占领市场的制高点。要做行业的领跑者，而不是跟随者。

3. 讲究做人，以人格魅力来稳固客源

做贸易要讲究诚信、要遵守法律，要讲究做人，要用自己人格魅力来感动客户，和客户建立深厚的友谊和良好的互动关系。当客户把你当做朋友，对你的人格深信不疑时，他也会对你从事的生意往来深信不疑，并能够积极地为你介绍新客户，从而使得你的客户源始终保持稳步增长。

4. 讲究奉献、不断提高自身素质

作为一名公司员工，我们要不断地加强自身业务素质和修养，要把公司当做实现人生理想的舞台，在工作中兢兢业业，为公司奉献自身力量。

26日下午，董事长张晓龙向与会的先进工作者代表颁发了奖状与奖金，并做了总结发言。董事长指出先进工作者是公司优秀工作者的代表，是公司最为宝贵的财富，是公司能够不断取得进步的动力来源，公司将会为全体员工创造更加优良的工作环境和竞争机制，让更多表现优异的员工脱颖而出。先进工作者所介绍的先进工作经验更是公司的宝贵资源,需要全体员工去领悟和学习。

希望全体员工要认真领会本次会议及董事长讲话的相关精神,学习先进工作者先进的工作经验和方法,不断提高工作业绩和工作效率,为公司的不断发展壮大奉献自身力量。

实训练习

一、请根据本校最近进行的一次活动,撰写一篇动态消息。

二、根据以下材料拟写一篇典型消息,可在内容上合理地增删。

××钢铁集团有限公司唐山分公司轧钢车间三班组,是一个非常优秀的集体。这个集体创造了多项集团记录的第一,乃至全行业的第一。三班组自从组建以来,年年都获得集团优秀集体称号,从这个班组里面走出了多位公司先进工作个人和标兵,并有多人走上了领导与技术岗位,成为公司出人才最多的班组。为此,集团准备对这个班组的优秀工作经验进行总结,向全集团进行推广。集团派出了秘书王英对三班组进行采访,三班组组长龚来说:"我们没有什么太多的经验,我们就凭着一个信念,就是所有的成员不能给三班组丢脸,不能丢了三班组优秀的传统'奉献、争先'。我们相信只要你努力工作,一定会有回报,不能总是讲条件,讲理由,这些都不管事。只有你好好干活,那么什么样的荣誉都会来的。我们都有好胜心,都想把工作做得最好,不想被别人落下,所以就领先了。"三班组成员赵新说:"我们组成员比较年轻,有干劲,比较喜欢搞发明和创造,爱琢磨,总是想着如何发挥现有设备的潜力,提高工作效率,大家喜欢在一块琢磨,有时候,就能有新的想法,解决一些工作上的问题。我们比较爱学习,看别人是怎么做到的,我们也摸索着自己做,结果也做到了。"

三、××矿业集团要开展安全生产竞赛活动,在正式开展之前,集团准备对全体员工进行安全生产的宣传与动员活动。集团办公室主任要求撰文人员收集相关资料并以此为依据写一篇有关安全生产重要性的评述性消息,刊登在公司的内部刊物上。相关资料如下:

(1) 2010年1月5日湖南湘潭。2010年1月5日12时5分,湖南省湘潭市湘潭县谭家山镇立胜煤矿发生一起火灾事故,事故造成34人死亡,事故直接经济损失2962万元。

(2) 2010年3月1日内蒙古乌海。3月1日7时29分,位于内蒙古自治区乌海市境内在建的神华集团骆驼山煤矿发生透水事故。事发时,井下共有77人,经紧急撤离和救援,共有46人升井,其中1人经抢救无效死亡,另有31人被困井下,无生还可能,已停止搜救。

(3) 2010年3月15日河南新密市。3月15日20时30分,河南省新密市东兴煤业有限公司发生火灾,当班入井31人。3月16日2时,抢救工作结束,6人安全升井,25人遇难。这家煤矿存在擅自恢复生产,监管不到位,边技改边生产的情况。

(4) 2010年3月28日山西王家岭。2010年3月28日13时40分左右,华晋焦煤公司王家岭煤矿发生一起特大透水事故,造成153人被困,经全力抢险,115人获救。

(5) 2010年3月31日河南伊川。3月31日19时20分左右,伊川国民煤业有限公司井下21位煤工在回风巷施工过程中瓦斯突出,逆流从负井口涌出,遇火在地面发生爆炸。矿难已经导致40人死亡,6人失踪。

(6) 陕西省韩城市泉子沟煤矿年生产能力6万吨,是一家证照齐全的合法小煤矿。

2010年4月1日19时,该矿突然发生瓦斯燃烧事故。经过事故调查组初步认定,这是一起生产责任事故,井下28名矿工全部遇难。

(7) 2010年5月8日7时30分,湖北省恩施州利川市发生一起煤矿瓦斯燃烧事故。获救矿工中,已经有10名重危伤员,因严重呼吸道吸入性损伤,经紧急抢救无效,呼吸衰竭,不幸身亡。

(8) 2010年6月21日河南平顶山市。6月21日1时40分,河南平顶山市卫东区兴东二矿井下发生火药爆炸事故。经确认实际入井76人,28人生还,48人遇难。

(9) 2010年7月8日河南平顶山市。8日凌晨5时31分,位于河南平顶山市湛河区凤凰岭矿区一煤矿地面建筑发生爆炸,目前已造成8人遇难,36人受伤,其中重危伤员2人。

(10) 2010年7月31日山西临汾。7月31日凌晨2时40分许,坐落在山西临汾翼城县的阳泉煤业集团刘沟煤矿发生炸药爆炸事故,造成17人死亡,受伤的104人中有7人伤势严重。

活页："一图看懂写作技法"

活页更多精彩内容

北京理工大学出版社《财经应用写作》活页式配套资料
韦志国　宋少净　原创制作

一图看懂写作技法

启事的主要内容与写作方法

单位或个人向公众说明某事项，或请求公众协助办理、参与某事项的一种应用文。"启事"经常被错误地写作"启示"。

寻找类启事
丢失物品或有人走失而写的启事，意在请求公众给予协助，如寻人启事、寻物启事

告知类启事
向社会说明某一事务，希望公众注意、参与，如开业启事、停业启事、迁址启事、更名启事

征招类启事
为完成某事，请求协助、支持时所发布的启事，如招聘启事、招领启事、征文启事、征订启事

标题　构成方式
发布者+事项+文种：××公司招聘启事
事项+文种：招聘启事
仅用"启事"两字做标题

正文

寻找类启事
准确写明所寻找或招领的物或人的具体特征、丢失及走失或捡到与收留的时间和地点、联系方式，酬谢。

告知类启事
告知缘由、具体事项、联系方式等内容。如开业则需要写明单位成立的依据、批准部门、成立时间，单位性质、工作范围等。如是庆典则需要写明庆典活动安排，包括时间、地点、组织接待、内容、参加人联系电话等内容

征招类启事
由以下几个部分构成：征招缘由、征招条件、征招办法及起止时间。

落款署名

写明发布者名称，如标题中已说明，则此处可省略。单位发布的启事可以加盖公章。
成文时间一般以启事发布日期为准，年月日齐全

北京理工大学出版社《财经应用写作》活页式配套资料
韦志国　宋少净　原创制作

一图看懂写作技法

简报的主要内容与写作方法

简报是党政机关、企事业单位、社会团体编发的反映情况、汇报工作、交流经验、沟通信息的一种常用内部宣传文书。既是文体，也是载体。

报头

编印单位 ｜ 简报名称（标明类型）**工作简报** ｜ 期数 第24期（顺序编号） ｜ 编印日期 2019年7月20日

××省证券期货业协会秘书处

报核

××省证券期货协会
举办辖区证券营销管理人员培训班

标题：单位名称+工作事项

　　为提高辖区证券营销人员对法律法规、规章制度的认识，强化规范执业、诚信展业的合规意识，进一步提升业务素质和服务水平，××省证券期货协会于2019年7月17—18日在××宾馆国际会议厅举办了辖区营销管理人员培训班，辖区内证券营销管理人员共计208人参加了培训。

导语：简述基本情况

　　××省证券期货业协会郑××会长到会并发表了讲话。郑会长指出，协会按照证监局提出的工作思路，从加强监督检查、落实诚信信息记录、开展培训以及行业文化建设等各个方面入手，持续深入地开展自律管理工作，引导会员机构从价格营销向服务营销转变，取得了一定的成绩。同时也存在一些问题，主要有：第一，营销人员不规范展业，如：陪同客户进入其他证券营业部营业场所转销户；怂恿客户当日转户不成即投诉。第二（后略）郑会长希望大家都珍惜自己的职业生涯，对以上问题有则改之、无则加勉，在利益面前始终保持清醒的头脑，把握好自己的业务方向，以规范促发展，以诚信创品牌。

　　本次培训得到了省证监局的大力支持，机构处袁××为大家讲授了"证券营销人员职业合规要求"课程，并解读了《关于加强证券经纪业务管理的规定》和《操纵证券市场和内幕交易的立案追述标准（修改）》的要点。

主体：活动经过、事件内容、会议精神等信息。条理清晰，语言简要

　　培训的最后就本次培训内容进行了考试，208名参训人员全部合格。
　　培训结束之后，通过《培训反馈表》了解到，学员对本次培训的组织满意度达99%，对培训内容整体满意度超过93%。希望协会以后再针对类似学员组织提高班，就管理技能、沟通技巧、创新思维这三类课题进行培训。

结尾：结果或下一阶段工作

辖区上市公司董秘工作座谈会顺利召开

　　2019年6月12日，××省证券业协会在通化成功召开辖区上市公司董秘"沟通 交流 提高"工作座谈会。29家上市公司的36位董秘及证券事务代表参加了此次座谈。与会董秘围绕上市公司"三会运作"、内控治理、协调沟通、资本运作、危机处置、社会责任、投资者关系管理等交流工作体会、总结经验教训。

简讯式简报：针对一般性工作，简要介绍基本情况、原因、经过、结果等事件要素可省略。结构简单，篇幅简短。

报尾

抄报：××省证监局，中国证券业协会。
抄送：各会员单位、辖区内法人公司。

项目五 营销文书

任务一 撰写营销策划书

教学目标

1. 了解营销策划书的文体含义、作用；
2. 理解营销策划书的类型及拟写要求；
3. 能够拟写营销策划书。

任务引入

××宝矿泉水是××地区的一个地方性品牌，该产品富含硒元素，具有一定的保护视力功效。但是，这款产品在当地激烈的市场竞争中表现不佳，销售额长期徘徊不前。为了扩大市场占有率，创造更大的经济效益，公司生产领导要求市场部重新拟定营销策略，撰写一份营销策划书。

该营销策划书应当符合以下四点要求：① 对当前市场状况进行必要的分析；② 发掘本产品的劣势和不足，尤其是造成销售业绩不佳的原因；③ 制订新的营销策略；④ 结构完整、条理清晰、格式规范。

相关知识

一、营销策划书例文评析

【例文】

××食品有限公司××桶装水营销策划方案

封面（略）

目录（略）

前　言

××食品有限公司是××集团投资上千万元在××市组建食品股份制的企业。该公司在华山新技术工业集中区分三期投资 4 500 万元建设××系列食品生产线，专业从事××桶装水、瓶装水、可乐、加味水等系列饮品的生产销售。项目于××年××月正式动工建设，一期投资 1 800 万元，建设规模为年产纯净水 6 000 万瓶、桶装水 400 万桶、碳酸饮料 5 000 万瓶的生产线，实现年销售收入6 000万元左右。三期工程完成后,最终实现年产值3亿元、年利润1 500万元的目标。××集团选择在××市建设生产线,使××饮品在四川攀西地区和滇西北地区饮品市场的竞争力大大加强。××食品有限公司把目光瞄向了更远的目标。近年来,随着人们消费观念的转变及对水质的担心,家庭桶装水消费急剧上升,我国桶装水市场以每年30%的速度增长,如此大的发展空间,将为桶装水生产企业提供巨大的商机。在日益激烈的市场竞争中,桶装水企业能否正确的分析自身优势、制订适合企业发展的竞争战略是摆在目前的首要任务。本策划方案按照委托方××食品有限公司进一步拓展××市的市场,提高××桶装水在××市的市场占有率的要求进行。策划提出的主要方法是通过提高送水效率、服务水平和诉诸××桶装水高品质、口感好这一关键卖点,使得××桶装水在××市的总销售量达400万桶,预计毛利3 500万元,在××市的市场占有率提高5%~10%,从而塑造良好的品牌形象。

本营销策划方案的策划过程是:① 确定问题;② 调查与收集资料;③ 进行创意和构思;④ 编写营销策划书;⑤ 推出营销策划书;⑥ 执行营销策划书。

一、内容概要

(1) 本营销策划方案说明了××食品有限公司准备从××年开始,通过提高送水效率、服务水平和诉诸冰点水高品质、口感好这一关键卖点,进而达到提高××桶装水在××市场占有率和提升冰点水在消费者心中品牌形象的目的的计划。

(2) 本计划书所涉及的时间为1年。

(3) 提高××桶装水的服务水平和提升××水在消费者心中的品牌形象,对于公司来说,是基于目前桶装水的用户对于送水速度快的要求和应对激烈的市场竞争来考虑的。

(4) 本策划方案涉及的主要目标是营销策划方案执行期间,实现××桶装水在××市的总销售量400万桶,预计毛利3 500万元,使得××桶装水在××的市场占有率提高5%~10%,从而塑造良好的品牌形象。

二、SWOT分析

(一) 机会

(1) 在我国21世纪最具发展前景的十大产业排序中,制水产业排在第六位,市场容量每年在1 000亿元以上,并且增长迅猛。目前我国主要饮水类型为自来水、桶装水、分质供水和自动售水机售水。桶装水的出现改变了人们长久以来的饮水习惯。近年来,随着人们消费观念的转变及对水质的担心,家庭桶装水消费急剧上升,更多的家庭用户进入到使用桶装水行列。桶装水成为公众喜爱的消费方式,并日益得到巩固和发展,牢牢占据饮用水市场主导地位,消费者需求进一步扩大。我国桶装水市场以每年30%的速度增长,如此大的发展空间,将为桶装水生产企业提供巨大的商机。

(2) ××市总人口110万人,城市人口就有60多万人,是四川城市化率最高的城市。人均收入水平高,购买力强。××市气候独特,以南亚热带为基带的岛状主体气候著称,年平均气温20℃,夏季时间漫长,太阳辐射强,人体每天的水的需求量大。这使得××市的桶装水市场十分广阔,发展潜力巨大。

(二) 威胁

桶装水市场是自由竞争市场,不仅有国内知名企业从事各种桶装水的生产,还有地区性的企业同时争夺饮用水市场,品牌众多。众多的品牌,给消费者带来了多样化的选择空间,同时竞争市场上桶装水企业对价格的控制力较弱,这也决定了桶装水市场的激烈竞争在所难免。随着市场消费观念和科学饮水观念的普及，消费者已经能够根据自己的需求进行选择，这就进一步加剧了桶装水市场的竞争。在我国桶装水市场上，国内有实力的知名企业无一例外地加入了饮用水的市场大战，如娃哈哈、乐百事、农夫山泉等全国性的企业，在各个地区还有众多的地方性桶装水企业均加入分享这块丰盛蛋糕的行列。与此同时，加入 WTO 后，全球最大的两家包装饮用水商——法国的达能公司和瑞士的雀巢公司已登陆我国饮用水市场。此外，以生产软饮料闻名全球的可口可乐和百事可乐两家公司也于 2000 年进军中国饮用水市场，希望凭借以往的市场优势，在中国饮用水市场分一杯羹。且随着茶饮料、果汁、可乐等饮料的多元化发展浪潮，在种类繁多的饮料市场上，桶装水与其他饮料的竞争也愈加激烈，其市场份额处于不断变化之中。

（三）优势

（1）具有 10 年以上丰富的生产包装水经验的××公司，拥有独特的生产工艺，技术先进，在批量生产中采用反渗透、离子交换的加工方法去除水中矿物质、有机成分、有害物质及微生物等，加工制得的产品没有任何添加物或添加剂，可直接饮用的纯净水。生产过程安全、环保，对环境无污染。

（2）××桶装水特有的甘甜口感，冰爽怡人。

（3）××桶装水的品类丰富，主要有纯净水、矿物质水和天然山泉水三个品类。

（四）劣势

（1）××水产品结构单一，产品品类同质化严重。

（2）送水效率和服务水平低，顾客多有不满。

（3）桶装水行业的进入门槛太低，而政府监督力度有限，消费者又没有办法用肉眼辨别桶装水的质量，这给了一些不合格产品有机可乘。

三、营销目标

营销策划方案执行期间，实现××桶装水在××市的总销售量达 400 万桶，预计毛利 3 500 万元，使得××桶装水在××市的市场占有率提高 5%~10%，从而塑造良好的品牌形象。

四、战略及行动方案

（一）营销宗旨

（1）以强有力的广告宣传攻势顺利拓展市场，为产品准确定位，突出产品特色，采取差异化营销策略作铺垫。

（2）以产品主要消费群体为产品的营销重点。

（3）建立起点广面宽的销售渠道，不断拓宽销售区域等

（4）以顾客为导向，为顾客提供优质的产品和服务，通过顾客需求的满足，实现公司的利润目标。

（二）策略

1. 产品策略

调查资料显示，在目前××市的桶装水市场上，××和怡康占有着绝对的市场份额。其中，怡康占有的市场份额最大，大约是 37%；而××稍逊一筹，大约是 36%，居于第二。怡康成为××在××市最主要的竞争对手。

（1）产品定位：健康安全的天然饮用水。

（2）产品质量功能：口感甘甜，清爽怡人，为××市人民高质量无污染的天然饮用水。

(3) 产品品牌：加强品牌的宣传造势，形成一定的知名度和美誉度，树立消费者心目中的知名品牌。

(4) 产品包装：使用××桶装水专利桶，确保特有品质。

(5) 产品服务：提供产品售前、售中以及售后服务，为顾客提供高效满意的服务。

2. 价格策略

(1) 以成本为基础，以同类产品价格为参考。目前，在××市的桶装水市场上，各种品牌的桶装水的价格大约都在十五元左右。而××的矿物质水的价格为十八元，纯净水是十五元，应该说和其他品牌差别不是很大。

(2) 拉大批零差价，调动批发商、中间商的积极性。

(3) 给予适当数量折扣，鼓励多购。

(4) 加强成本控制，形成价格优势，使价格有回旋的余地。

3. 分销策略

桶装水进入市场之初，行业内最普遍的渠道模式是：供应厂商→水站→消费者。××的销售渠道模式是：供应厂商→代理商→消费者，和这一渠道模式很相似。这些代理商有的同时经营几种品牌的桶装水，送水服务和管理混乱无序、形象不佳。这种销售方式对表现企业的核心价值极其不利。企业应建立以专卖连锁式新型的营销渠道——企业品牌加盟专卖水站。加盟专卖店要有统一的招牌、店面形象，加盟店内同时配备本企业生产的饮水机，对新的饮水户提供全方位的服务。同时根据调查资料显示，人民对于桶装水的送水速度要求很高，送水的效率极大地影响着人们的满意度和忠诚度，因此企业分销渠道的设计应该使得送水的效率最高。

4. 促销策略

(1) 不定期的配合阶段性的促销活动，掌握适当时机，及时、灵活地进行，如重大节假日，各种有纪念意义的活动等。

(2) 加强重点市场促销活动的开展。××学院和××机电职业技术学院是××市两个巨大的桶装水消费市场，企业应非常重视这两个市场的开发，通过一系列促销活动，加强××桶装水的宣传，提高××桶装水在这两个市场的占有率。另外，家庭用户是桶装水的重要消费群体，促销活动的开展还要注意面向家庭用户。

(三) 具体行动方案

1. 改变送水作业模式

根据调查资料表明，桶装水的用户普遍反映的问题是送水速度太慢，送水效率低，服务有待改善，这一方面是影响顾客忠诚度和满意度的主要因素。因此解决这一问题迫在眉睫。可以一方面提高送水效率和服务水平，另一方面将送水和销售、送水和客户管理紧密结合起来，实现销售资源的最佳组合。

2. 加强技术创新，生产出高质量、口感好、多品类的桶装水

目前市场上的××桶装水主要分为矿物质水和纯净水两种，品种生产单一，产品同质化严重，消费者没有更多的品种可以选择，应改变这种状况，加大品种开发力度，生产多类型和特色化的桶装水。调查资料还显示，水的口感和质量是消费者选择桶装水最重要的因素，对顾客忠诚度的影响较大。企业要注意桶装水的研究开发，产品的开发要朝着口感好的方向努力；同时质量越来越被消费者看重，企业需要重视桶装水的卫生和二次污染问题，生产出

高质量的桶装水。

3. 加强产品的宣传

在本地报纸、电视、广播等媒体投放××桶装水的广告，提高消费者对××的品牌认知度，树立产品高品质、口感好的品牌形象。

4. 开展××桶装水系列促销活动

通过一系列促销手段，促进××的销售，提高市场占有率。

5. 开展××桶装水大优惠活动

① 凡是一次性消费满150元，送10张水票和一个台式饮水机；② 凡是一次性消费满288元，送10张水票和一台立式温热饮水机；③ 凡一次性消费满388元，送10张水票和一台立式冰热饮水机。

五、营销费用

本策划方案的实施需要广告宣传费1万元，促销费0.8万元，公关费0.5万元，产品研究和开发费1万元，其他费用0.1万元，总计人民币3.4万元。

六、行动方案的控制

（1）做好动员与准备工作。

（2）选择好实施时机。

（3）严格控制预算。

（4）加强方案实施的监控过程。

（5）定期评估方案实施效果。

七、附录

1. 市场调查表（略）

2. 统计表（略）

例文评析：这是一份相对复杂的桶装水营销策划方案，环节齐全，格式规范。这份策划方式是由××食品有限公司委托××广告公司完成的，因此在正文之前有策划单位、策划人、撰稿人、完成日期。正文内容基本按照策划书的标准格式完成，逻辑分明，条理清晰。

二、营销策划书文体概述

（一）营销策划书的文体含义

营销策划是国家机关、企事业单位（以企业为主）为了实现有形产品及无形理念的营销目标，借助科学方法与创新思维，研究市场和分析对手并结合自身情况制订营销方案的理性思维活动。而营销策划书，就是这些思维活动的书面表现形式。

营销策划书的基本功能是为营销产品提供先期的设想和依据，并在营销实践中发挥指导规范作用。优秀的营销策划书能够实现经济效益的最大化，为产品的畅销奠定坚实的基础。企业为了推出一种新产品或对已有产品加大推销力度时，可以采用营销策划书。国家机关、企事业单位，为了提高本地区或本部门的知名度和影响，改善本地区或本部门形象而进行的以某一理念为主的形象营销时，也可以采用营销策划书。最具典型意义的是以本地区具有历史、文化价值的某一景观或风俗传统为载体，将相应理念附加其上而举办的各种节庆活动。对这类风景、民俗或活动进行推广时可以采用营销策划书，如"××市第三届冰雪节营销策划书"或"××市首届文化博览会营销书"。

(二) 营销策划书的特点

(1) 粗略过目就能了解策划的大致内容。
(2) 使用浅显易懂的语言，充分体现对方的利益和要求。
(3) 策划书展现的内容与同类策划书相比，有相当明显的差异性与优越性。
(4) 图文并茂，加强策划书的表现效果。
(5) 全文条理清晰，逻辑分明，令阅读者看完策划书后，能够按照策划书的内容有计划、有步骤地执行下去。
(6) 策划书能够充分体现企业的勃勃生机和企业的基本特征。

三、营销策划书的类型

根据营销主体的性质不同，营销策划书主要分为有形产品营销策划书和无形理念营销策划书。

(一) 有形产品营销策划书

有形产品营销策划书其主要是针对有形的、具体存在的产品进行营销活动时，所使用到的策划书。因此按照有形产品的不同类别，它又可以分出不同的类型来，如"农产品营销策划书""工业产品营销策划书""服务产品营销策划书"及"房地产营销策划书"等。

(二) 无形理念营销策划书

无形理念营销策划书主要是以某一具体理念为中心，针对国家机关、企事业单位，为了提高本地区或本部门的知名度和影响，改善本地区或本部门形象而进行的以某一理念为主的形象营销。根据主体不同，它可以分为两类，一是提高自身形象的营销策划；二是提高地区形象的节庆营销策划。当然无形理念营销策划并不是说内容不包括具体实物，而是说以何为主的问题，这里的实物只是这个理念的载体，而且这里的实物主要是指具有一定历史、文化价值的实物。

四、有形产品营销策划书的结构与写作方法

有形产品营销策划书一般由首部、主体、尾部三大部分来构成。

(一) 首部

有形产品营销策划书的首部通常包括封面、目录、前言、策划摘要四个部分。

1. 封面

营销策划书的封面会因为策划者与所策划产品关系的不同而发生细微变化，如果营销策划书是由本公司职能部门主持制订针对本公司产品进行的策划，则封面包含的项目主要有以下方面：

(1) 呈报对象：本公司主持营销策划书制订部门的上级部门，或主管此项工作的上级部门。
(2) 文件种类：本营销策划书在本公司文件中规定所属的类别。
(3) 策划名称：即本营销策划书的名称，一般来说营销策划书的名称有两种形式：一是单行式标题，一般由"制文机关+产品名称+文种"构成，如"××公司××牌洗衣粉营销策

划书"，也可以由"产品名称+文种"构成，如"××牌挖掘机营销策划书"，也可以由"制文机关+文种"构成，如"××食品公司营销策划书"；二是双行式标题，即主标题加副标题组成，主标题在上，副标题在下，用"——"引出，如"抓住机遇，再创辉煌——××房地产开发有限责任公司营销策划书"。

（4）策划者姓名及简介：先写策划书主持制订部门名称，如果是公司专门抽出人员组成的小组，则写小组名称，如果是公司某一部门，则写部门名称；再写参加成员名称，如果参加人员不是一个部门，或者聘请了外单位人员参加，则要写明参加人员的单位、姓名、职称。如果是本公司不同部门组成的小组，则要写明参加人员的部门、姓名、职称。如果是同一部门，则写明姓名与职称。

（5）策划制作完成日期及适用时间段：完成日期要年、月、日齐全，采用汉字小写，适用时间段也要采用汉字小写。

（6）编号及总页数：编号即按照公司对文件的编号方法，本文件在同类型文件中的编号，如"F20150312003"，总页数即本营销策划书的总共页数。

如果本营销策划书是由公司委托给其他专门公司或个人制订的，则营销策划书的封面一般包含的项目有：策划书的名称；被策划的客户（委托方）；策划机构及策划人姓名或策划人的名称（受委托方）；策划完成日期及本策划适用时间段。具体内容写法和上面相同，在这里不再赘述。

2. 目录

营销策划书的内容比较复杂，页码比较多，为了便于阅读，应当设有目录。目录编制方法和其他文本目录编制方法基本相同，一般由标题号、标题、略号和页码四部分构成。标题号，即从上到下给本标题标注的次序号，即编、章、节等次序号；目录中的标题，即文本中的相应标题；略号用连续的点组成；页码，即本标题所在的页码数。

3. 前言

前言既可以写在目录前面，也可以写在目录后面。如果是委托给专门公司制订的营销策划书，则前言中一般要简单介绍委托情况，策划目的、意义以及策划的概略情况，这时前言通常放在目录前。如果是本公司制作，则前言一般写明策划目的、意义以及策划的概略情况，这时前言通常放在目录后。如果是比较简单的营销策划书，则通常没有目录，前言一般写在标题后面。

4. 策划摘要

用简短的文字简明扼要的阐述整个营销策划书的要点，使阅读者在最短的时间内能抓住核心。在比较简单的营销策划书中，则策划摘要可以写在前言中，并且前言与策划摘要可以看作主体内容的一部分。

（二）主体

主体部分包括的内容非常丰富，是营销策划书的核心所在，一般包括以下内容：

1. 营销状况描述

通常要对市场竞争状况、消费者分析、分销形式等内容进行分析和描述，从而找到本产品的营销机会。

（1）市场竞争状况分析：进行市场环境分析的主要目的是了解产品的潜在市场和销售量，以及竞争对手的产品信息。只有掌握对了市场需求，才能做到有的放矢，减少失误，从而将风险降到最低。市场状况分析主要描述了本行业的总体发展状况，本公司在行业中的地位，市场对产品的需求，产品目前处于市场生命周期的哪一阶段上，如果是成长期，则说明还有很大的发展空间和市场潜力，如果处于衰落期，则本产品的开发就存在问题，需要找到新的产品进行营销。竞争状况，即市场上生产同类产品或相似产品的主要厂家有哪些，市场占有率是多少，其产品的主要优势和劣势是什么，还留下哪些空白点等待开发。

（2）消费者分析：营销应当是以消费者为导向的，根据消费者的需求来制订产品，只有在掌握了消费者购买产品的原因和目的，才能制订出针对性的营销办法。同时还要对消费能力、消费环境进行分析。分析对本产品有需求的消费者的年龄、职业、受教育的水平、收入水平、对产品的喜好程度和特点等。

（3）分销形式分析：要结合产品特点分析营销渠道和销售的主要方式。营销方式和平台的选择既要符合企业自身情况和战略，同时还要兼顾目标群体的喜好，采用有效的途径将产品信息告知潜在消费者，为他们购买产品创造顺畅的渠道。

2. SWOT 分析

根据企业自身的既定内在条件进行分析，找出企业的优势、劣势及核心竞争力的所在。其中，S 代表 Strength（优势），W 代表 Weakness（弱势），O 代表 Opportunity（机会），T 代表 Threat（威胁）。优劣势分析主要是通过对上述情况的描述，找到本产品在同类产品中的优势和劣势，从而在营销中发挥优势、避免劣势。机会分析，即通过以上分析，找到本产品开拓的空间和机会。威胁分析，即对本产品的达到预期营销目标存在的威胁有哪些，如同行业的竞争、消费者需求的变化等。

3. 营销目标

营销目标包括营销的宗旨和营销目标。营销宗旨，即在营销过程中应该坚持和贯彻的主要原则；营销目标，即制订本营销策划方案所要达到的营销目的。

4. 营销策略

（1）广告宣传策略：即如何对本产品进行广告宣传，它包括在什么时间进行宣传，是产品推出之前还是之后，是在什么时间段投放广告；以何种方式进行广告，是以电视、广播还是以报纸、杂志，还是以广告牌和散发宣传单等；在什么地方投放广告，是在本市、本省、本大区，还是全国投放广告等内容。

（2）销售渠道：即以什么样的方式进行销售，它包括如何开拓销售渠道、如何提高销售渠道的多样性和高效性，如何对销售渠道进行创新等内容。

（3）价格策略：即本产品的价格定位是多少，价格有什么优势和劣势，如何保证在盈利的基础上让价格能被消费者接受，产品价格是采取递增还是递减等内容。

（4）促销活动：包括在什么时间、什么地点、采取什么样的促销活动等内容。

（5）公关活动策略：对政府相关部门、经销商、消费者采取什么样的公关方式，能够保证本产品在销售过程中有一个良好的外部环境。

5. 策划费用预算

本策划相关内容需要花费的费用预算，包括广告费用、促销活动费用、人员培训费用、工作人员费用、公关费用、其他费用等。

6. 策划实施时的步骤说明以及计划书

它是策划具体执行的步骤，一般包括时间、活动内容、人员等，即每一个时间段做什么事情，这个事情由哪些人完成（包括负责人和成员）。

7. 策划的预期效果

它包括使用资源、预期效果、风险评估等。使用资源即本营销策划案的实施需要使用到哪些资源。预期效果，即本策划在每一个阶段将要达到的预期目的。风险评估，即影响本策划实施的风险有哪些，如自然风险、人为风险、政策变化等。

8. 对本策划问题症结的设想

对本策划存在的问题进行分析，提出合理性建议。

9. 可供参考的策划案、文献、案例等

它指的是将对本策划案有参考价值的策划案、文献、案例列在本策划书上。

10. 其他方案概要

如果对同一产品还有其他预备策划方案，可以将其概要列在本策划书上，以备领导参考。

11. 实施中注意事项

它指的是对营销策划书实施中需要注意的具体事项列在本策划书上。

一般来讲，一份简单的营销策划书的主体只要有前面 5 项内容即可，如果为了方便实施，还可以加上第 6、7 项，如果想详细说明，则 8~11 项的内容都有必要加入。

（三）尾部

有形产品营销策划书的尾部部分一般包括附录、署名和成文日期。

附录一般将主体中涉及的图片、图表或其他内容附录与此，以供参考，有时，附录也可以作为主体的结尾部分内容而归入主体内容当中。署名，一般署上文件制作单位的名称。成文日期，要年、月、日齐全，要写文件完成日期。

任务实施

一、工作指导

为了顺利完成撰写营销策划书的任务，首先，应和领导进行充分的沟通交流，正确领会领导的意图，了解公司领导对本产品的价格期待、销售期待。其次，应当进行充分的市场调研，熟悉当前市场的竞争状态、消费者的消费习惯。最后，应当结合本企业的产品特点，拟订切实可行的营销策略，包括营销目标、产品定位、营销手法以及渠道建设等方面。这些内容很难在短时间内完全掌握，因此需要集体团结协作，花费较长的时间来完成。

二、写作指导

首部：首部由封面、前言、目录、策划摘要构成。为了简洁起见，此处将首部省略。

主体：本任务中的营销策划书面对的是一个市场表现不佳的产品，因此有必要分析市场现状，尤其是业绩不佳的主要原因。针对这些原因重新制订营销策略、营销目标和渠道建设等内容。

尾部：附录内容可以写，也可以不写，有需要则写，不需要则不写。署名可以署"××宝矿泉水公司市场部"，成文日期写本策划书成文日期，即要年、月、日齐全。

三、参考范文

××宝矿泉水产品营销策划书

封面（略）
目录（略）
前言（略）

一、市场背景分析

（一）市场背景

1. 饮料市场竞争激烈

饮料市场品种和品牌众多，市场推广投入大，收益率低。新品种不断涌现，饮料市场不断被切碎细分，挤占着饮料水的市场。

2. 品牌繁多

饮料水分为纯净水（包括太空水、蒸馏水等）和矿泉水两大类。全国有纯净水生产企业1 000多家，矿泉水生产企业1 000多家。在××市的市场上，有纯净水29种，矿泉水21种。

3. 纯净水较之矿泉水占上风

从广告宣传、营销水平、品牌号召力到消费者选择偏好来看，矿泉水整体上不敌纯净水。

纯净水利用的客观优势是：成本低廉，消费者现阶段对饮料水选择上的误区。

4. 矿泉水前景良好，潜力巨大

矿泉水在世界上已有近百年的悠久历史。在发达国家，饮用矿泉水是讲健康、有品位的标志。世界知名水饮料品牌主打产品都是矿泉水，如法国"××"。

我国消费者对矿泉水的认识也有较快的提高，饮水已不仅仅是解渴，同时还追求对身体的益处。

我国矿泉水质量有大幅度提高，合格率从1999年的78.5%上升到2010年的95.2%，部分品牌矿泉水销量也相当大，如××矿泉水年销售七八千万元，××年销售5亿~6亿元。

（二）竞争者状况

"第一集团军"：乐百氏、娃哈哈、康师傅等大型知名公司，是领先品牌；"第二集团军"：农夫山泉、怡宝等，是强势品牌；其他40余种水饮料是"杂牌军"，是弱势品牌。

在××市各品牌市场占有率综合排名前三名是：第一名康师傅（30.64%），第二名乐百氏（28.56%），第三名娃哈哈（15.74%）。

这些品牌知名度高，企业实力强大，广告投入大。

（三）消费者状况

消费者已形成购买饮用水的习惯，经常购买者占48.89%，偶尔购买者占48.15%，只有2.96%的人从来不购买。年龄结构明显偏轻。

消费行为特征：重品牌，重口感，对矿泉水、纯净水概念模糊，但已有一部分消费者认识到，长饮纯净水无益，开始留意选择优质矿泉水了。

（四）市场潜量

××市是四大"火炉"之一，饮料水销量极大。××市常住人口750万人，经常购买饮料水的人夏季日均购买1瓶（600 mL，1.20元）以上，销量是3.96亿元。偶尔购买的人夏季周均购买1瓶，销量是5 572.88万元。其他季节暂忽略不计，××市饮料水实际潜量至少为4.5亿元，保守估算也有2亿元的潜量。

二、××宝品牌矿泉水产品分析

（一）企业现状

××宝矿泉水公司成立于2002年10月，设计生产能力为年产4万吨，生产地在××县，2007年3月公司设立销售总公司。（后略）

（二）市场表现

(1) 知名度、美誉度不高。在××市，××宝矿泉水原市场占有率仅1.70%。消费者对××宝矿泉水产品"不了解"者占87.41%，"了解"者占12.60%；品牌知名度为16.20%。

(2) 销量极低。2008年共生产1 700吨，各地总销售额不足400万元。

(3) 售价高。在消费者不知是好水的情况下，价格缺乏竞争力。

(4) 铺货工作很不好，购买不方便。

(5) 包装设计极差，瓶贴显得陈旧，无档次，无品位。

（三）劣势分析

(1) 经营管理粗放随意。尤其在销售系统上，不适应现代市场竞争环境，没有建立起一套科学的、统一的、权威的销售指挥中心和专业高效的销售队伍。

(2) 营销人才短缺。由于营销专业人才不足，造成只知道埋头生产，却不知怎样打开市场的情况。由于营销人才短缺，造成××宝矿泉水的营销水平很低，没有市场研究，无战略策划，无长远规划，营销策划不连贯，不系统。

(3) 无明确定位。××宝矿泉水无市场定位，无产品功能定位，缺乏独特的销售主张，产品形象模糊。没有给消费者利益点。

(4) 无市场调查，无广告宣传。无市场调查就像让盲人打前战，无广告宣传，消费者怎么敢喝"从没听说过的水"。因此，消费者对它无兴趣，经销商也没信心。

(5) 铺货工作极不到位。商场、超市、旅游景点、街头摊点很少见到××宝矿泉水的影子。矿泉水这种即买即饮的商品铺货差到这个程度绝不可能卖得好。

(6) 包装设计极差。瓶贴看上去显得陈旧、无档次、无品味。

（四）优势分析

(1) 有品牌生存基础。××宝矿泉水在××市靠人际关系销售了三年，维持住了品牌生存基础，还没有出现负效应。

(2) 消费者观念正在转变。消费者及全社会对矿泉水的认识都有所提高，纯净水的霸主地位开始动摇。越来越多的消费者认识到，选择对身体有益的矿泉水才是选择健康，才是有品位的生活。上海市明令禁止中小学生饮用纯净水就是这场转变的开端。××宝矿泉水应抓住机遇，加速这种观念的转变。

(3) 矿泉水市场没有强势品牌。虽然饮用水品牌众多，也不乏大品牌，但是单就矿泉水这一类型的产品而言，在全国至今尚未形成独立的强势品牌。

(4) 产品独特。××宝矿泉水的稀缺资源是其中的矿物质硒，它是我国硒含量唯一达标的天然矿泉水，是国内仅有的硒、锶、低钠重碳酸钙三项矿物质同时达标的优质矿泉水。

三、营销战略

（一）总体思路

（1）强调产品独特性。旗帜鲜明地与纯净水划清界限，不打价格战，不与它一块走下坡路。

（2）大打功能牌。突显××宝矿泉水天然富硒价值，明晰消费者可获得的超值利益。

（3）引导消费理念。向全社会倡导绿色健康的生活方式，传播科学正确的消费观念，从而树立××宝矿泉水健康高品位的品牌形象，并塑造一个对社会真诚负责，为人类造福而工作的企业形象。

（二）战略目标

树立品牌，做地方第一；强化品牌，做中国矿泉水名牌；延伸品牌，做世界以硒为核心的绿色健康产业龙头。

（三）战略部署

以××市为大本营，以北京为北方重点市场，率先突破，稳住阵脚后，面向全国。

（四）品牌形象定位

健康、活力与高尚品味！

（五）产品功能定位

（1）保护视力的独特功能。富硒，保护视力。硒有很多功效，抗癌、改善心脑血管疾病、保护视力等，只有保护眼睛、提升视力最符合水的身份和最适应水的消费心理，消费者能够相信并且愿意接受，进一步科学探讨发现客观有效可行。

（2）产品功能三层次：第一解渴；第二改善视力；第三提供人体所需的各种微量元素。

（六）消费者定位

以年轻消费者为主，以中小学生为突破口。

由于××宝矿泉水第一功效依然是解渴，因此广义上来说它适合所有人喝。但据调查，矿泉水的消费主体年龄集中在9～32岁（占被调查人数的78%），根据××宝矿泉水的功能定位（富硒，改善视力），因此消费群体明晰：中小学生；知识分子、电脑操作者；视力不佳的中老年人及游客。

针对各消费群的沟通，要分步骤、有主次，学生群体是重点，要率先突破。

学生消费群体的行为特征：兴趣广，转移快，易模仿，爱崇拜，幻想多，理想化，好追星，赶流行。营销中要充分利用这些特点。

四、营销策略

（一）策略思想

（1）品牌理念：出售水，同时出售健康，给您好视力。

（2）品牌基础：不仅满足生理基本需求，同时提供其他品牌无法提供的价值；以上利益能在方便、愉快的情况下得到满足。

（3）概念支持：以××宝硒矿泉水生成地的自然地理构造为科学依据，创造××宝硒矿泉水"连升三级"概念。

第一级：地下循环16年，水质干净，富硒、含多种微量元素；

第二级：山下深层十公里处涌出半山腰；

第三级：超脱一般矿泉水，实现多种元素特别是硒、锶、低钠重碳酸钙含量全线达标。

(4) 营销理念：以现代最新整合营销传播理论为基础，调动多种手段，如广告、公关、事件行销、促销、新闻宣传等，协调一致地为产品打开市场树立名牌服务。

(二) 营销策略

1. 产品营销

(1) 旧瓶换新装：改换瓶贴。××宝矿泉水是已上市三年的产品，名可不改，水不必换，但原来陈旧的形象必须改变，原瓶贴给人以落伍、低档的印象。水无色无味，富含矿物质又看不到，那么瓶贴就代表着水，它必须要能替水"说话"。

设计思想：首先要设计一个品味很高的 Logo，作为 VI 系统的核心，其他元素与之和谐搭配，彰显品牌。重新组合产品说明，明示产品特点。

(2) 规格组合：产品规格的个性化、差别化和系列化，是方便顾客，取得竞争优势的重要手段，要增加 330 ml（小瓶装）和大桶 5 L（家用装）。

2. 价格政策

零售价：600 ml，2.50~3.00 元；330 ml，2.00~2.50 元。这个价格比普通矿泉水略高，比等高档品牌略低，以显示自己的价值。

3. 广告与促销策略

(1) 广告创意策略原则：以理性诉求为主，以感性诉求为辅。

(2) 广告诉求目标：中小学生。

(3) 广告表现策略：借星出名。借星要新、准、巧。开拓市场最先需要的就是产品知名度，水这种低关注度高感性的消费品尤其如此。打开知名度最迅捷的办法就是请名人、明星做广告。

(4) 广告发布原则：以硬广告为主，以软广告为辅；以地区性媒体为主，全国性媒体为辅；硬广告以电视、报纸为主，发布系列专题广告，其他媒体为辅；软广告以报纸为主，发布系列科普文章。

(5) 促销策略原则：正合为主，奇术争雄。用常规方法加大产品的市场采纳广度，用出奇制胜的手法，从众多竞争对手中突现出来，加大市场采纳深度。

(三) 渠道规划

1. 主推代理制

要批发、直销相结合；优先给旅游景点、学校附近、运动场所、街头大小商店、平价超市和大型商场布货；对小摊小店小批发，以张贴××宝矿泉水招贴画为条件，开始时送其 3~5 瓶××宝矿泉水烘托气氛，吸引进货。

2. 渠道战术

(1) 销售××宝矿泉水送摊点冰柜：交押金领取印有××宝矿泉水 Logo 和广告语的冰柜，销售××宝矿泉水达标后冰柜即归摊贩主所有。

(2) 旅游景点垄断销售：借关系营销，在重点旅游场所使××宝矿泉水成为指定饮品。××宝矿泉水公司出资为各景点印制门票，同时在门票上印制××宝矿泉水的广告，形成一对一的营销效果。

(3) 累积分奖励批发商：为批发商确立几个界限，每达到了一个界限就能得到相应的奖励。

(4) 建立社区直销站：全线覆盖当地市场。

（四）事件营销

(1) 活动目的：塑造品牌形象，扩大知名度，提高美誉度。

(2) 活动创意原则：创新，双向沟通，参与互动，紧紧把握时代脉搏，制造或引发社会热点，引导消费时尚。

（五）公关及形象活动

(1) 活动目的：培养消费者品牌偏好，清除不良干扰因素。

(2) 活动原则：轻易不做，做则做到圆满。疏通关系，联络感情，借各方力量，直接或间接地为本产品拓展市场服务。

五、广告创意（略）

六、营销预算（略）

××宝矿泉水公司市场部
××××年6月6日

实训练习

一、根据以下材料拟写营销策划书，可在内容上合理地增删。

××家电企业最近生产了一款××牌新型电视，其清晰度高、耗电量少、智能化程度高，可以作为计算机显示屏、可以作为电脑上网，还可以看3D电视。公司领导准备将这款新型电视推向市场。

二、根据以下材料拟写营销策划书，要求内容明确，格式规范，可在内容上合理地增删。

××市文化局为了弘扬地方彩灯文化，报上级有关部门批准，准备××××年6月7—9日，在该市举办××市首届彩灯文化节，在彩灯文化节上，主要举办放彩灯、观彩灯、扎彩灯比赛，彩灯与文化论坛等活动。

任务二　撰写招商说明书

教学目标

1. 了解招商说明书的文体含义、作用、特点；
2. 了解招商说明书的类型；
3. 掌握招商说明书的拟写要求，能够拟写普通的招商说明书。

任务引入

某物业公司负责管理一处新落成的住宅小区，小区内配套的商业内街也由其经营。商业内街两侧主要为各种类型的商铺，已经具备了开业经营的条件，公司准备开始对外招商，寻求商家进街经营。根据以上任务背景材料，拟写一份招商说明书，应当符合以下三点要求：① 内容符合商业内街项目的基本情况和特点；② 租金等关键信息表述完整准确；③ 结构完整，语言简洁，条理清楚。

相关知识

一、招商说明书例文评析

【例文】

××品牌系列减肥保健产品招商说明书

封面（略）

一、项目简介

××系列减肥保健产品是以中华传统美体养生文化为底蕴，推出全新瘦身理念，达到阻肥、瘦身、美体的三大效果。其原料是来自天然植物，采用最新生物科技和先进分离技术整合精炼，能给人带来纯天然和全身心的调理，契合阴阳平衡、食药同源的传统理念。

二、市场简析

按照中国医学会公布的数字，我国超重人口总量估计在4.8亿左右，其中肥胖者比例占14.6%。中国有23.1%城市人口超重或肥胖，北京城市人口中的肥胖比例达到30%。

中国目前减肥保健品年均消费金额达60亿人民币，最高曾达到100亿。减肥市场从属于美体市场，若再加上美体仪器、功能性化妆品、调整型内衣等，整个美体市场消费需求可达900亿元，消费人群则达到5亿人之多。目前统计数据表明中国肥胖者数量仍在以年均12.7%的速度增长，这表明市场容量仍有不断扩大的趋势。

在购买减肥品的女性消费者中，至少1/4体重和体形均处于正常范围，而在35岁以下的青年女性中，这个比率更高达1/3。事实上，真正打动这个消费群体的，并非单纯减肥，而是对年龄增长、身材走样的恐惧。针对这个细分人群，以保持身材，而非单纯减肥为核心诉求。

对以中年肥胖男性为主体的消费人群。35岁以上中年男性购买者至少占据了减肥市场的1/5，是一只既不容忽视、更大有所为的"市场潜力股"。这个消费群体不但基数庞大，而且大多数都是在事业上的成功人士，具有很强的购买力，他们需求稳步减肥和保心降脂合二为一的功能。

三、产品优势

1. 全新的减肥理念（后略）
2. 综合的作用机制（后略）
3. 持续的美体健形效果（后略）
4. 完全符合国际卫生组织的减肥三大标准（后略）
5. 安全无毒无副作用（后略）

四、重点产品介绍

1. 女士型·肥胖阻击型（后略）
2. 男士型·减肥降脂型（后略）

五、招商条件

1. 基本资格

(1) 认同"××"减肥理念、服务宗旨，愿意接受总部市场销售渠道管理；

(2) 必须是具有完全民事行为能力的个人或法人；
(3) 拥有相匹配的资金；
(4) 具有正确的投资理念，真正想创业的人；
(5) 热爱健康事业，有过或者有意从事此方面相关经营活动的人。

2. 优先条件

(1) 了解或熟悉当地美容瘦身行业情况与产品，能解决常见的问题。
(2) 具有美容瘦身产品销售经验或一定的销售渠道，有建立和管理销售渠道的经验。
(3) 具有制定市场拓展计划并实施计划的能力，能配合我公司开展市场推广活动。
(4) 有较强的市场开拓精神和良好的服务意识。
(5) 优先支持中小城市的个人创业者。

六、招商政策

1. 区域保护政策

公司当前的合作代理商主要是区域独家代理商，区域独家代理商主要是分城市划分的区域市场独家代理商，负责本区域，特别是零售终端的开发、管理，并逐步铺设到区域内其他销售渠道。

（后略）

2. 商务优惠政策

(1) 超出首批订货金额的部分返利5%，返利部分以下次进货的货款形式充抵。
(2) 每年完成年度销售额，超出销售额任务的部分返利3%，返利部分以货款形式充抵。

（后略）

3. 价格体系维护政策（后略）
4. 市场支持保证（后略）
5. 退换货政策（后略）
6. 铺底货政策（后略）

七、费用

1. 产品价格表（略）
2. 各区域费用

等级	城市	代理押金	首批进货金
一级	北京、上海、天津、重庆、广州、深圳	30万元	不低于10万元
……	……	……	……

八、工作程序

1. 深入了解××产品
2. 填写申请表（见附件）
3. 申请人的身份证复印件（或具有法人资格的营业执照的复印件）传真至总部备案审核
4. 审核通过（不超过5个工作日）
5. 双方签订协议书

6. 协议书签订七日内一次性交纳费用、货物运转押金和首次进货金
7. 总部颁发特许经营授权书和发放货品
8. 正式营业

附件（略）

例文评析：这是一份产品加盟招商说明书。全文信息翔实，限于篇幅省略了具体内容。本文的重点内容是对产品的市场背景进行了介绍，并分析了盈利前景，尤其是对招商的政策进行了详细说明，有利于客户详细了解产品并做出决策。

二、招商说明书文体概述

（一）招商说明书的文体含义

招商说明书，也称招商手册或招商方案，是指有招商需求的企业为寻求合作对象、场所、资金等目的而公开向社会说明对外商务项目相关信息的文书。

招商说明书在招商工作中发挥着极其重要的作用，是招商企业开展相关工作的基础，也是客户了解招商项目的主要载体。招商说明书展示了项目的基本情况和前景，初步提出了合作方式与约定，有利于吸引客户，提高招商工作的效率和质量。客户通过阅读招商说明书能够深入理解项目，从而对是否参与合作进行决策判断。

（二）招商说明书的特点

1. 真实诚信

招商的目的是为了寻求合作伙伴、优化资源配置、形成协同合力，因此应当本着诚信的原则开展招商工作。招商说明书中所记载的内容应当真实可靠，杜绝虚构浮夸，为潜在的合作伙伴提供可信的资讯，避免对其进行误导。招商说明书如果存在严重的弄虚作假行为，不仅会对合作造成损害，而且还会被追究法律责任。

2. 内容明确

招商说明书的内容应当明确准确，其中的数据、案例、现状、规定、政策等信息必须明白无误，尤其是对合作伙伴资质的要求和合作方式的说明，更要明确。

三、招商说明书的类型

在现实的商业经营活动中，招商项目的种类、性质比较丰富，因此招商说明书的类型也比较多，常见的有以下四种类型。

（一）产品招商说明书

产品招商说明书是产品生产厂家为了扩大产品销量，建立完善的销售渠道而招收经销商、代理商等合作伙伴所使用的招商说明书。招商企业与合作客户的权利义务关系是围绕有形的产品而存在的，因此产品招商说明书的重点内容是产品的类型及功用说明、售后服务支持、定价与结算方式、销售量与激励制度等方面。

（二）服务招商说明书

服务招商说明书是服务需求方由于自身的条件限制不能自主完成某一方面的工作，需要其他企业提供相应的服务，在这种情况下对服务提供商进行招募所使用的招商说明书。这种招商说明书的重点内容是服务的范围与方式、服务的质量标准等方面。

(三）场所招商说明书

场所招商说明书是商业场所的业主方或具有经营权的管理方以收取租金为目的而对外招募进入场所经营的商家，在这种情况下所使用的招商说明书。这种招商说明书的重点内容是场地介绍、租金、商家经营业态种类等方面。

（四）加盟招商说明书

加盟招商说明书是加盟主导企业将自己所拥有的商标、技术、产品以及管理等商业要素授权给加盟商在一定时期和一定区域内使用或销售，并向加盟商收取一定的费用，在这种情况下主导企业为了招募更多的加盟商而使用的招商说明书。这种招商说明书的重点内容是项目效益分析、加盟制度以及服务支持等方面。

四、招商说明书的结构与写法

招商项目种类繁多，即使是同类招商项目，由于具体情况不同也会导致招商说明书的具体内容存在差异。这里介绍招商说明书的常见结构与写法。

（一）封面

1. 标题

招商说明书的标题一般由招商项目名称和"招商说明书"构成，例如《福耀商业步行街招商说明书》《儿童服装加工生产外包项目招商说明书》。也可以由招商商品名称和"招商说明书"构成，例如《××品牌新型 LED 灯具招商说明书》。

2. 招商项目名称

如果招商的主体是一个独立性较强的项目，那么可以在封面中将该项目明确写出。

3. 招商时间

写明招商工作的有效期限或起止期限，例如 2018 年 3 月——2018 年 6 月。如果是长期的招商项目，可以省略招商时间。

4. 招商企业及其联系方法

封面上需要写明招商企业的名称、地址、联系电话以及联系人等信息。

（二）正文

1. 项目概况

这部分内容类似于摘要，将正在进行的招商项目的基本情况予以简要揭示，例如项目名称、地点、场地面积、企业名称等。

2. 企业信息

这部分对实施招商的企业情况进行必要的介绍，使客户了解企业的基本实力，主要内容包括：企业成立与发展简史、企业性质、主要业绩、管理人员、特殊资质、所获奖项等。

3. 项目说明

这部分针对招商的项目或产品进行详细的介绍和说明，主要内容包括：项目地点、进展现状、产品特点、技术特点、主要功能等。这一部分需要围绕项目的实际情况来准备表述，能够让客户全面客观地了解项目或产品的基本情况，这是双方合作的重要基础。

4. 市场前景

这部分针对招商项目的市场前景和经济效益进行分析，主要内容包括：市场定位、市场容量、市场需求、行业现状、发展趋势、利润效益等。这一部分内容能够帮助客户客观地惴测未来的经济收益，是决定其是否进行合作的关键内容，因此应当做到准确翔实，具有权威性和科学性。

5. 招商政策或合作方式

招商政策是招商企业制定的双方合作方式的一系列条件和约定，对相应招商的客户形成较强的制约作用，主要内容包括：价格政策、招商方的权利和义务、客户的权利和义务、招商方的服务支持内容及范围、合作期限、招商流程或程序等。这一部分内容决定了双方未来合作的基本方式，应当体现合作共赢的基本宗旨，做到表达准确，降低未来合作出现纠纷和矛盾的风险。

6. 合作要求

招商方对合作客户的筛选条件，合理的合作要求能够减少无效客户的干扰，提高招商的效率和质量。合作要求主要包括：资金要求、资质要求、场地条件、人员要求、技术要求、商业信誉要求等。招商方提出合作要求应当立足于招商项目的客观需要，不能随意提高或降低门槛。

（三）附录

根据招商项目的具体情况和需要，在招商说明书中附上相关的其他文件，供有意向的客户参考，例如合同范本、技术说明、检测报告、效果图等。

任务实施

一、工作指导

首先，在拟订招商说明书之前务必要对商业街这一项目的具体情况有所了解，例如地点与位置、周边环境、配套设施、商铺数量及每间商铺的面积等；其次，要集思广益，与领导、同事以及有相关经验的人员进行深入交流，学习借鉴同类项目招商的成功经验；第三，与领导反复沟通，要对招商的业态以及限制条件进行明确，对招商的政策（例如租金）务必准确全面地了解；第四，招商说明书初稿拟订之后，必须提交领导审阅并修改，经领导认可之后方能正式对外发布使用。

二、写作指导

标题：采用项目名称和文种构成标题，可以写作"××商业街招商说明书"。

正文：本任务中的招商项目是商业经营场所，招商说明书的重点内容应当包括地理位置及周边配套介绍、租金定价、商家经营业态种类等方面，尤其是要能够清楚准确地介绍各个商铺的位置及面积、朝向等情况，可以考虑采用平面图的形式予以说明。

三、参考范文

××商业内街招商说明书

封面（略）

随着××××高品质社区逐渐成熟，小区商业内街的价值已逐步凸现，这里将成为聚集小区人气,辐射周边居住区的黄金商业街区。××××物业有限公司将对小区商业内街店铺的经营权面向社会各界公开招商,真诚的期待有一定经营实力、诚信经营的商家进驻商业内街!

摘要

招商项目名称:××社区商业内街

地址:南湖路与双龙路交会处

商铺数量:32套

租金标准:30元/m²/月(以套内面积为准)

租赁期限:2~5年

一、××物业有限公司简介

××物业有限公司系中国500强企业——××集团全资子公司,具有物业管理二级资质,主营业务包括物业管理、设备维护、绿化工程等。

公司自成立以来,先后获得"全国诚信经营示范单位""××市文明单位""××市诚信企业50佳"等多项奖项,并荣获"××市优秀物管企业""××市信得过物业管理企业"等称号。物业管理方面,管理的多个项目获得省市或国家荣誉称号。××荣获"××区优秀物管大厦""××市示范物管大厦""全国示范物管大厦"等荣誉。

二、××小区商业街招商项目简介

(一)××小区简介

××小区位于××区南湖路,总用地面积157亩,容积率1.5,绿化率35%,地上建筑面积140 253平方米,住宅总套数866套。建筑形态为4层、4+1层、5层、5+1层、6层的多层花园洋房建筑形态,系高品质花园洋房住区。

××小区自2013年8月正式面市以来,住宅部分完成销售574套,占可销售户数的73.6%;商铺部分完成销售74套,占可销售户数的73.7%。目前一、二期已交付使用,三期工程已进入扫尾阶段,23、24号楼已进入施工准备阶段。

××小区自2014年10月交房以来,共接房296户;办理装修手续共203户;完成装修验收手续共78户;入住共40户。预计2014年年底入住业主将达到200户以上。由于××小区属于新形态、高品质的洋房小区,小区主力户型的单套总价均在150万以上,业主大都具有较强的经济基础,消费能力强,所以在业主大面积入住后,会对商业内街的配套商业形成较大的需求。

××小区区位图(略)

(二)商业街内项目基本情况

1. 基本情况

××小区商业内街由两部分组成,一期商业内街:位于13号楼、15号楼临南湖路商业内街;二期商业内街:16号楼、17号楼临双龙路商业内街。此次公开招商的部分为13号楼、15号楼临南湖路商业内街。

××小区商业内街主要作为小区的商业配套设施,随着住宅片区的逐步形成,该商业将逐步由小区配套商业逐步转变为社区商业。预计2017年,片区的住宅小区将基本建成,将形成有近5万户住户大约18万人口的大型高档居住社区,商机无限!

2. 商铺情况

(1)商业内街位置图(略)

(2) 商业内街平面图（略）

(3) 商铺数据一览表

单元	铺号	套内面积（M）	建筑面积（M）	开间（M）	进深（M）	层高（M）
13	1	83.1	85.95	7.06	11.77	4.8
……	……	……	……	……	……	……

(4) 商铺配套设施：给排水管道，220 伏特用电线路，外立面精装修。

三、招商政策

1. 招商原则

(1) 业态限制性原则：商家不许经营公司规定的限制业态（详见附录《限制业态列表》）。

(2) 业态唯一性原则：同一经营业态原则上只允许一家。

2. 业态种类

商业内街招商业态着重于小区业主生活必需的配套需要，包括但不限于：日常用品零售、美容美发、健身健体、医疗服务、医药零售、电子产品零售与维修服务、教育培训等。

3. 租金标准

(1) 租金统一按照 30 元/m^2/月定价；

(2) 租金按套内面积每月计算，按半年收付；

(3) 2016 年 7 月 1 日前，租金价格保持不变；

(4) 2016 年 7 月 1 日后，根据市场行情，租金按 5%～15% 的幅度递增。

4. 租赁期限

合同期限 2～5 年。

5. 保证金

客户在签订租赁合同时，须交纳等同于三个月全额租金的款项作为保证金，用于商业信用保证，在完全履行合同约定后，保证金全额无息归还。

6. 其他费用

(1) 水费：按市自来水公司商业用水标准执行；

(2) 电费：按小区物管公司相关规定收取；

(3) 物管费：按小区物管收费标准执行（合同期间按 2 元/m^2/日执行）。

7. 优惠政策

2016 年 1 月 30 日前签订《商铺租赁合同》的客户，免收 2016 年 1 月 1 日至 2016 年 6 月 30 日的租金；2016 年 7 月 1 日至 2016 年 12 月 31 日租金按合同租金的一半收取；2017 年 1 月 1 日以后按合同约定标准收取。

2016 年 6 月 30 日前开始经营的客户免收装修期间物管费；

四、招商开始时间

2015 年 10 月 11 日

五、联系方式

联系人：宋先生

电　话：（×××）12345678、13000000000

传　　真：（×××）12345678

附录

1. 限制业态列表
2. 商铺租赁合同范本
3. 周边小区区位图及小区信息一览表

任务三　撰写广告文案

教学目标

1. 了解广告文案的文体含义、特点；
2. 理解广告文案的类型；
3. 掌握广告文案的结构与写法。

任务引入

欣欣房地产开发有限公司最近在××市开发了面向城市白领、中等收入人群的楼盘——月亮湾。该楼盘共建70栋，每栋150户，户型以90～120平方米为主，销售平均价格为8 000元/平方米。该楼盘处在城市的中心区域，交通便利，有公交和轻轨通达市内各主要商业区和火车站、汽车站；附近有多个大型购物中心，购物方便；靠近该市著名风景区月亮湾，居住环境优美；附近有该市最大的教育部直属院校××大学。欣欣房地产公司准备在户外树立大型广告牌，领导把写广告文案的任务交给了广告部。

该广告文案应当符合以下四点要求：① 突出该小区的优势；② 具有真实性和生动性；③ 具有独特性和艺术性；④ 条理清晰，格式规范。

相关知识

一、广告文案例文评析

【例文】

洞悉国际商情，决策快捷可靠

商贸良机一瞬即逝，必须及时把握。因此，您需要一家洞悉国际商情，对市场了如指掌的国际银行，在关键时刻，助您及时作出英明决策。

汇丰银行植根亚洲，放眼世界，累积逾128年的丰富经验，与世界各地商贸市场一直保持紧密联系，助您迅速掌握全球最新金融资讯，洞悉瞬息万变的市场动向，汇丰集团遍布全球的3 000余家办事处，均配备先进电讯系统，组成快捷可靠的服务网络，随时为您提供周全服务及精辟独到的专业意见，助您拓展业务。

目前，我们全力为国内客户提供优质贸易服务，包括贸易咨询、出口信用证通知、进出口结算及押汇、外币票据贴现、贸易融资及项目贷款等。

作为全球规模最大的银行集团之一，汇丰银行拥有雄厚的资源和丰富的经验，助您尽得先机，做出快捷过人的精明决策。

查询详情，请与就近汇丰银行分行或办事处联系。

咨询电话：×××

例文评析：这是汇丰银行一份比较简单的广告文案，思路清晰、结构规范，由标题、正文及随文组成，将该银行悠久的历史、雄厚的实力、优质的服务、联系的方式融入广告当中，起到了很好的宣传和吸引顾客的作用。

二、广告文案文体概述

（一）广告文案的文体含义

广告，即为了某种需要，通过一定的媒介，广泛地向公众传递信息的一种宣传方式。广告文案是广告的具体表现形式，它有广义与狭义之分，广义的广告文案是指文字、形象、声音等所有广告内容的总和，狭义的广告文案是指广告中文字的部分，即广告文稿。我们所谈的广告文案，主要是指狭义的广告文案，即广告文稿。

广告文案最基本的作用是传达广告信息。需要将产品的"卖点"向公众进行恰当有效地传达。广告文案还能表达广告创意，是创意的集中体现。广告文案在塑造品牌形象和企业形象方面发挥着积极的作用。广告文案在广告的制作过程中会对设计广告表现形式、广告画面产生必要的限制。

（二）广告文案的特点

1. 内容真实

广告文案的内容必须是真实可靠的，虽然可以采用夸张的手法，但不能对产品的性能进行随意的夸大，要不就有欺骗消费者之嫌。

2. 语言简明通俗

一般广告文案要求简明扼要，交代清楚所要宣传产品即可；由于大多数广告是给普通消费者看的，因此要写的通俗易懂，多采用生活化的语言，不要过于深奥。

3. 追求效益

广告的根本是促进消费者购买，使得企业获得相应的效益，因此获得效益是广告文案的根本。

三、广告文案的类型

根据不同的标准，广告文案可以分出不同的类型。按照广告文案的载体不同，广告文案可以分为报纸广告文案、杂志广告文案、广播广告文案、电视广告文案、车船广告文案、路牌广告文案及其他广告文案等。从广义广告文案定义出发，按照广告文案的体现形式，可以分为音像型广告文案（主要以声音和画面为主的广告文案），文字性广告文案（主要以文字为主的广告文案）。按照目的可以分为商业性广告文案和公益性广告文案。

（一）商业性广告文案

商业性广告文案是企业或服务部门向消费者推销、促销商品或提供有偿服务时所使用到的一种文案形式。它主要目的是通过广告宣传，提高企业或服务部门、商品或某项服务的知名度，吸引消费者购买，从而获得最大的经济效益。

（二）公益性广告文案

国家机关、企事业单位为了树立自身在社会中的良好形象，向公众传达有益的行为或消费观念，需要广而告之，所使用到的一种文案形式。它主要目的是向公众推销有益的行为观念，并通过这种方式在公众中树立国家机关、企事业单位的良好形象。

四、商业性广告文案的结构与写作方法

（一）标题

广告文案的标题是广告的题目，用来显示广告的主题，它是区分不同广告的标志。对于广告来讲，标题要力求突出主题、简明精炼、醒目诱人、独富新意，能够一下子抓住消费者的阅读兴趣，让人过目不忘。

1. 广告文案标题的类型

（1）单行式标题：如某化妆品广告文案的标题是"只要青春不要痘"。

（2）双行式标题：即"正题+副题"或"引题+正题"。一般正标题突出中心，副标题对正标题进行补充说明，引题交代背景或结果。如：

××酒（正题）

——送客亭子头，蜂醉蝶不舞，三阳开国泰，美哉柳林酒（副题）

睡得舒服，生活美满（引题）

××安睡宝（正题）

（3）三行式标题：即由"引题+正题+副题"构成，如某楼盘的广告标题：

豪华住宅，崭新典范（引题）

××市××新村（正题）

——景色如画，堪称天上人间（副题）

2. 广告文案标题的创作方法

（1）标准型标题：这类广告标题往往直接说明中心和主题，平铺直叙、真实可靠，力求四平八稳。如某牙膏的广告标题是"××牙膏，洁齿皇后"，直接说明牙膏的牌子，作用和效果明显；如××航空公司广告的标题"每日有三条航线飞往美国，只有××航空公司"，直接说明了航空公司提供最多班次飞往美国的服务，是其他航空公司不能提供的。

（2）标题型标题：其又称新闻型标题。这类标题简单明了，常用于新产品的广告消息，标题上常加"新"或"最新"字眼。如某肠胃药品广告标题"专治肠胃弱新药问世"，直接说明治疗肠胃弱的新药产生。

（3）寓意型标题：这类标题一般通过修辞的手法或暗示的方式与所要广告的事物发生联系，达到吸引消费者注意的目的。

（4）语调型：这类标题一般以特殊的语调，如用祈使、反问等方式进行强调，从而给消费者留下深刻的印象。如某表的广告标题"讲究仪表，××不可少"，就是采用了祈使的语气，说明了该品牌手表对人的重要性；××面粉的广告的标题"为什么不从现在就开始用××面粉？"，使用了反问语气，号召消费者购买。

（5）思考型：其也叫悬念型。这类标题是通过制造悬念的方式，引起消费者的思考，从而和要广告的事物发生联系。如某小儿药品广告的标题"感冒的季节，妈妈的爱心"，让消费者产生思考在感冒的季节，妈妈的爱心是什么呢？而广告的产品就是这个标题的答案。

（6）对比型：这类标题通过比较的方式，展现对所要广告事物的自信，从而引起消费者的注意。如某调味店广告的标题"民以食为天，食以味为先"，通过"民"与"食"的对比，说明了调味店对自己调味品的自信。

（7）演出型：这类标题往往配合图片、形象、活动画面等，引起消费者的兴趣，以达到宣传广告事物的效果。如某啤酒广告的标题"身处闹市，享受自然"，表达标题时，配合闹市和清新自然的图片，从而给消费者留下深刻的印象。

（二）正文

1. 导语

导语广告正文的引言，它介于标题与主体之间，起到承上启下的作用，它一般要对主题进行概括式的介绍，或设置背景，或制造悬念，引出广告正文的主体内容。导语的写作方式有以下七种：

（1）概括式：即用概括式的语言将广告的主题表达出来，如某空调的导语"别人有的我都有，别人没有的我也有"，概括说明了产品具有多功能性。

（2）建议式：即以提建议的方式，引起消费者的同感，从而引入主题。如例文通过向消费者提建议，说明国际性银行在商业决策中的作用，从而引出汇丰银行可以提供相应的服务。

（3）提问式：即以提问的方式，引起消费者的注意，从而引出主题。如某一药品广告的导语是"唉，又睡不着！失眠了？"，从而引出对本文主题药物的介绍。

（4）声明式：即以声明的方式说明可以提供相应的服务，引出主题。如某一电信企业的广告导语是"××电信可以为你提供优质的通话、上网等服务"，从而引出主题，介绍相应的通话和上网服务类型。

（5）背景式：即以介绍主题存在背景的方式作为导语，从而和主题形成对比，引起消费者的兴趣和注意。

（6）反问式：即以反问的方式引起思考，提出问题，引出广告的主题。如某房地产广告的导语是"谁说小户型没有好位置？""谁说年轻人没有独到的投资眼光？"下面主体内容即是对导语的回答，也是对广告主题的阐释。

（7）祝贺、感谢式：即以祝贺某种节日或纪念日（如国庆、建党、五一、中秋、春节、企业成立纪念日等），或者感谢消费者的方式引出主题。如"值××电器进入××市三周年纪念之际，为了感谢新老客户的厚爱，凡是在纪念日当天购买××电器的客户皆可以享受三折优惠"，就采用了这种方式的导语。

除以上写法外，广告的导语还有很多种写法，如悬念式、设问式、介绍式、描写式、对话式等，这需要撰写人在写作时灵活应用。

2. 主体

广告文案的主体是对广告主题的详细说明和展开，是广告文案的核心部分。写作广告主体，一定要紧扣主题，精选事实、点面结合、层次分明。广告主体的写作方式有以下四种：

（1）时序式：即以主题为轴，以时间为序，对主题展开说明。

（2）主次式：即将广告主题所要表达的方面按照主次进行区分，需要特别突出的主要方面重点写，重点阐述；不需要特别突出的次要方面略写。

（3）逻辑式：即按照人们的认识、思维、事物发展的逻辑来进行描写。如例文的主体写法，就遵循了人们的认识与思维逻辑，人们在介绍自身时，首先要介绍自身存在的优点，然后介绍自己能够从事什么样的工作，而汇丰银行的广告首先就介绍了自身的优势，然后介绍了可以提供的服务，这符合人们认识与思维的内在逻辑。

（4）文学式：即采用文学样式，如诗歌、散文等来阐发主题，从而渲染意境，引起消费者的注意和思考。

3. 结语

结语是对全文的收束，对主题的深化，一般要简短有力，不宜过长，催促消费者抓紧采取行动。结语的写作方式主要有以下五种：

（1）祈使式：即采用祈使句来作为结尾，催促消费者赶紧行动。如某一商品的广告结语是"数量有限，欲购从速！"，就采用了祈使语气。

（2）利益式：即说明消费者购买或使用这种商品将会有哪些益处。

（3）树立形象式：即在结语处再次强调自己品牌，在消费者心中树立该企业和品牌的形象。如某彩电的广告结语是"彩电当然是××"，再次强调自己的品牌，树立自信的品牌形象。

（4）归纳式：即采用归纳方法，说明商品作用或使用的范围。如某药品的广告结语"维护全家人的身体健康，无论居家外出，吃喝旅游，××随时用得着！"，归纳说明了该药品使用的范围。

（5）反问式：即采用反问的方式强调所要广告事物的重要性。如某地旅游广告的结语"此生不游××，岂不是枉来人间一场吗？"，就通过反问的方式说明了当地旅游的意义。

除了以上的方式之外，广告的结语还有很多方式，如许诺式、抒情式、展望式、描摹式等方式，这需要撰写人在写作时灵活应用。

（三）广告语

广告语又称标语或广告口号，它是表达企业理念或产品特征的、长期使用的宣传短句。它不是每一篇广告都需要的，它在一篇广告中往往起到深化主题，画龙点睛的作用。

1. 广告语的类型

（1）颂扬型：对要广告的内容直接进行赞扬，充满了自信和自豪感。如某饮料的广告语"100%新感觉"。

（2）煽情型：用具有人情味的语言，激发消费者情感的共鸣，从而拉近与消费者的感情关系。如某领带的广告语"××领带，男人的世界"。

（3）鼓动型：以祈使的语气，鼓动消费者行动。如热水器的广告语"请接受太阳的恩赐！"；某药品的广告语"请认明××牌！"。

（4）复合型：即是上面两种类型的组合。如某电器的广告语"××常在我心间"，就使用了煽情与鼓动；如某钻石的广告语"钻石恒久远，一颗永流传"就使用了颂扬与煽情。

（5）标题型：即用写广告标题的手法写广告语，直接揭示主题。如鞋店的广告语"岂有此履"。

2. 广告语的写作方法

（1）口语法：即采用一些生活化的口语、俗语、谚语，易于被消费者接受和传播。

（2）对偶法：即采用正对、反对、顺对等对偶修辞手法，言简意深，让消费者过目不忘。如某润滑油的广告语"多一些润滑，少一些摩擦"，就采用了反对。

（3）排比法：即采用排比句式，增强气势，给消费者造成强烈的感观冲击，唤起消费者购买的欲望。如某电视机的广告语"看新画王，听新画王，用新画王"。

（4）夸张法：即采用夸张手法，突出产品的功效，给消费者留下深刻印象。如某抗皱霜的广告语"别人都说我们是姐妹，其实我们是母女"。

（5）顶针法：即采用顶针修辞手段，吸引消费者的兴趣。

（6）谐音法：即采用谐音的手法，将所要广告的内容引出。如电风扇的广告语"心地善良（凉）"；如止咳药的广告语"刻（咳）不容缓"。

（7）比喻法：即采用比喻修辞格，突出产品的某一特性。如童鞋的广告语"像妈妈的手一样温暖"；如音响器材的广告语"把交响乐团带到家里来"。

（8）反问法：即用反问修辞格，让消费者思考，从而引出广告产品。如杀虫剂的广告语"我们宝贵的血液，为什么供臭虫果腹？"。

（9）回环法：采用回环的修辞格，加深消费者对产品的印象。如××电扇的广告语"××电扇，电扇××"。

（10）演化法：即将成语、谚语、俗语、诗词加以改动，将所要宣传的产品镶入其中。

除了以上方法外，广告语写作方法还有双关、重叠、仿词等手法，撰写人可以灵活应用。

（四）随文

随文是广告文案的附加性文字，是对正文的补充，它一般写明产品的生产企业、企业地址、联系电话、联系人、售后服务等内容。它一般要简明扼要，形象易记。

任务实施

一、工作指导

为了顺利完成撰写广告文案的任务，撰写人应在接受领导任务时须和领导进行充分的沟通交流，正确领会领导的意图，要明白这个广告文案应该突出的重点是什么，要针对哪些人群，把这些基本情况掌握之后，才能在写作时做到得心应手。

二、写作指导

标题：本广告文案要突出该小区的消费群体和居住的良好环境，因此标题可以拟写为"白领的梦想，居住的典范"。

正文：广告的导语要引出主题，且该小区主要针对白领中等收入人群，因此导语可以从白领的梦想开始，说明白领想拥有一个家，从而引出主题。本广告文案重点阐述的是该小区优越的地理位置和小区的房子面积和价格，且前者比后者更为重要，因此主体可以采用主次式写法。结语可以采用反问式，促使消费者购买。

广告语：本文案可以有广告语，也可以没有，如果有的话，可以写成"月亮湾，梦开始的地方！"。

随文：写明该小区的开发公司、地址、联系人和联系方式等。

三、参考范文

白领的梦想 居住的典范

我们是白领！

我们是都市中最为忙碌的工作者和建设者，是城市的骨干和脊梁。曾几何时，我们是令人美慕的对象，是都市的骄子。

我们有很多的梦想！

可今天，我们已经成为都市的夹心层，许多梦想也渐渐远去，在喧闹都市中拥有一套属于自己的房子，属于自己的温暖的家，已成为遥不可及的梦想。

月亮湾，让我们找到了我们的梦想。

月亮湾小区位于城市中心区域××路与××路的交会处，升值空间巨大；公交1路、12路、161路、124路、156路、315路、轻轨1号线等多条城市公交线路从附近经过，可以通达城市各个主要商业区和汽车站、火车站等交通枢纽，交通便利；小区附近有沃尔玛、家乐福、欧亚超市等多个大型卖场，购物方便；小区与我市著名风景区月亮湾和××大学毗邻，居住环境和人文环境一流。

月亮湾小区是大型住宅小区，共建70栋，拥有住房10 500套，户型设计合理，配套设施齐全，绿化面积高（绿化率高达40%），让你足不出户，就能享受到自然之美。房子面积从90~120平方米不等，非常适合居住，且价格便宜，均价8 000元/平方米，让每一个生活在都市中的我们都有实现自己的梦想的机会。

这样一个绝佳的地方，这样一个绝佳的机会，我们还等待什么呢？

月亮湾，梦开始的地方！

开发商：欣欣房地产开发有限公司
地　址：××市××路与××路的交会处
销售专员：张××、王××、花××、李××
销售热线：12345678

实训练习

一、请走访一下校园周边的商店或饭店，选择一家有经营特色的店铺为其撰写广告文案。要求能够体现商家的特点并贴近学生消费群体特征。

二、根据以下材料拟写广告文案，可在内容上合理地增删。

××家电制造企业，最近开发研制了新型的××牌空调。该空调采用××技术，更加省电节能，更加智能化。当主人不在忘了关机时，可以自动关机，并可以根据室内温度的高低自行调温。公司领导决定将这种产品推向市场，大力进行宣传。

三、根据以下材料拟写广告文案，要求内容明确，格式规范，可合理地增删。

××电信公司是一家国有大型企业，2014年实现了营业收入1 200亿元，其营业网点遍布全国各省市，在全国有4 000家分支机构，能够为客户提供通话、上网、电视信号等服务。公司为了进一步拓展客户群体，决定开始新一轮的广告宣传，突出公司业务的快捷性、多样性。

活页:"一图看懂写作技法"

活页更多精彩内容

北京理工大学出版社《财经应用写作》活页式配套资料

韦志国　宋少净　原创制作

一图看懂写作技法

招商说明书的主要内容

招商说明书，也称招商手册或招商方案，是指有招商需求的企业为寻求合作对象、场所、资金等目的而向社会说明对外商务项目相关信息的文书。招商说明书是招商企业开展工作的基础，也是客户了解项目的重要载体。

封面目录

 标题
招商项目名称+招商说明书：福耀商业步行街招商说明书
　　　　　　　　　　　　童装加工外包项目招商说明书
招商商品名称+招商说明书：×牌新型LED灯具招商说明书

 招商方及联系方法　　 招商日期　　 目录

概况

 项目概况
将招商项目的基本情况予以简要揭示，如项目名称、地点、场地面积等。

 招商企业概况
企业简史、企业性质、主要业绩、管理人员、特殊资质、所获奖项等。

项目详情

项目说明
项目地点、进展现状、产品特点、技术特点、主要功能等。

市场前景
市场定位、市场容量、市场需求、行业现状、发展趋势、利润效益等。

招商政策合作方式

价格政策、招商方的权利和义务、客户的权利和义务、招商方的服务支持内容及范围、合作期限、招商流程或程序等。

合作要求

对合作客户的筛选条件，合理的合作要求能够减少无效客户的干扰，提高招商的效率和质量。主要包括：资金要求、资质要求、场地条件、人员要求、技术要求、商业信誉要求等。

参 考 文 献

［1］杨文丰. 实用经济文书写作［M］. 北京：中国人民大学出版社，2011.
［2］盛明华. 常用经济应用文写作教程［M］. 上海：立信会计出版社，2011.
［3］邱宣煌. 财经应用文写作［M］. 大连：东北财经大学出版社，2011.
［4］戴永明. 财经应用文写作［M］. 北京：高等教育出版社，2006.
［5］郑孝敏. 经济应用文写作［M］. 上海：立信会计出版社，2007.
［6］岳唤民. 财经写作教程［M］. 北京：高等教育出版社，2005.
［7］韦志国. 实践技能训练应用写作［M］. 北京：北京交通大学出版社，2010.
［8］韦志国. 秘书写作［M］. 大连：大连理工大学出版社，2012.
［9］金常德. 新编高职高专应用文写作［M］. 北京：清华大学出版社，2007.
［10］徐中玉. 应用文写作［M］. 北京：高等教育出版社，2007.
［11］赵华. 应用写作教程［M］. 北京：高等教育出版社，2008.
［12］张子泉. 应用文写作教程［M］. 北京：北京交通大学出版社，2006.